INTRODUCTION TO JAPANESE ECOLOGICAL LITERATURE

日本生态文学
作品导读

杨晓辉　◎主编

北京大学出版社
PEKING UNIVERSITY PRESS

图书在版编目(CIP)数据

日本生态文学作品导读：日文/杨晓辉主编. —北京：北京大学出版社，2022.10
ISBN 978-7-301-33475-1

Ⅰ.①日…　Ⅱ.①杨…　Ⅲ.①日语-阅读教学-高等学校-教材 ②日本文学-现代文学-文学研究　Ⅳ.① H369.4：I

中国版本图书馆 CIP 数据核字（2022）第 187128 号

书　　　名	日本生态文学作品导读 RIBEN SHENGTAI WENXUE ZUOPIN DAODU
著作责任者	杨晓辉　主编
责任编辑	兰　婷
标准书号	ISBN 978-7-301-33475-1
出版发行	北京大学出版社
地　　　址	北京市海淀区成府路 205 号　100871
网　　　址	http://www.pup.cn　新浪微博：@北京大学出版社
电子信箱	lanting371@163.com
电　　　话	邮购部 010-62752015　发行部 010-62750672　编辑部 010-62759634
印　刷　者	河北滦县鑫华书刊印刷厂
经　销　者	新华书店
	720 毫米 ×1020 毫米　16 开本　17.25 印张　351 千字 2022 年 10 月第 1 版　2022 年 10 月第 1 次印刷
定　　　价	59.00 元

未经许可，不得以任何方式复制或抄袭本书之部分或全部内容。
版权所有，侵权必究
举报电话：010-62752024　电子信箱：fd@pup.pku.edu.cn
图书如有印装质量问题，请与出版部联系，电话：010-62756370

总　序

中华人民共和国成立后,我国的高等教育事业蓬勃发展,尤其是在改革开放之后,随着高考制度的常态化推进,高等学校的办学规模与人才培养层次实现跨越式提升,研究生教育规模与水平也快速提升。据统计,1949年后,我国高校及科研院所累计培养研究生人数达千万人,2020年研究生招生人数已突破100万人大关,实现110万人的招生规模。正如原教育部学位与研究生教育发展中心主任黄宝印所指出:"我国研究生教育走过了从小到大、从弱到强的不平凡历程,培养造就了一大批治国理政、科技创新、治学兴教、服务经济社会发展等各个领域的领军人才、骨干力量,为实施人才强国战略、创新驱动发展战略做出了重要贡献。"[①]

但是,眼下我国的研究生教育迎来了百年不遇的大变局,如何顺应时代发展趋势,主动识辨、应变、谋变,追求更高层次、更高质量的发展,成为极具挑战性的新命题。

党的十八大以来,国家先后召开三次研究生教育重要会议,出台一系列重要政策,不断深化研究生教育综合改革,推动研究生教育制度创新完善,加快提高研究生教育质量和水平,为新时代研究生教育发展进行谋篇布局、战略规划、改革推动、创新引领,研究生教育在改革中发展、在创新中突破、

[①] 黄宝印,《深化改革、提高质量,立德树人、追求卓越——党的十八大以来,研究生教育领域三次重要会议》,《中国研究生》2021年5月。

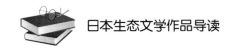

在贡献中壮大。第一次重要会议是2013年7月召开的全国研究生教育工作暨国务院学位委员会第三十次会议,第二次重要会议是2014年11月5日召开的全国研究生教育质量工作会议暨国务院学位委员会第三十一次会议,第三次重要会议是2020年7月召开的全国研究生教育会议暨国务院学位委员会第三十六次会议。①

我们注意到,"三次会议,都伴随着一系列重大的改革举措、制度体系、政策措施的出台,聚焦深化改革、完善制度、激发动力、释放活力,聚焦加强和完善研究生教育质量保证体系、健全和完善学位与研究生教育治理体系,聚焦强化立德树人根本任务,增强研究生教育竞争力和创新力,推动研究生教育改革不断走向深入,不断构建和完善中国特色研究生教育制度,大力提升高端人才的培养能力和水平"②。

三次会议在人才培养方面都强调研究生教育的核心工作是增强研究生教育竞争力和创新力。然而,我们发现,在教育现场我们却面临着非常现实的问题:研究生培养不像本科生教育那样具备比较完整的体系架构,具有指导性的国家质量标准,几乎都是各自为战、各自为守。而研究生教材建设更是缺乏顶层设计标准,同一学科的研究生教育也缺乏具有通约性与规定性的质量要求。为此,研究生教材及其教辅资源的开发与建设成为我们必须认真思考并倾力解决的关键性问题之一。

众所周知,教材是将专业知识厚植于学生头脑的施工蓝图,其编写过程讲求系统性、技术性和实践性,还得实现前沿性、高阶性及创新性,是一项程序复杂、要求甚多、标准极高的精细化工程。仅就日语语言文学学科而言,研究生教材建设就存在着一些普遍性的问题。

---

① 黄宝印,《深化改革、提高质量、立德树人、追求卓越——党的十八大以来,研究生教育领域三次重要会议》,《中国研究生》2021年5月。

② 同上。

总 序

  广东外语外贸大学日语语言文学学科从事研究生一线教学的同行们亦有切身的感受，部分骨干教师经过反复研讨，达成共识，决定为解决研究生教材问题尽一份绵薄之力。

  众所周知我校日语专业办学历史悠久，体量庞大，学术沉淀丰厚，学科内涵多样化，目前已设置学术硕博点和日语翻译硕士(MTI)学位授予点两个人才培养序列，其中学术硕博点设立了日本文学研究、中日比较文学研究、日本思想文化研究、日语语言学研究、翻译研究、日本社会经济研究、东北亚研究及日语教育学研究等八个方向，学科内涵非常丰富。

  一直以来我们颇为重视研究生教材建设，组织专家力量开展核心教材编写工作。其中，列入第一批次建设计划的有5种，分别为：《翻译文学研究》《文学理论研究》《日本思想史》《日本生态文学作品导读》《汉日·日汉笔译工作坊》等。

  统言之，这套教材具备如下特色：

  1. 立意对接国家经济社会发展和服务国家战略，同时所选用的篇章、运用的材料及书写的内容都力求立足前沿，具有创新性、真实性及时代感。而这些皆来自学术现场及社会生活。我们花费大量时间和精力对基于学术实践、科研成果及经验积累而获取的素材、命题、论断、原理、学说及理论方法用心提炼，锚定了教材内容。而许多编写、改编、简写、修正以及剪辑的学习材料，都缺乏相应科学性、真实性及前沿性，学生通过教材不能吸收到原汁原味的理论成果，无法体会个中颇具创新价值的时代感。

  2. 选材具备专业性。日语语言文学学科的研究生专业教材是供日语专业高级阶段学生使用的，要具有一定的广度、深度及高度，因此在选材、编写、凝练上要有专业性。当然在注意专业性的同时，还要注重语言表达的学理性、叙述的趣味性、知识理论的实用性及内涵的可思性，这样才能激发日语专业学生的学习积极性，实现较好的教学目标。

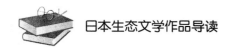

3. 选材形式比较多样化。本系列教材能够紧跟日语专业前沿信息，注重对象国知识背景和社会文化情境的生动再现，主张从跨学科的维度进行记述和阐释，并强调中日双向阐发，体现中国立场、中国智慧和中国方案。

4. 教材分析方法科学。在编写过程中，我们十分重视对已有教材和拟定的编写内容进行科学分析，最终形成编写方案。

首先，根据课程标准、教学大纲和教科书要求及学生的实际情况，以课时或课题为单位，对教学内容、教学步骤、教学方法等进行具体设计和安排。

其次，通过分析应掌握的知识体系，弄清教材的重点和难点，然后根据不同内容及主题分别采用不同的教学方法，以达到理想的教学效果。具体的做法是确定教材中的一般知识、重要知识、重点知识相关扩展、应用性知识等，进而根据这些知识的内在联系，形成知识网络，以全面深刻地理解教材，提高处理教材的能力。

最后，从学生学习心理过程入手，运用心理分析法，预判学生在学习的具体环节的心理过程、特点及其障碍，在此基础上对全书的整体结构设计、内容选取与安排、教材的主要风格和特点进行有机编排，以便在教学实施过程中获得更好的效果。

然而，由于形势发展快，学术前沿一日千里，难以把握全面与整体，加之编者水平有限，不足乃至舛误在所难免，敬请学界前贤方家批评指正。

北京大学出版社重视研究生教材的开发，为本系列教材的编写、出版提供了诸多便利条件。不少行内专家也给予我们极具建设性的指导。广东外语外贸大学专门从高水平大学建设经费中划拨一定款项大力支持本系列教材的建设。在此一并表示感谢！

陈多友
2022 年夏

前 言

"文明"是人类对世界认知不断积累的产物。"文明"与"发展"相生相伴,"发展"又不可避免地造成"自然"的他者化。科技的发展给人类社会带来无远弗届的影响,而"生态危机""环境破坏"也在这一过程中作为最具冲击力的事物与人类劈面相逢。

一些读者较为熟悉美国女作家、海洋生物学家蕾切尔·卡逊的《寂静的春天》,这是一部以环境保护为主题的经典散文,作家笔下描绘了一个由DDT"创造"的痛失鸟语的春天。作为科技产物之一的DDT,在战争期间发挥了杀灭疟疾的巨大功效,然而在和平年代,却以农药的身份出现在田间,导致人类身体遭受伤害。而在日本,也有如蕾切尔·卡逊一样的作家,他们忧心于近代工业文明带来的生态危机,对自然的他者化提出质疑。

自20世纪60年代以来,日本开始出现人与自然不和谐的众相,经济的高速发展催生了水俣病、四日哮喘病、新泻水俣病、米糠油事件等骇人听闻的公害病,给民众带来巨大的身心伤害,由此,应时代之呼唤,生态人文书写也应运而生,一批拥有强烈社会责任感的作家提笔创作了具有深远影响的生态文学作品,这些作品给我们带来极大的心灵震撼。

《日本生态文学作品导读》从酝酿到成书历时4年。从作品选定到撰写作者简介和作品导读,再到节选的翻译颇费周折。本书选编了大鹿卓、石牟礼道子、有吉佐和子、水上勉、井上光晴、西村京太郎、藤林和子、竹本贤三、川上弘美、玄侑宗久、风见梢太郎等11位作家的12部作品。每篇选文包括作家简介、作

品导读、节选注释、译文等内容（译文另以课件形式呈现，有需要者可联系编者。联系方式如下：yxh_hr@163.com）。感谢本书所涉选文的各位原作者，这其中有驾鹤西去的作家，也有正活跃在当下文坛的著名文人。很遗憾，部分原作者无法取得联系，所以借出版的机会，希望读到本书的原作者或代理人能与我们取得联系，以商讨版权使用事宜。

感谢广东外语外贸大学及本人所在学院日语语言文化学院。在大学和学院的支持下，本人作为负责人获批"中外生态文学比较研究"校级科研创新团队，并在研究生选修课中增设了"日本生态文学概论"课程。正是有了这样的前提保障，才使得本书在出版之前能够在科研和教学实践中不断得到修改和完善。

为方便读者阅读和学习，原文节选以脚注的形式就生疏的单词、短语添加了中文注释，故本书既可作为学术资料利用，亦可作为高年级本科生及研究生的文学选修课教材或泛读教材使用。

感谢广东外语外贸大学研究生陈德华、史佳琪、韩惠玲、李漪琪、王紫娟、胡晓萱、钟冰、彭丽欢、文卉、胡彩虹等，以及山东大学博士后贺树红，他们从学生或老师的视角，就文章难易程度发表见解，或提出宝贵的修改意见。

感谢北京大学出版社的兰婷女士，为本书的出版提供了优质的平台，使得本书得以顺利出版。

最后，再次衷心感谢帮助、鞭策本人前行的所有师友。

杨晓辉

2022 年 1 月于广州白云山下

目　录

第一章　　大鹿卓：《谷中村事件——田中正造传》……………　1

第二章　　石牟礼道子：《苦海净土——我们的水俣病》…………　45

第三章　　有吉佐和子：《复合污染》……………………………　64

第四章　　水上勉：《故乡》《海的牙齿》………………………　75

第五章　　井上光晴：《西海核电站》……………………………　86

第六章　　西村京太郎：《污染海域》……………………………　95

第七章　　藤林和子：《核电站的天空下》………………………　100

第八章　　竹本贤三：《苏铁的风景》……………………………　155

第九章　　川上弘美：《神灵2011》………………………………　216

第十章　　玄侑宗久：《光之山》…………………………………　226

第十一章　　风见梢太郎：《森林污染》…………………………　243

第一章
大鹿卓：《谷中村事件——田中正造传》

【作者简介】

大鹿卓（Oshika Taku，1898—1959）为昭和时期诗人、小说家，原名大鹿秀三。生于爱知县海东郡津岛町。毕业于秋田矿山专门学校冶金科，后考入京都帝国大学经济学部，中途退学，返回东京后走上讲台，成为一名化学教师。从教期间开始诗歌创作。1926年（大正十五年）发表了《兵队》。昭和时代之后转向小说创作，师从佐藤春夫。辞去教师工作开启全职创作的生涯。1939年（昭和十四年），创刊《日本文艺》。1941年（昭和十六年），发表以足尾铜山矿毒事件为题材的《渡良濑川》，并荣摘新潮社文艺奖。1957年，出版《谷中村事件——田中正造传》等。

【作品导读】

《谷中村事件——田中正造传》是一部以日本著名环保人、栃木县议员田中正造[①]为主人公的传记类文学作品。全书以谷中村事件为主线，详细记录了田

---

① 田中正造（Tanaka Syozou，1841—1913），生于栃木县。1880年任栃木县议员。连续六次当选众议院议员，为解决日本近代第一起公害事件"足尾铜矿矿毒"问题奔走呼吁多年，均无果，后抱憾而逝。

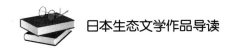

中正造投身于谷中村足尾铜矿矿毒斗争，为正义倾尽余生的事迹。

明治初期，为快速发展国力，日本政府大力开发足尾铜矿山，而对过度开发所带来的铜矿矿毒影响却采取消极、默许的态度。1890年，日本爆发50年一遇的大洪水，位于上游的铜矿矿毒被冲到中下游，给沿岸村庄带来了严重的生态污染。为此，农民发起请愿运动，田中正造也毅然投身其中，甚至赴东京请愿，绕过议会直诉天皇。1896年，洪水再次爆发，导致当地民不聊生。截至1900年，大规模的农民请愿运动爆发了4次。1903年，日本政府出台《关于足尾铜山的调查报告书》，认定矿毒原因，提出了一系列的兴修水利和防洪措施方案。修建蓄水池（防洪水库），修改河道作为重要方案被纳入规划和预算之中。这就意味着谷中村的土地将被征收，村民流离失所。过低的征收款以及无法兑现的承诺，导致已搬离谷中村的村民生活极为窘迫。此外十多户人家不愿搬离，仍在死守谷中村。为此，1907年，内阁发布公告，要求村民必须离开，否则强制执行。最终，栃木县政府方面带领数百人的施工队进入谷中村强拆，未撤离的村民只能眼睁睁看着家园被毁。当时又逢梅雨季节，无家可归的村民只好在原屋旧址上搭起棚屋勉强度日。

田中正造终日为讨要征收款、选择移居地、筹措粮食等工作奔波劳碌，再加上连年洪灾还要带领百姓奋力抗洪，最终积劳成疾不幸去世。

全书共计17个章节，每个章节下设若干小节。作品描写了明治初期日本政府无视农民利益，暴力执法等种种恶行，同时也书写了田中正造为维护正义敢于向强权挑战的感人故事。为保障谷中村村民的利益，晚年的田中正造奔走于政府部门、救灾会、谷中村之间，舍身忘我，最终病逝在陋室，身后没有留下任何值钱物品。

本章节选自《谷中村事件——田中正造传》第17章。

第一章　大鹿卓：《谷中村事件——田中正造传》

【原文节选】

『谷中村事件——田中正造伝』
第17章①

大鹿卓

仮小屋②生活

　七月六日、植松第四部長は後を保安課長に託して③、藤岡の本部を引き揚げた④。残留民の仮小屋は各自の荷物保管のために余儀ない⑤ものとして、数日間は取払い⑥を強要しない方針だと伝えられた。

　月のないその夜の谷中村は、夜空を領す⑦天の川ばかりがあざやかで、地上の闇はかえって陰々⑧と深い。到るところ蛙の声が湧きたっているが、その騒しさの底には、人気のない廃墟といった寂寞〔莫〕が漂っている。それでも破壊後の屋敷跡に近づけば、圧しつぶされたような小さい仮小屋があり、その中から人が生きている証拠のようにボソボソ⑨と話声がきこえた。

　粂次郎方の破壊あとには、無惨に壊された古材や壁埃がまだうずたかく⑩積

---

① 大鹿卓：『谷中村事件——田中正造伝』、東京：新泉社、1972年版、第348—373頁。
② 仮小屋（かりごや）：临时搭建的棚屋。
③ 托する（たくする）：托付，寄托。
④ 引き揚げる（ひきあげる）：撤回，返回。
⑤ 余儀ない（よぎない）：除此之外别无他法，不得不。
⑥ 取払い（とりはらい）：拆除，撤去。
⑦ 領す（しらす）：统治，支配，占有。
⑧ 陰々（いんいん）：昏暗、寂寞的样子。
⑨ ボソボソ：事物渐渐向前发展的状态。
⑩ うずたかい：东西摞在一起，堆成一堆。

まれている。それを前にして、二抱えもある榎①の大木の下に、ここもまた運び残しの雨戸や古板を壁とし、網代②を屋根として、小さな仮小屋ができている。四畳③ほど麦藁④と筵を敷いた床に、一家六人の間に正造と木下と菊池とが膝を突き合せている。破壊がはじまって以来、しみじみ語り会う機会もなかった三人である。先刻から、菊池が昨夜田中屋で読んだ新聞記事をしきりに憤慨して紹介している。

「——また、四日の朝野新聞の社説はこうです。事態極めて悲惨で、谷中村民の心事を忖度⑤して一掬の涙⑥をそそぐに躊躇するものではないが、しかし冷静にこれを見れば、時代思想の変遷にともなわぬ村民の頑冥⑦によることで、その頑愚を失笑せざるを得ない。森厳⑧な国法を遵奉し、行政命令の執行に服従するのは、国民として必然の義務である。——途中を略します。——かりに百歩を譲って、谷中村の場合が法律の濫用だとしても、ただちに反噬⑨的な態度で反抗すべきではない。よろしく従容とその執行に甘んじ、而してのち違法に対しては、これが救済を他の行政機関に訴えて決して遅くない。——こういった調子です。智識層の代表者がまずこの程度の頭です。田

---

① 榎（えのき）：榆科的落叶乔木，高达二十米。叶子硕大，呈左右不同的椭圆形。雌雄同株，春天与叶子一起开几朵淡黄色的小花。小核果成熟后会变成橙色，可食用。木材被用于器具、柴炭等。
② 網代（あじろ）：竹栅。把竹子、细枝等削得细长后编制而成，用于日式建筑的大门、墙、天花板和篱笆等。
③ 四畳（よんじょう）：1畳约合1.62㎡。
④ 麦藁（むぎわら）：小麦去穗之后剩下的茎。麦秸。
⑤ 忖度（そんたく）：揣测、揣摩他人的情绪。
⑥ 一掬の涙（いっきくのなみだ）：几滴眼泪，少许眼泪。
⑦ 頑冥（がんめい）：顽固不化，讲不通道理的样子。
⑧ 森厳（しんげん）：极其严肃、庄严，不容接近的样子。
⑨ 反噬（はんぜい）：反噬，反咬；恩将仇报。

第一章　大鹿卓：《谷中村事件——田中正造伝》

中さんが植松を反駁①されたように、彼らは村民がどれほどの窮迫②の状態か、事実を知らないで徒らに言論を弄んでいる③」④

「それなどが、いわゆる社会の良識なるものの標本で」木下が苦々しげ⑤にうなずいた。「そういう良識は、立憲政治が必ず人民の利害と一致するものだという前提に立っている。だが、そんな保証はどこにもあるわけでない。彼らの頭こそ、時代思想の変遷にともなわない頑冥なものだ」

「そして、最後の結びがふるッている。専制時代に佐倉宗吾⑥の徒が国法を蔑如⑦し国禁⑧を犯した。それが今なお義民として世に敬慕されているというのは、専制時代の変態にすぎぬ。国法の大犯罪者を義民⑨視した時代はすでに過去の夢である。谷中村民たるものは、時勢の変遷にかんがみて⑩宗吾的行為を夢想するなかれ、というのです。アハハハ……」

「バカバカしい」木下は咬んで捨てるようにいった。「時代錯誤を突いた⑪つもりで、自分の頭が時代錯誤の幻影にとりつかれているのに気がつか

---

① 反駁（はんばく）：对他人的主张或批判进行驳斥。
② 窮迫（きゅうはく）：极其穷困的状态。
③ 弄ぶ（もてあそぶ）：随心所欲地操控，玩弄。
④ 現代日語解釈：この「―を反駁される」は尊敬の読みである。現代の用法や非政治用語では「―に反駁する」であるが、ここではやや一般的でない言い方で「―を」の形になっている。というわけでこの文は「田中さんが植松に反駁なさったように」という意味になる。
⑤ 苦々しげ（にがにがしげ）：形容心里很不痛快，讨厌得不得了的表情。
⑥ 佐倉宗吾（さくらそうご）：佐仓藩名主，原名木内宗吾。承应2年（1653年），由于天灾，庄稼歉收，农民无法交齐赋税而将受罚，佐仓宗吾直诉将军，请求免罚。最终佐仓藩获得三年赋税减免，而佐仓宗吾则被判死罪。其事迹被后人传唱。
⑦ 蔑如（べつじょ）：鄙视，轻蔑，藐视。
⑧ 国禁（こっきん）：被国家法律明令禁止的事。
⑨ 義民（ぎみん）：为了正义，舍身尽责的人。特别是在江户时代，义民作为农民起义的领导人受到处罚，受到民众敬仰。
⑩ 鑑みる（かんがみる）：鉴于，以……为借鉴。
⑪ 突く（つく）：不顾某些阻碍而决意进行某种行为。

ない」

「そうです、そうです。彼らが社会主義を見る目にも、その頑冥さが証明されます。新聞は破壊の数日前からしきりに、谷中村に社会主義者が入りこんで村民を煽動①していると宣伝していたですよ」

「その責任は悉く②ぼくにあるようだ」木下は微笑しつつ続けた。

「彼らから見れば依然として社会主義者の札つき③だ。ぼくの内部の変化など知るはずもないし、無理もないが」

「だが、それなら木下さんのように死ぬ覚悟で谷中へ入って来たものが、ほかに誰かありますか。政治家でございと大きな面しても、身を投げだして解決に当ろうとした奴は一人だっていやしない」④

正造が目の前の蚊を追いつつ膝をゆすった。

「その社会主義者が云々は、みんな県庁側から出た悪宣伝です。新聞もそれに乗ぜられているのです。田中と社会主義者が村民を煽動した。村民に同情するものは社会主義だ。そういう宣伝を行きわたらせれば、新聞も社会主義の肩をもつと思われたくないから、遠慮するだろう。⑤それによって少しでも輿論の同情を喰止め⑥ようというのです。彼らの心事は明白です」

「それにしても、今度は大勢の記者が、惨酷な破壊の実況を見てかえって

---

① 煽動（せんどう）：鼓動別人，刺激対方采取某种行動。
② 悉く（ことごとく）：〔"事事"加上接尾詞"く"而組成。汉文訓讀中使用的詞〕涉及所有与之相关的東西。所有。一个不留。多用于不好的東西。
③ 札つき（ふだつき）：固化的評价，尤其指不好方面。
④ 現代日语解釈：政治家だぞと偉そうな態度をしていても、全力で取り組もうとした政治家は一人もいなかった。
⑤ 現代日语解釈：田中正造は社会主義者だという宣伝を十分にしておけば、新聞も社会主義の見方をしていると思われたくないから、田中や村民を英雄視する記事は書かないだろう。（当時の日本では「社会主義」は反政府主義の非合法の危険思想であり、逮捕・投獄される弾圧対象だったので、こういう書き方になっている。）
⑥ 喰止め（くいとめ）：为了預防不良事物的侵入和發展而在中途進行阻止。

第一章　大鹿卓：《谷中村事件——田中正造传》

いながら……」①

「だから、奴らも新聞記者を籠絡②するに懸命でした。彼らとしては、自分らがいかにも村民に対して懇切③で、それにもかかわらず田中や村民が頑冥だと書いてもらいたい。そして中央の新聞が少しでも県庁の措置に同情的なことでも書けば、彼らは直ちに、村民に同情的だった新聞記者も実地を視察してかく態度が一変したと、鬼の首でも採ったように宣伝するにちがいないです」④

「そういえばあの植松という男は」菊池が急にまた憤慨口調になって「記者たちに、当局はなにも田中、木下両氏に官民の調和を依頼したのではない。また彼らがいなければ執行できなかったものでもない、と揚言していたそうです。なんという言い草だ。失敬千万⑤な」

「私も聞きました。こちらも頼まれてしたことでない。その点は事実だが、まア、万事その調子です。昨日も中山知事は記者たちに、谷中村の地主になった東京の人たちは社会主義者が多いといっていたそうだ。幸に記者から私がそれを聞いたから、よく説明して誤りを正して⑥置いた。去る三十七年、県は谷中の宅地田畑の価格をきめて、これを御用新聞に発表した。これによって、谷中村民は融通の道をまったく塞がれた。生命保全の道を断たれたのだから、やむなくこれを義人に売って露命をつないだのである。この場

---

① 現代日语解释：それにしても、田中正造の抗議行動や谷中村の惨状を取材しに来た大勢の新聞記者が、悲惨な谷中村の状況を見て帰ったのに、足尾鉱毒事件の記事を新聞に載せていない。
② 籠絡（ろうらく）：按照自己所想巧妙地拉拢、操作。
③ 懇切（こんせつ）：非常亲切，对细节也很注意。
④ 現代日语解释：そして東京の新聞が県庁の宣伝に乗って、足尾鉱山側・県庁側の立場に立った記事を書けば、村民の見方として取材に来た新聞記者も、村民が過剰な要求をしている現場を見て、このように態度が一変して県庁に同情的になったと、県庁はすぐに大喜びで宣伝するに違いないのです。
⑤ 失敬千万（しっけいせんばん）：非常无礼的样子。
⑥ 正す（ただす）：改正，修正。

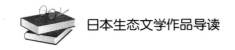

合、土地を買ってくれたのは、これ全く義人である。この義人があったので、盗賊①どもにはなるほど都合が悪かったろうが、村民にとって実に活路であった。私はその点を記者諸君に強調して置いた。——とにかく、まだまだ悪宣伝はつづく。今後いよいよ私に非難や中傷を集中して、残留民諸君と私とを努めて離間②しようとはかるにちがいない」

「強制破壊も終ったし、奴らにもうその必要もないじゃありませんか」

「いや、いや、彼らはすでに河川法の適用をいい触らしている。体刑も辞さぬなどと遠吠えしている。いやしくも③人間の情を持ったものなら、この悲惨な状態を自分で作って置いて、そのうえそんな惨いことが言えるものでない。それを敢えて口に出すという冷酷な悪鬼どもだから、実際に惨い手段で人民放逐をやりかねない。しかし、それにはこの正造が邪魔なわけだ」

そのとき家族を左右に従えて神妙に耳を傾けていた粂次郎が眉を動かした。

「いえ、県がどんな強制手段を採ろうが、私は動きません。祖先の墓があるかぎりは動きません。私たちがこの墓を守らなかったら、生を亨けた祖先に対してどうして申訳が立ちましょう」

「そうです」正造は慈眼というほどの深々とした目差しを粂次郎にむけ、それを木下へ移した。「県庁の奴らは、土地の収用ばかり急いで、祖先の墓というものがその家にとってどれほど大切なものか、少しも注目しない。御覧の通り、さきに移住した人々の墓地も水中に埋めて知らぬ顔です。まことに冷酷な話で、これも残留民が強硬に立退き④を肯じない⑤一つの原因です。

---

① 盗賊（とうぞく）：盗賊或集体抢劫者。
② 離間（りかん）：使……闹别扭。使人的关系分裂。
③ いやしくも：假如，假设。
④ 立退き（たちのき）：离开自己居住的地方，搬往别处。搬迁。
⑤ 肯じない（がえんじない）：否定，不同意，不认可。

第一章　大鹿卓：《谷中村事件——田中正造传》

奴らのやりかたは人情の機微をすこしもわきまえない」

　木下は黙って深くうなずいた。言葉が止切れた①。蛙の声が盛りあがったり沈んだりしてつづいていた。正造がなにを思ったか、唐突に、

　「昨夜は熊吉さんの小屋で夜半に火事騒ぎでね」と菊池をかえりみて笑いながら、「突然、火事だ、火事だと大声をあげて菊池君がとび起きたものだ。なアに、島田のお袋さんが、蚊帳に蚊が入ったというので蝋燭をつけて退治していたのです。菊池君は土地の風習に馴れないからよほど驚いたらしい。その恰好がどうもおもしろかった。アハハ……」

　「田中さんも人がわるい。村中に宣伝するもんだから、ぼくはすっかり威厳を落してしまった。アハハ……」

　家人たちは正造と菊池の顔を見くらべて、ゲラゲラ笑いたてた。畏って話を聞くだけで滅入りがちだった彼らも、緘口令を解かれたようにしゃべりだした。

　やがて寝る時間になったが、菊池は暑くてまだ寝られぬといって、木下を外へ誘った。二人は笹②の夜露③をふみ、籔④をぬけて、仙弥の屋敷跡へ出た。ここもまだ起きている様子で、闇のなかに仙弥の甲高い声がする。彼のところは意地悪く破片まできれいに運び去られて、仮小屋を作る材料もない。仕方なく舟を仮の家にしているのである。大新堀の岸に近づくと、そこに婆娑⑤とした柳の蔭に舟が繋いである。四本の竹をたてて蚊帳が吊ってあり、話声はその中から聞えていた。二人は声をかけずに、ただ蚊帳をかす

---

① 止切る（とめきる）：切断。中断。
② 笹（ささ）：禾本科竹亚科植物中小型植物的总称。比竹子矮，秆细，生长后还留有笋皮。群居在日本大部分山地，并被栽种在庭院或公园作观赏用植物。叶子用来包粽子和日式点心，茎做成纸浆和工艺品。果实可以食用。
③ 夜露（よつゆ）：夜间降落的露水。
④ 籔（やぶ）：树木繁盛的场所。有时特指竹子繁茂的场所。
⑤ 婆娑（ばさ）：影子等盘旋舞动的样子。

めて螢火の飛ぶのを見てくびすを返した。

豪雨中の覚悟

　七日は朝から雨もよいの空である。東京から花井卓蔵、今村力三郎、石山弥平の三弁護士が視察にきた。正造は木下や菊池とともに停車場に出迎えて田中屋に休憩していると、遅れて田中舎身兄弟や池上文遷画伯や万朝報記者の某が来着した。一行は例の排水器の跡をみて、樋門から舟で粂次郎方へ着いた。ここで正造の説明を聞くうちに、いよいよ雨が降りだした。遅ればせに馳せつけた卜部喜太郎を加えて、一行はまた舟に乗り、烈しくなった雨をついて各所の破壊跡を見てまわった。ついで下宮の堤防へ出て木材や家財道具の野積みを視察し、古河へ帰りついたのが夕刻である。

　正造はひどく疲労していたので、田中屋に泊ることにした。暮れ迫るにつれて、風さえ加わり豪雨となった。すると、弁護士の一行と帰京する予定だった万朝報の記者が、この雨中の村民の苦労を実見したいと言いだした。木下と、菊池は、けなげなこの記者を伴って帰った。

　稲荷森の堤上に立つと、堤内はただ雨に煙って蒼然と暮れいそい①でいる。聴えるのは天地を埋める雨声ばかり。舟は青蘆②のなかに捨ててあるが、あたりに人影もない。三人は丈高い草をかきわけて堤上③を恵下野へ歩いた。陰々と暮れ沈んできたが、火影一つ見えない。二つ二つ螢火④が波線を描いて消える。

---

① 暮れ急ぐ（くれいそぐ）：天黒得快。太阳很快落山。
② 青蘆（あおあし）：郁郁葱葱的芦苇。
③ 堤上（ていじょう）：大堤之上。
④ 螢火（ほたるび、けいか）：萤火虫发出的光。

第一章　大鹿卓：《谷中村事件——田中正造传》

　　堤外にあるために破壊を免れた島田栄蔵方に着いて、ここで提燈①を借りた。雷電社の境内にくると、破壊材の野積②のかたわらに一坪③ばかりの小屋掛けがあって、警戒の巡査が二人、雨外套④をつけて蚊いぶしに麦稈〔桿〕を焚いている。提燈をさしつけて覗くと、髭面の一人がさっそく情ない声で訴えた。

　　「ご覧の通り、雨は洩る⑤、蚊には攻められる。湯茶はなし、眠るわけにはいかず、こんな苦しいことはありません」

　　「君らも御苦労なことです」木下が菅笠から雨をたらしながら応じた。「だが、ね。君らは身一つの始末だからまだいい。村民は女子供や老人をかかえて、どんなにか断腸の思いだろう」

　　言いすててまた雨の暗闇へ出た。

　　佐山梅吉の小屋は六畳ほどの広さで、四方を雨戸で囲い、屋根は藁で葺い⑥てあるが、豪雨なのでダラダラ⑦洩りである。老父や子供は蚊帳に入っているが、もちろん寝るどころでない。梅吉が裸で雨水を防いでいる。九ツの喜代次がそばへ来て、提燈の火影でジッと木下を見あげた。目に涙がいっぱいたまっている。

　　「小父さん、雨が降って困るよオ」

　　抱きついて訴えたかと思うと声をあげて泣きだした。

　　「うむ、よし、よし」木下はグショグショに濡れた喜代次の頭に手を置い

---

① 提燈（ちょうちん）：照明工具之一。用细竹扎成环状做成骨架，外面贴上纸或布。里面会点蜡烛。现在有的会在里面放上灯泡，可折叠。灯笼。
② 野積（のづみ）：把东西堆放在户外。
③ 坪（つぼ）：日本度量衡面积单位，用于丈量房屋和宅地面积，1坪约等于3.306㎡。
④ 雨外套（あめがいとう）：防雨外套。
⑤ 洩る（もる）：液体、光、空气等一点点地向容器或隔板外侧排出。泄漏。
⑥ 葺く（ふく）：用板、瓦、茅草等覆盖屋顶。
⑦ ダラダラ：有黏性的东西流出来的样子。

て「坊のお父ッちゃんを見ろ、雨なんか平気で働いている。坊も男だ、雨ぐらいで男が泣くもんじゃない」

　菊池も記者も目をしばたいて顔をそむけた。梅吉が屋根の繕い①を終えるのをまって、舟で北古川へ渡してもらった。どこの小屋も麦藁や真菰②を葺いただけなので雨洩りに閉口しないところはない。水野彦市などは、小屋のなかで夫婦が簑笠を着て、子供を二人ずつ両腋にかかえて茫然としていた。

　この豪雨の夜中、篠山の佐山茂八は残留民が雨で難渋していることを察して、網代を十六枚買求め、長谷川定吉、茂呂竜太郎の協力をえて、荷車に積み、舟で運んで配り歩いた。これが後々まで各仮小屋の大事な材料になった。

　八日も雨が降りつづいた。福田英子、石川雪子、大沢ふみ子が来村して、雨を侵して各戸を慰問した。また日本新聞記者某が特に雨中の惨状を視察に来た。彼はまず高沙の茂呂松右衛門方を訪れて、その小屋が荒蕪の屋根、戸板の壁という余りに粗末なものなのに一驚した。かの破壊の日は「殺せ、殺せ」と叫んで発狂したかと思われた吉松が、別人のように落著いて応待した。

　「なアに、わしらは年々の洪水で鍛わ③れています。一度洪水となりゃ、周りじゅう泥水がみなぎって凄いもんです。いよいよ増水で危いとなれば、堤防に小屋をたてて何週間でも避難するのが毎度毎度のこと、その苦労を思えば、これしきの雨風はなんでもありませんや」

　対談の間にも雨が洩り風が吹き込んだが、家人も案外平気である。

　「宅地④も田畑も収用法を適用されたとはいえ、私らはまだその代価も受

---

① 繕い（つくろい）：修理，修缮。
② 真菰（まこも）：茭白，禾本科多年生草本植物，高1—2米，叶可用来编草帘。
③ 鍛う（きたう）：为使身心和技术变得扎实而反复练习。
④ 宅地（たくち）：住宅用地。地皮。

第一章　大鹿卓：《谷中村事件——田中正造伝》

取っちゃいない。税金だって滞りなく納めている。人民の義務にはなに一つ欠けるところはないのだから、生きる権利はあるわけでしょう。私らは飽くまでここに踏みとどまる決心だ」

「しかし、こんな無理な生活は体に悪い。病人でもできたらどうするのです？」

「そのときはその時だ。どんな算段をしてでも実費で医師に診てもらいまさア。こんな薄情な県庁の世話には一切ならねえつもりです」

吉松は顱頂①にたれる雨洩りを払って、太い眉をうごかした。

熊吉方を訪れると、ここも四畳半ばかりの網代小屋に家族八人がすし詰②で、豪雨に追い詰められたように身を寄せ合っている。女も、子供も、苛酷な運命にも感動を失っているような顔つきだが、打ち萎れ③ている様子はない。雨洩りもすくなく、小屋は他に較べてしのぎ良く出来ているが、以前裕福④だった名残りも覗われて、かえってその不自由さが推察された。

「いえ、追ッ払われても立退くようなことはありません。この小屋を壊されたら、何度でもまたこれを作ります」

興奮の様子もなく、熊吉はしずかに決意を語った。

高沙を終って、泥水を渡って北古川へ来ると、粂次郎方には附近の村民が集っていて、狭い小屋が身動きもならぬ有様である。例のごとく今後の方針をきくと、ここでもまた同声相応ずる気勢である。

「なアに、雨ぐらいにへこむ⑤ような弱虫はいない。どうせ乗りかかった

---

① 顱頂（ろちょう）：头顶。
② すし詰（すしづめ）：许多的人或物密密麻麻地挤在一起。
③ 打ち萎れる（うちしおれる）：灰心，垂头丧气。精神萎靡不振。
④ 裕福（ゆうふく）：富裕。
⑤ 凹む（へこむ）：屈服。怯懦。

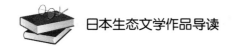

舟①だ。飽くまでがん張ります」

長三郎が抱えた膝を貧乏ゆすり②してうそぶくと、粂次郎がそれを補足して、

「いや、私らの決心は金鉄③です。みな祖先の墓と運命をともにする覚悟です。こうなればどちらが何処までつづくか根くらべ④です」

「でも、県庁も強硬で、場合によっては体刑の処分も辞さぬというじゃないですか」

「その場合どう対抗するか、実はそれを寄り寄り相談しているわけです」

粂次郎はそう答えて、さすがに沈痛⑤な顔で口をつぐんだ⑥。誰も言葉をつぐものがない。また強くなった雨が、小屋をたたき潰すばかりの音響で人々を圧倒してきた。

九日も雨、十日も雨。この両日、巡査二名が小屋々々を廻って立退きを勧告して歩いた。

十一日は風さえ加わって暴風雨の気配。そのなかを農学者津田仙夫妻が、電報新聞の婦人記者を伴って来村し、雑誌や見舞品を配って歩いた。また、この日、執行官の植松金章の名で、残留民に告知書が交附された。

その要旨は——今般強制処分によって十六戸の家屋を取解いたが、残留民はなおそのまま旧所有地に占拠して居る。これは固より不当であるのみならず、住居の設備のない場所に不完全極まる小屋を掛け、辛うじて雨露を凌いでいるのは衛生上からも寒心に堪えぬ。このさい速かに篠山その他適当と信

---

① 乗りかかった舟（のりかかったふね）：骑虎难下。一旦开始干了，就不能半途而废。
② 貧乏ゆすり（びんぼうゆすり）：哆嗦腿，不停地摇动腿。
③ 金鉄（きんてつ）：金与铁，金属。比喻非常坚固。
④ 根くらべ（こんくらべ）：耐力比赛。
⑤ 沈痛（ちんつう）：陷于深深的悲伤和忧虑之中的样子。
⑥ 口を噤む（くちをつぐむ）：闭口不言。一言不发。

第一章　大鹿卓：《谷中村事件——田中正造传》

ずるところに引移るがよい。もしその希望する箇所が河川法の敷地とか、官有地に属する場合には、相当の手続によってその旨を申出よ。なお篠山その他に移転した家屋の材料は、県にこれを保管する責はないが、混雑のおりから取締りのため一時巡査を配置して置いた。だが、すでに十数日を経過し、物件の移転処分は終了したので、右の巡査を引揚げる。今後は各自に於て相当の処置を為すべし——というのである。

　烈しい風雨の中を、例によって粂次郎の小屋に数人が集った。それぞれに、告知書に対する鬱憤①をぶちまける②相手が欲しかったのである。

　「だいいち、この取解き③とはなんのこッたい。屋根にしろ、柱にしろ、二度と使えないようにぶち壊して置きやがって、なんだい」

　まず長三郎が額の青筋を動かしつつ、目の前に相手の役人がいるように喚きたてた④。粂次郎が渋茶の茶碗をくばりながらうなずいて、

　「まったくです。やることが狡猾ですよ。こうして紙きれ一枚で、あとは一切自分たちの責任じゃないという顔をするつもりでしょう」

　ザアという雨音とともに、戸板のすき間から雨しぶきが吹きつける。それを横面にあびながら梅吉が目をむいて、

　「不完全極まる小屋で寒心に堪えぬ。わしはこの文句が癖にさわる。どこを押したらそんな音が出る。それほどの親切心があるなら、破壊前になぜちゃんとした立退先を用意しねえんだ」

　「そうです」と粂次郎がまたそれにうなずいた。「篠山にしろ鹿島神社にしろ、あんな猫の額⑤みたいなところを小屋掛け場所に指定するなんて、た

---

① 鬱憤（うっぷん）：心中积攒的怒气和怨恨。
② ぶちまける：心里想的事不加掩饰，一股脑地说出来。
③ 取解き（とりとき）：分解，拆解。
④ 喚き立てる（わめきたてる）：叫嚣得厉害。
⑤ 猫の額（ねこのひたい）：狭窄（的场所）。

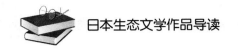

だの申し訳です。責任のがれです。誠意ない証拠です」

「まったく誠意のかけらもない」それまで黙々としていた仙弥が、甲高い声で断定した。「一昨日田中さんと一緒に佐山茂八さんのところへ網代のお礼に行ったついでに、はじめてあそこを覗いてみたが、わしらの家の茅にしろ材木にしろ、ただ乱雑に放りなげてある。足の踏み場もない。あれじゃ、雨に腐らすために運んだようなものだ。わしは呆れて腹も立たなかった」

「告知書の文句だと、今後は各自において処置をなすべし。雨に腐れようが、洪水に流れようが、また盗まれようが、めいめいの責任だというのでしょう」

「病気で死のうが、洪水で溺れようが、残留民の自業自得①というつもりだろう」

仙弥はブスッと②言葉を切り、戸板のすき間から外をうかがって榎の枝の揺れ動くのに目をすえた。唇をかみ眉間をしかめた表情は、自分の胸の裡をのぞくもののように厳しかった。

一週間にわたる強制破壊が終って、残留民は颱風が猛威をふるって去ったような気持であった。それは誰の胸にも、まったく予期しない一種の虚脱感をしのびこませた。しかも彼らは家屋を破壊されたその夜から小屋掛けして、原始人のように雨露をしのがねばならなかったが、降りつづく雨に困苦は数倍した。その難渋③に虚脱の気持は消しとんで、彼らの胸にはやり場のない憤懣がいやがうえに④募っていたのである。

東京では、この夜、谷中村事件に同情を寄せる有志が神田南乗物町の田中舎身方に会合して、谷中村民救済会を作った。参集の顔ぶれは高木正年、今

---

① 自業自得（じごうじとく）：自作自受。
② ブスッと：心中満是不満和怒气的样子。満腹牢骚。
③ 難渋（なんじゅう）：困难，困苦。
④ いやがうえに：越发。

第一章　大鹿卓：《谷中村事件——田中正造伝》

村力三郎、信岡雄四郎、新井要太郎、桜井熊太郎、高木政勝、安部磯雄、高橋秀臣、菊池茂らで、村民の居住地の交渉その他の救済方法を議した。

　十二日も風雨、十三日も雨、十四日は曇天で十五日にようやく天候が恢復して、ほとんど十日ぶりに青空を見た。

　事件に対する世論
　十二日には救済金の高木（正）、花井、信岡、新井の四人が内務省を訪れ、内相が不在のために吉原次官に面会して、救済のことを陳情した。ついで十五日には、高木（正）、大竹、信岡、新井、桜井、近藤（重義）の六人が宇都宮①の県庁を訪れた。知事②は足尾に出張して不在。深町内務、植松警務の両部長が面接した。（一）堤上またはその附近に永く居住せしめること、（二）もしそれが不可能ならば堤外地に居住せしめること、（三）従来のごとく漁業権を与えること、以上の三件を申入れると、（一）に対しては絶対に許可し難しとし、（二）については知事の帰庁のうえで詮議するといい、（三）は秋の県会で潴水池③管理規定が決定したのちでなくては確答しがたいとの返答であった。一行はそれより谷中村へ廻り、蔵原惟郭、高橋秀臣とともに残留民の仮小屋や材料置場を視察した。

　ともかくこうして、谷中村事件は残留民の犠牲に於て④世人の関心を集めるようになった。破壊の顛末⑤を報導した中央の諸新聞や地方紙も、つづいてこの始末をさまざまに論評した。七月十日の朝日新聞が「谷中村の名残」と

---

① 宇都宮（うつのみや）：宇都宮市，位于日本栃木县中部，县府所在地。
② 知事（ちじ）：统辖和代表日本都、道、府、县的长官。
③ 潴水池（ちょすいち）：明治政府为防洪而建的蓄水池，也称防洪水库。
④ に於て（において）：〔格助词"に"加上动词"おく"连用形的音便形"おい"和接续助词"て"组成的词〕表示与某事物相关的事情。关于……。
⑤ 顛末（てんまつ）：由始至终的经过。

題した一文などは、深く事情を極めずに批判を下しがちな世論の代表的なものかもしれなかった。しかもその後段にはこう説いていた。

「村民をして斯の如く強情ならしめ横着①ならしめたるは果して誰れの罪なるべき。県庁か村民か将た翁②もしくは社会党の人々か。——損害を甘じて強制破壊を受くるに至りしもの、翁及社会党の人に対する義理合上余儀なくされたるものもあるなり。彼等無知の民をして溝壑③に陥らしめたる責は翁等も亦その幾分を分たざるべからず」④

正造や木下の心事を解さぬ傍観者は、こうした浅薄な断定を下して、正義を説くものとしたのである。さらに、次の数言に到っては、明らかに為にするものの言に惑わされた形跡が十分にある。

「谷中村の亡滅は谷中村民自らの招きたるなりと誰やら道破したるは至言といふべし。同村民にして自治自衛の念に厚く、自ら堤防を破壊して租税⑤を免れ小作料⑥を納めざらんとする如き事なからしめば、或は今日の事なかりしやも知る可らざるなり」⑦

だが、七月八日の東京毎日新聞は「谷中問題の真相」と題して、

---

① 横着（おうちゃく）：任性、厚顔无耻。狡猾。
② 翁（おきな）：対男性老人的亲切称呼。
③ 溝壑（こうがく）：沟壑。
④ 現代日語解釈：村民をこのように強情にさせ横着にさせて果たして誰のせいなのか。県庁か村民か、田中正造か社会党の人々か。最終的に損害を受け強制破壊を受けた人々の中には、正造や社会党に対する義理があって仕方なくやった人もいるのである。彼ら無知の民をこのような状況に陥らせた責任は、正造たちにも少しもないとは言えない。
⑤ 租税（そぜい）：国家或地方公共団体为筹集自身经费而向国民或居民强制征收的金钱。有国家征收的国税和地方公共団体征收的地方税等。
⑥ 小作料（こさくりょう）：租地费。
⑦ 現代日語解釈：谷中村の滅亡は谷中村民自らが招いたものだと誰かが看破したのは名言だと言うべきである。谷中村民が自治や自衛の気持ちが強ければ、わざと堤防を破壊し税金を逃れ小作料を払わなくてもいいようにしようというようなことがなければ、今日の状況にはならなかったかもしれないのである。

第一章　大鹿卓：《谷中村事件——田中正造传》

「眼あるものは見よ、谷中問題は現社会に於ける腐敗堕落の醜悪①なる一面を遺憾なく展開し来りたる一幅の縮図なり。後代もし人ありて堕落汚穢を極めたる明治世相誌の半面を覗はむと欲せば、谷中問題は最もその恰好の適例を供すべし」

ついでこの問題が鉱毒事件②に端を発した複雑怪奇な事件であることを指摘し、潴水池を姑息な救治策にすぎぬと論断して、収用法適用の是非に及んでいる。

「之を当局有司にただせば、曰く予は其由来に責任無しただ既決の条項を執行するのみと、その言の冷酷無情なる恰も馘首の判官の命を受けて死刑を執行する者の如し、かくして腐敗したる自治体、道義の責任なき行政部の、醜陋無残なる狡猾児と相縁り相結んで無前の悲劇を明治聖代の天地に実現したるもの、これ谷中問題の真相なり」

毎日は、社長の島田に格別の理解があったからでもあるが、すなわちこれが少数の意見である。

また田中正造その人に対する論評も毀誉まちまちであった。七月二日の神戸新聞は「田中正造翁に与ふ」なる長文をかかげて、その末節に、

「輓足下が孤軍奮闘せる谷中村の事態の如き、吾人多くを言ふに忍びず、足下③これを以て佐倉宗吾の行動に倣ふとなさば、足下また終に無識なる煽動家たるの誚りを免れず。墳墓④の地が潴水となりたるも、而して⑤政府が法

---

① 醜悪（しゅうあく）：指容貌不好看，心地或行为卑鄙、无耻。
② 鉱毒事件（こうどくじけん）：足尾铜矿矿毒事件。明治时期，足尾铜山被大力开发，因开发而残留的化学物质流入渡良瀬川，招致大量鱼虾死亡，沿岸农作物绝收。
③ 足下（あしもと、そっか）：第二人称。对和自己同等地位或地位低的人表示尊敬的郑重称呼。
④ 墳墓（ふんぼ）：埋葬死尸和遗骨的地方。坟墓。
⑤ 而して（しかして）：〔副词「か」加动词「す」的连用形「し」和助词「て」组成的词〕然后。就这样。之后。

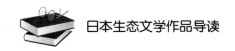

令を布きて土地を収用せざるべからざるに至るも、それは自ら別問題なり。事既にここに及ぶに至りて、ただ施すべきは前後の策のみ。然るに足下の言行①を見るに、規拠なく、定見②なく、妄り③に官憲④に反し、暴騒これ事となす。済世の志あるもの、誰か足下の挙に予め信を置きて、その実況に同情を表するものあらんや。足下実に谷中村民を謬れり。吾人足下の奇もまた度に過ぎたるを惜まずんばあらず。田正翁足下、火を熄す⑤、よろしく竜吐水⑥を以てすべし」

　これと対照をなすものに地元の下野新聞の一文がある。在京県人の徳竹某の寄稿である。

　「村民に対する翁の態度や慈母の赤子に於けるの観あり、その事に当るや、消極的に口舌を弄する⑦にあらず、積極的に自ら先に立って心身を犠牲として導く。恰も旱魃⑧うち続けるの時、忽然驟雨の到るが如し。斯くてぞ村民は翁の神韻⑨豊かなる言行を信じ、一種の宗教化せしなり。宗教化して、深く脳裡に刻したりしなり。偽なりと思はば試みに彼等に示すに政府の権威と翁の一言とを以てし、その就かん⑩と欲する処を問へ。彼等は挙手呼応して、翁の一言に携はらむ⑪。それ高尚なる翁の精神が年を重ねて泥水の被害を加ふる

---

① 言行（げんこう）：口头上说的话和实际上做的事。
② 定見（ていけん）：不轻易为别人的意见所左右，坚定的想法。
③ 妄り（みだり）：（不受限制）任性的样子。随心所欲。
④ 官憲（かんけん）：〔官庁〕机关；官厅，衙门，官府；警察；官吏，官员。
⑤ 熄す（きえす）：熄灭。
⑥ 竜吐水（りゅうどすい）：（日本古时灭火用的）手压消防水泵。
⑦ 口舌を弄する（くぜつをろうする）：搬弄口舌、是非。
⑧ 旱魃（かんばつ）：（旱魃是中国古代神话传说中引起旱灾的怪物。）干旱，旱灾。
⑨ 神韻（しんいん）：指人的风度韵致。也指艺术作品等令人难以想象的优秀韵味。
⑩ 就かん（つかん）：将自身置于某一立场。
⑪ 携はらむ（たずさはらむ）：与某事物有关。

第一章　大鹿卓：《谷中村事件——田中正造传》

毎に彼等村民の感情に潜潤し来りしの故なり。――」①

　救済会の有志訴訟を慫慂

　その後も連日、東京の有志の視察に来るものが絶えない。これを村民が数名ずつ交代で送り迎えする。古河町方面から来る人々を稲荷森の堤防に出迎え、それから舟を漕いで粂次郎の家跡へ案内し、ついで順次破壊された家々の跡、破壊材の置場、破堤所などを案内して、舟を稲荷森に返し、古河停車場まで見送って帰村する。それが彼らの日課となった。家は破壊されても、この土地によって生きなければならない彼らには、苟且②にはできない田畑や漁撈仕事があった。視察の案内も連日となれば相当の負担である。だが、自分らの境遇に同情して遠路をいとわず来てくれる人々の親切を思って、彼らは感謝してこれを送迎した。またそれら視察者の力で世論がもりあがって、県当局や政府の反省を促し、やがて村の復活が出来るだろうという一縷の望みにひかされていたのである。

　七月二十一日、残留民は島田栄蔵外十九名の連署で、東京の救済会に長文の願書を提出した。二十六ヵ条にわたって当局の秕政③をあげ「我々は世に如何なる法律ありとするも、官吏が人民の家屋を破り、田園を奪うに至りては、最早生命を奪わるるの外なしとの決心に候間、然るべく④御計いの程願上

---

① 　現代日语解释：村民に対する正造の態度は、慈母が赤子に対するもののような感がある。問題に取り組むときは、消極的に口だけで言うのではなく、積極的に自ら先頭に立って心身を犠牲にして導いている。あたかも旱魃が続いている時に突然驟雨が降るようなものである。このようにして村民は正造の豊かな言動を信じ、一種の宗教のようになっている。宗教化して、深く脳裏に刻まれているのである。嘘だと思うなら、政府の権威と正造の一言を彼らに示し、どちらを信じたいかを聞くとよい。彼らは皆、正造の一言に従うだろう。それは高尚な正造の精神が長年泥水のような被害が加えられる度に彼ら村民の感情に染み渡ってきたためである。

② 　苟且（かりそめ、こうしょ）：临时凑合。

③ 　秕政（ひせい）：恶政。

④ 　然るべく（しかるべく）：适当地。

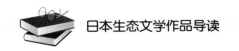

候」という悲痛な叫びを綴ったものである。

　この日、救済会の信岡雄四郎、塩谷恒太郎、田中舎身の一行が谷中村へ出張した。残留民を集めて相談したいということであったが、堤内には家屋はすでに破壊されて集合の場所もない。そこで稲荷森の堤外にあるため破壊を免れた鶴見平五郎の家を借りて、これに集ることにした。

　しかし村民が集るに従って、入りきれずに屋外にあふれた。結局みなが庭前に出て、木蔭もない青空の下を会場にした。まず信岡弁護士が正造の方に顔をむけて、

　「今日は田中さんに関係なく、直接に村の方々と相談したいと思いますから、どうかその御心得で……」①

　正造はなにも言わず、ただ日やけした顔に眼を光らせてうなずいた。信岡は、救済会が去る十八日第二回の会合を持ったこと②、その結果独自の立場で、残留民の居住問題と買収価格に対する訴訟問題を取り上げることにしたことを告げ、提訴の期限も切迫していることだし、一切を自分ら弁護士に委せてもらいたいと言った。村民はみな顔を見合せるばかりで、誰も発言するものがない。菅笠の下の蒼黒い頬や頸すじを汗の玉がつたい落ちるばかりである。しばらくして、粂次郎が二三の顔とうなずき合って口を切った。

　「御親切はまことに恭ない③のですが、私たちは村の恢復を希望して、ながい年いろいろな困難と戦って来たのですから、村民の境遇に同じく御同情をいただくのでしたら、買収金についての訴訟より、やはり村の恢復④のために御尽力を願いたいと思います。皆さん、いかがなものでしょう？」

---

① 現代日语解释：どうかそういう心づもりで。（ご理解ください、ご容赦ください）。
② 現代日语解释：信岡は、救済会がこの前の十八日に二回目の会合を行ったこと（を告げて）。
③ 恭ない（かたじけない）：诚惶诚恐；非常感谢，不胜感激。
④ 恢復（かいふく）：一度变坏的状态又变成原来的状态。

第一章　大鹿卓：《谷中村事件——田中正造传》

粂次郎が順ぐり^①に村民の顔をぐるりと見渡すと、あちこちで異口同音に、

「そうです。それでいいでしょう。そうお願いしたい」

信岡はそれに答えて「もちろん谷中恢復については政治問題として大いにやるつもりですが、価格の一点だけでも黒白を明かにすることが、この際ぜひ必要です」

栄蔵は聾^②で話の内容がわからないので、人々の顔ばかり覗いていたが、このとき星野が耳のはたで経過を取り次ぐのを聞いて、^③

「私どもが、今日まで買収に反対してきたのは価格が安いからでなく、潴水池にすることが有害無益だからで、もともと村の恢復が目的です。一方で買収を否認しながら買収価格の訴えを起すのは矛盾したことだし、おもしろくない」

梅吉や長三郎がこもごも^④それに同調した。

「そう、そう、訴訟してカネを多く取ってみても、村が恢復すればそのカネは返済するのだから」

「費用をかけたり、手数をかけたり、苦労するだけ損なわけだ」

気ぜわしく^⑤扇子を使っていた塩谷が口を挟んだ。

「その費用は救済金の方で負担します。諸君の事情はわかっているのだし、諸君に御心配はかけません」

「然しどうせ返すカネとすれば」と、熊吉が若者らしい朴訥さで所信を吐いた。「お骨折りをかけたうえに、費用を出していただいてまで、買収金を

---

① 順ぐり（じゅんぐり）：順次做某事。
② 聾（つんぼ、みみしい、ろう）：耳朵听不到或指那样的人。
③ 現代日语解释：このとき星野が耳のそばで栄蔵に伝えてくれる話の内容を聞いて、（聾と書いてありますが、全く耳が聞こえないというのではなく、大きな声でわかりやすく言えば聞き取れるという程度ということのようです）。
④ こもごも：每一个。各自。
⑤ 気ぜわしく（きぜわしく）：心烦意乱地。

多くする必要はないと思います」

「それに、価格のことを問題にするのは、なんだか私慾①にからむように見えて残念です」

仙弥が鋭くそれを言うと、数人のものが、「そうだ、そうだ」と合槌をうった②。村民がなぜ納得しないのか、信岡はその真意を測りかねるように一同の顔を見渡して、

「買収価格の不当なことが公明な裁判で明らかになれば、政治問題にも好影響、谷中村の復活を有利に導くことになるのです。またカネを多くとることが私慾云々でまずいというなら、村の学校とか公共事業とかに寄附してもいいのだし、処分はどうにでもなる。とにかく土地収用法には、補償金額に不服の場合は通常裁判に出訴することを得、という規定があるのだし、当然取るべきものを取らずに置くのは、権利を粗末にするわけで、よくない」

お歴々③が熱心にすすめてくれるのを、むげに断るのも失礼のように思われて、村民は迷わざるを得なかった。

「お願いすることにするか」誰かが低い声でつぶやいた。

熊吉はこれで事が決定してはと不安になって叔父の政五郎に大きな声で経緯を説明した。政五郎はビックリしたように目をむいたが、「そうですね」といったきり、これも思案にあまるように考え込んだ。

正造は信岡たちの後方に佇んで、終始黙々とそれらの問答を聴いていた。栄蔵がいったように、買収を根本から否認してきた村民の立場では、訴訟は買収を認めたことになり、根本精神が覆える④。正造はいく度か言葉を挟もう

---

① 私慾（しよく）：唯利是図之心。
② 合槌を打つ（あいづちをうつ）：根据对方的话适时地应答或点头。随声附和。
③ お歴々（おれきれき）：对地位显赫之人这一群体的敬称。"歴々"前加了表示尊敬的"お"，但很少不加"お"而使用的情况。方言中也有"御歴々"的说法。
④ 覆える（つくがえる）：一直以来被认为是正确的想法和决定遭遇了根本上的改变。颠覆。

第一章　大鹿卓：《谷中村事件——田中正造传》

として、その度に、先刻とくに容喙①するなといわんばかりに駄目を押されたことを思って、ようやく自制した。救済会の人々は、鉱毒事件のために多年無報酬で尽力してくれた弁護士や、有力な篤志家たちである。それを思えば、彼らの衆議を無下に断りもできない。それに歯痒い②ほどひかえめな村民の発言も、案外性根③は堅固なふしが覗われる。返答のはかばかしくないのは、相手が知名の人々であり、その深い同情から出た話だけに無下にできないという遠慮があるからであろう。……

　いつか正造は人々の円陣を離れて、三歩、四歩しずかに藪蔭④の方へ寄っていった。そして地上に長くのびてきた影法師を見つめて佇んでいるかと思うと、また一歩ふみ出して、すでに夕映え色のかがやく層雲⑤を仰いで憮然⑥としている。それはただ人々の群を離れて独り立っているという以上に、天涯ただ一人といった孤往の姿を示していた。そういえばその姿には、すべての人々から離反されたもののような孤独と疲労の陰影が宿っている。事実彼の心には、これほどまでに村民と困苦をともにしてその表裏を見尽しながら、なお村民の真実の姿は何かということが、大きな疑問として残されていた。彼らの心と一つになりきれないもどかしさ。おりおりその孤独感に似た思いが切ない悲哀を伴って胸に去来した。……だが、その心の翳り⑦は、たとえば、水の面が断雲の影をうつして、しばし翳るようなものであった。雲影は去来しても停滞することはないし、水の面もそれに執することはない。水

---

① 容喙（ようかい）：从旁插嘴。
② 歯痒い（はがゆい）：急不可待的。
③ 性根（しょうこん、しょうね）：支撑行动、语言等的根本性心态。
④ 藪蔭（やぶかげ）：竹林的背阴处。
⑤ 層雲（そううん）：如雾一般层层叠叠的云。云底平而呈灰色。有时伴有蒙蒙细雨。
⑥ 憮然（ぶぜん）：因事物没有按照预期进展而心生不满的样子。
⑦ 翳り（かげり）：有阴影的样子。黑暗。

の面は雲の絶え間①に天地の真の姿をとらえようとして、やがて清洌②な明るさに返る。そして静かに深々と湛える③。——正造の心はそうした水面に似た無私④の状態で、なにものかを捕えようとしていた。それは天地の大に通ずる⑤人間の本来の姿を想望⑥していたのかもしれない。……

　なお暑さの衰えぬ斜陽をうけつつ、彼らの対立は容易に結着しそうになかった。ようやく田中舎身のとりなしで結論を後日に残すことにして散会した。

　越えて二十七日、救済会の弁護士数名がふたたび谷中村を訪れた。前回と同じく鶴見方で会合して、訴訟の提起のことを重ねて慫慂した。村民たちにはなお承服しきれぬ気持もあったが、救済会の好意に対する遠慮から拒絶するほどの態度もとりかねた。結局前回ほどには是非をいうものもなく、いわれるままに、みなが委任状に捺印した。訴訟費用は、供託してある正造の土地買収金をあてることになり、正造に代って信岡と星野が宇都宮に赴いて、これを受取った。

　翌々二十九日、今村、小川（平吉）、石山、川島、卜部、信岡、近藤（定喜）、新井、桜井、塩谷、茂木の各弁護士が残留民、正造及び地区外在住の土地所有者である安部磯雄、石川雪子、石川三四郎、福田英子、小野吉勝、幸徳千代、宮崎ツチ、逸見斧吉、近藤政平（堺為子その他は委任状を取まとめる余裕がなかった）など三十二名の代理人として「土地収用補償金額裁決不服の訴」を宇都宮地方裁判所栃木支部へ提起した。

---

① 雲の絶え間（くものたえま）：云的接缝处或缝隙。
② 清洌（せいれつ）：形容水又清又凉。
③ 湛える（たたえる）：灌满。注满。
④ 無私（むし）：没有私心、私欲的样子。
⑤ 通ずる（つうずる）：经由某一道路，由此及彼。贯通。
⑥ 想望（そうぼう）：在心里描绘。

第一章　大鹿卓：《谷中村事件——田中正造传》

　　ところが、この救済会の有志は、後に残留民の移住地の選定について、正造と意見が相容れず、正造を頑陋①であると罵って②手を引いてしまった。その結果、この民事訴訟だけが後に残されて、ために正造は、不如意な境遇のなかで、これが解決にのちのちまで苦心惨憺③せねばならなかった。訴訟は控訴を経て、正造の没後六年、大正八年になってようやくその終局を告げたのである。

　　その後救済会の人々はしばしば宇都宮の県庁に出張して、谷中村民の移住地について交渉をつづけた。県当局も、前代未聞の強制破壊を強行して世論の批判を蒙っている手前、頬かむりで知らぬ顔もできないので、救済金を通じて円満に解決したい意向を示した。だが、もとより堤上や堤外地の永住を認めようとはしない。交渉は難行をつづけた。救済会では恵下野の堤外地を候補地に挙げたが、県の方ではこれを絶対に不可とした。ようやく堤外地の居住期間を六カ月と限って認め、さらにそれを一カ年まで譲歩した。

　　だが、残留民の気持は救済会の人々が考えるほど簡単でない。農民が居住を移すことはただちに生活の根拠を移すことである。生死に直結した問題である。半年や一カ年便宜的に住居を変えるというようなことは、都会の生活とちがって思いもよらない。新に仮小屋をかけ、農具や生活用具を運搬し、農耕の準備をととのえるだけで、半年ぐらいはすぐ過ぎてしまう。また家屋を破壊され、その材料や家財道具まで野横にされて腐朽するに至り、老若男女とも歯を喰いしばって雨露④に曝さ⑤れてきたのである。今になってやすやすと立退いては、これまでの犠牲も辛苦もすべて水の泡になる。それくらい

---

① 頑陋（がんろう）：顽固，不讲道理。顽固不化。
② 罵る（ののしる）：大声苛责；口出恶言，说脏话。
③ 苦心惨憺（くしんさんたん）：为某事劳力费神。煞费苦心。
④ 雨露（あめつゆ）：雨水和露水。此处指艰苦的自然环境。
⑤ 曝す（さらす）：置于某一危险状态。

なら、むしろ強制破壊前に立退くべきだったという気持がある。さらにこれまで県からしばしば瞞さ①れてきた苦い経験が骨身にしみている。今後も救済会を通じて、ていよく本籍地から追い出されるのではないか、という疑念が、なんとしても先に立った。

　もとより正造はこうした事情を悉く理解していた。しかもなお、余りにも悲惨な現在の仮小屋生活から一日もはやく彼らを救い出さねばならぬと苦慮した。強制破壊前後の緊張が漸くゆるむとともに病人が出だす気配を見ては、ますます焦慮せざるをえない。また現在の旧宅地の居住に対して早晩立退②命令のあることも、当然予期しなければならない。救済会とは別に、正造は独自の立場で、連日谷中村の周辺を土地探しに歩き廻った。十六戸のものが共住を申合せているので、少なくとも十五六町③の土地を必要とする。高燥の私有地でそれだけ広い場所を探すのに苦心があった。しかも相変らず何処へ行くにも尾行が二人ついて廻るのが、馴れたこととはいえ不便であり、不快であった。またその間には、野積みの家屋材料が腐りかけたのに気づいて、県吏の疎漏を訴えるために栃木の裁判所へ赴きもした。その腐朽のすすまぬように野横に屋根を施す手配もした。村民の困窮④を軽減するために、村民の子弟二十余名を奉公に出す周旋もしなければならなかった。正造の身も心も、ひきつづき一日として休まる暇はない。

　とかくするうち、六月の半から再びおびただしい雨量を伴う風雨となった。十六日の夜は、はやくも堤内で六尺余の増水をみた。村民の仮小屋は比較的高地に在るので浸水こそしないが、いずれも雨漏りが甚しく寝食ともに

---

① 瞞す（だます）：使人对谎言信以为真。欺瞒。
② 立退（たちのき）：撤退，撤离。
③ 町（ちょう）：日本度量衡面积单位，1町约为99.2公亩，即9920平方米。
④ 困窮（こんきゅう）：由于贫困而使生活陷入窘迫之境。

第一章　大鹿卓：《谷中村事件——田中正造传》

難渋①を極めた。

　前々から正造は仮小屋を見廻るごとに、その余りにも不完全なのを指摘し、せめて雨漏りを防ぐようにと注意してきた。彼らの不精②でのんきなのを叱ったり笑ったりして、補強を促してきた。しかし、だいたいが粗悪③極まる仮小屋である。豪雨となれば姑息④な繕いなど一たまりもない。正造は雨中を見舞い歩いて、さらに小屋々々の修理を督促しなければならなかった。

　大洪水来る

　八月二十三日からまたも暴風雨。東海道に上陸した颱風⑤が関東地方一帯を強襲⑥したのである。二十四日の午後には、利根川⑦、渡良瀬川⑧ともに、はやくも一丈⑨五尺余の増水を見た。

　正造は前夜から古河の田中屋に泊っていた。増水と聞いて村へ帰る決心をし、烈しい風雨をついて出た。だが、渡良瀬川、思川⑩の合流点は、すでに満々とたたえ、怒涛が咬み合っていて、舟橋の影もない。濁流が渦をまいて堤防を嚙むのを、横なぐりの風雨の底にながめただけで、空しく引きかえすほかなかった。

---

① 難渋（なんじゅう）：痛苦。为难。困难。
② 不精（ぶせい、ぶじょう）：打不起精神，懈怠。嫌麻烦的样子。
③ 粗悪（そあく）：品质不好或制作不精良。粗鄙。粗陋。
④ 姑息（こそく）：不从根本上解决，临时凑合。
⑤ 颱風（たいふう）：发生于北太平洋西南部最大风速超过17.2米的热带低气压。
⑥ 強襲（きょうしゅう）：强烈地袭击对方。
⑦ 利根川（とねがわ）：日本发源于新泻和群马县附近的丹后山的河，向东南流经关东地区，长32km，为日本第二大河。
⑧ 渡良瀬川（わたらせがわ）：属利根川水系，为其支流。
⑨ 丈（じょう）：1丈约合3.33米，1尺约合0.33米。
⑩ 思川（おもいがわ）：发源于栃木县鹿沼市足尾山地，流入渡良瀬川，属利根川水系，为渡良瀬川支流。

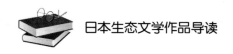

　「二丈以上にならなければ、水塚①は安全だが」

　それがわずかな心頼みであり、気休めであった。すぐそのあとから「政五郎と仙弥、この二人のところは家宅が低地だ。或は危いかもしれん」という憂懼②に取りつかれた。雨のだらだら③漏りの小屋の中で、女子供がズブ濡れ④になりながら恨めしげ⑤に雨を眺めている顔や、ふんどし⑥一つで小屋の修理に立働く男たちの様子が、払いのけ⑦ても払いのけても瞼⑧にうかんだ。

　夜の九時、三国橋附近で一丈八尺となり、しかも一時間に一尺ずつ増水しているという情報が入った。いよいよ谷中の水塚も危い。

　「村民は今夜、到底枕して⑨寝ることはできまい。いや、それより避難の用意に手ぬかりはないだろうか」

　雨戸をゆさぶる風雨の声に、正造は何度もそれを思いやった。

　二十五日朝の情報では一丈九尺七寸⑩。まだ二丈にはならないが、雨はなお降りしきっている。風もやまぬ。無論水塚が水に没することは免れない。この様子で二丈三尺の増水となれば、だいたい堤防⑪を越えると覚悟せねばならぬ。

　正造はふたたび町外れのアクト新田の堤防へ来てみた。昨夜から警戒に出

---

① 水塚（みづか）：发洪水时的避难小屋，建在洪水多发的低洼潮湿地带的避难设施。
② 憂懼（ゆうく）：担心，恐惧。担惊受怕。
③ だらだら：粘性的东西流出来的样子。
④ ズブ濡れ（ズブぬれ）：指身体或衣服等湿透。
⑤ 恨めしげ（うらめしげ）：形容表情充满怨恨。
⑥ ふんどし：男子遮住生殖器官的细长布。兜裆布。
⑦ 払いのける（はらいのける）：用手拂去。甩开。
⑧ 瞼（まぶた）：覆盖于眼球表面的薄皮肤。
⑨ 枕する（まくらする）：将某物当作枕头枕着睡觉。
⑩ 寸（すん）：1寸约为3.33厘米。
⑪ 堤防（ていぼう）：为防止河水、湖水泛滥和海水渗入，沿着河岸、湖岸、海岸筑造的土石、混凝土等建筑物。

第一章　大鹿卓：《谷中村事件——田中正造传》

　　ている人夫①が、右往左往して防水に大童②である。もはや小舟では危険だし、この騒ぎでは舟を雇うこともできない。谷中へ行くことは断念しなければならなかった。

　　明かに利根川の逆流が押し上げ③てきて、なお刻々に増水している。十一時、目の前の思川の堤防が余すところわずか七寸になった。半鐘④が鳴りだした。乱打⑤の金属音が風雨の声にまじって凄じい。防水の人々さえ浮足だって⑥、てんやわんや⑦の雑沓である。そのとき、上ずった⑧声で叫ぶのが聞えた。

　　「やッ、利島が切れた、利島が切れたぞオ」

　　人々の指さす方を見ると、なるほど雨煙り⑨の中に、渡良瀬川西岸一帯が利根川沿いの方から白茶けた⑩水の光に変ってゆくのが見えた。利島、川辺両村千数百町歩⑪が浸水して、たちまち白い湖と化してゆくのである。利島の破堤と同時に、利根の水位が急に下った影響とみえて、七寸を余すのみだった目の前の濁流が徐々に減水しだした。正造は強風のために役にたたぬ番傘を杖

---

① 人夫（にんぷ）：小工，搬运工，干体力活的劳动者的旧称。
② 大童（おおわらわ）：(源自丢盔散发地奋战之貌与没扎头发的儿童式发型相似)拼命、拼搏，全力以赴。
③ 押し上げる（おしあげる）：被压迫着持续上涨。
④ 半鐘（はんしょう）：望火楼吊钟，警钟。用于报信、报警等的小吊钟。顶端有龙头式挂环，吊在望火楼上，用木槌敲打，也用于通知水灾、匪情等。
⑤ 乱打（らんだ）：连续猛烈地击打。
⑥ 浮足だつ（うきあしだつ）：想要逃跑，想要溜走，情绪不稳定。
⑦ てんやわんや：(俗语)乱七八糟，任意折腾，一片狼藉状。
⑧ 上ずる（うわずる）：声音变得高高地浮起来。高亢。
⑨ 雨煙り（あめけむり）：像烟雾那样的雨。
⑩ 白茶ける（しらちゃける）：褪色发白。泛白。
⑪ 町歩（ちょうぶ）：日本度量衡面积单位。1町歩等于1平方町，约合9920平方米。

につき、慈姑頭①も顔もまともに雨にたたかれながら、濁流の渦の動きを眺めていた。すると、今まで水防に奔走していた蓑笠の男が足をとめて、

「むこうが切れてくれたので、お蔭でこっちが助かった。さっきはもう駄目だと思ったが」

喜びを分たずにいられぬという口調である。だが、正造は「いや、いや」と滴のしたたる頭を振った。

「まだ、まだ、安心するのは早い。利根の水がこのまま引いてくれれば別だが、この水勢、この空模様では、安心はならぬ。こちら側は堤防が切れると騒いでいるのに」

正造は手をあげて、雨の斜めの縞目の彼方を指さし、

「御覧なさい。谷中の堤防の内のりはあんなに、ゆうに六尺余りを残している。一寸みると不思議だ。だが、利根の水が引いてくれぬと、明日は逆流のためにあの堤内も充満する。水というものは、激してこれをやれば山にも登る。その水勢の加減により、区域の遠近によって、影響はさまざまだ。一つでない。或は一局部の増減となり、或は広範囲の増減となる。その間に流動の規則はないように見えて、やはりちゃんと規則がある」

水防の男には意味が通じなかったのだろう。わけのわからぬ寝言②をいう爺だという顔付で黙って立ち去った。

翌二十六日は一晴一陰で天候もようやく恢復するかに見えたが、利根の増水はいよいよ烈しい。利島、川辺両村は利根の腹が膨れ出したような形相を見せていた。逆流は思川、渡良瀬川にぐんぐん差こんできた。谷中堤内も正造の予想にたがわず、水嵩を増した。

---

① 慈姑頭（くわいあたま）：慈姑头发型。把所有的头发都束在后面，发尖短短垂下的发型。日本江户时代医生等多梳这种发型。
② 寝言（ねごと）：沉睡时无意识间说的话。梦话。

第一章　大鹿卓：《谷中村事件——田中正造传》

　　夜に入って、アクト新田の堤防が欠壊して田畑百余町歩が浸水し、附近の避難民が古河町に殺到した。

　　渡良瀬川沿岸もつぎつぎに堤防が欠壊①した。谷中村が水中に没したのみでない。その周囲の村々も残らず逆流の浸水をうけた。その区域は、茨城県の猿島郡以西の二十四カ村。埼玉県の利島、川辺。群馬県の海老瀬以西の十一カ村及び館林②。東西十余里、南北六里にわたる一円が大湖水と化した。明治三十五年以来の氾濫である。

　　「洪水の怖しさは十分知っているから、まちがいはあるまいが……それにしても無事避難してくれればいいが」

　　正造は谷中の仮小屋の人々を思って、憂慮③に堪えなかった。混雑の中をあちこちと舟を探し歩いて、野木村野渡の船問屋川島忠四郎に頼んでようやく二百石④の高瀬舟を雇った。人々を収容して帰らねばならぬと考えたからである。一戸五六升あての飲料水とわずかに入手した白米を積み、万朝報の記者滝沢慎作を同乗させ、船頭六人に漕が⑤せて、まず恵下野に渡った。恵下野の三家族は堤外の島田栄蔵の家に無事に避難していた。

　　舟を北古川へすすめた。そこの比較的に隣接した五家族はいずれも小屋の中に舟を浮べ、その舟をそばの木に繋いだり、或は木につかまったりして、激浪にゆられながら案外平然としていた。避難をすすめても誰も収容に応じようとしない。ことに水野常三郎の小屋は水が床下二寸に達しているのに、彼は病気の身を小舟の中に横たえて悠然としている。

---

① 欠壊（けっかい）：防洪堤等决口，垮塌。
② 館林（たてばやし）：馆林市。位于日本群马县东南部。
③ 憂慮（ゆうりょ）：担心。感到不安。
④ 石（こく）：日本度量衡的单位，用于计算船或木材的体积单位。1石为10立方日尺，约合0.28立方米。
⑤ 漕ぐ（こぐ）：用橹、桨划水，使船前进。

「常三郎さん、あなたは病気なのだから、とにかくこちらの舟へ移りなさい。どこか養生のできる所へ頼んであげる」

「はい、有難うございます。でも、私はこれで結構です。こんな病気ぐらいで村を離れることはできません」

問答の間にも濁浪が舟を打って、寝ている頭から飛沫を浴びる。

「それ、そんなに浪のしぶきをかぶる。もう全身ぬれ鼠①じゃないか。これじゃ、丈夫なものでも病気になってしまう。まして……」

そういう正造も雨具がなくぬれ鼠である。

「せっかくですがお許し下さい。私は死んでもここを離れぬつもりです。死ねばむしろ本望です」

声は弱々しいが、堅く決意したものの厳しい響きがひそんでいる。正造はグッと胸を詰らせて、しばらく小舟の中を見下していたが、その瞳がしだいに潤んできた。

舟は舳先を北へむけて、外野の染宮与三郎方を訪れた。だが、その屋敷跡は濁流に洗われていて、仮小屋も人影もない。ただ竹や木が波の煽りにゆれながら突きでている。その梢②に無数の野鼠③がよじのぼっているのが異様である。あたりに様子をきく家もないので、やむなく舳先④を南へまわして、古川の水野彦市の屋敷に漕ぎつけた。ここもまた一人の人影もない。もっともここは梢まで浸った木々を見ても、水の深さが察しられる。頑張ろうにも舟を繋ぐことさえできないのである。

正造はそれらの行方不明の人々の身をさまざまに憂慮しながら、西方の高沙へ舟を廻した。島田両家の森を水上に眺めつつ、西端の茂呂松右衛門の

---

① ぬれ鼠（ぬれねずみ）：落汤鸡。全身衣服湿透的样子。
② 梢（こずえ）：树干和树枝的前端。
③ 野鼠（のねずみ）：栖息于山野的老鼠的总称。
④ 舳先（へさき）：船头。

第一章　大鹿卓：《谷中村事件——田中正造伝》

　屋敷へ来た。一家はともかくも無事に仮小屋を守っていて、案外に平静である。洪水の怖しさを感じないのか、腹をすえているのか、どちらともわからぬ無表情な落ち着きぶりである。ここで島田両家も渡辺長輔方も西南の堤上に避難していることがわかった。舟をその旧榎店跡にちかい堤防に寄せると、道端の三峰神社の石の祠のそばに、雨戸を屋根にした避難小屋が見えた。正造は舟の上から声をかけて安否を確め、持参の白米や飲料を配って別れた。ここでもまた誰ひとり収容に応ずるものはなかった。

　舟は北を指した。あと残った一軒は赤麻沼にちかい横堤の宮内勇次。そのあたりは赤麻沼からさし込む濁流で、ことに波が荒い。その中にぽつんと①頭を出した水塚に、主人の勇次がただ一人小屋を守っていた。家族は篠山へ避難させたという。彼もまた頑として収容に応ぜず、島流し②というより濁流の中に捨てられたような環境に平然としていた。捕えて無理やりに収容するわけにもいかない。正造もさすがに手の施しょうもなく、後髪を引かれる③思いで舟を戻した。

　野渡から万朝報記者と古河へ来て、正造は谷中へ救援米を送ろうと奔走したが、町中が被害のためごった返し④ていて工面⑤ができない。滝沢記者もわずか五六円の電報料に窮し、郵便局も便宜を与えないのでしきりに憤慨していたが、正造も懐中欠乏で立替えもできない。そのうえ正造は昨日も今日も雨具なしで濡れ鼠になり、谷中へ行く船中で濡れたままうたた寝したので風邪をひきこんだ。頭が重く気分が悪くて、彼のために奔走してやりたくてもその気力がなかった。

---

① ぽつんと：离开其他人，独自伫立的样子。
② 島流し（しまながし）：流放孤岛。日本古代刑罚之一。
③ 後髪を引かれる（うしろがみをひかれる）：恋恋不舍。
④ ごった返す（ごったかえす）：非常混乱，乱七八糟，拥挤不堪。
⑤ 工面（くめん）：设法。筹措。筹划。特指筹措金钱。

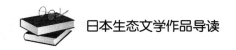

　その夜は古河の村沢という商人宿に泊ったが、ここも避難者ですし詰である。乾いた浴衣一枚貸してはくれず、濡れたままで寝た。翌二十七日の朝は、正造も不快のため起き上れなかった。濡れた着物で横臥①をつづけた。夜に入ってまた暴風雨となった。谷中の村民はさだめし難渋しているだろう。或は濁流に押し流されて、闇の底を漂っているのではないか。それからそれへと最悪の場面が想像される。臆測が次から次へ心痛をうんで際限がない。だが、自分は病中で動きがとれないのである。懐中の欠乏で、思うことも自由にならぬのである。闇の中を荒れ狂う風雨の叫びを聴いていると、悲惨の思いがひしひしと胸を締めてくる。そのうえ着物が依然濡れたまま、熱の体に粘りつく不快さは形容のしようもない。

　この日、荒畑寒村の新著『谷中村滅亡史』が正造宛の小包で熊吉方に届いた。この書が、安寧秩序を害するものとして発売禁止されたのは、その翌日である。

　翌二十八日、正造はなお濡れたままの着物で人力車を野渡に走らせて、船を雇って谷中の様子を見に遣った。自分は一日横臥して船の帰りを待った。やがて夕刻、船は村民無事の消息をもたらして帰った。ことに与三郎と彦市の両家が、浸水を免れた渡良瀬川沿いの花立の堤上に避難していることが判明したのが、なによりの収穫であった。その夜は正造も谷中の移住民秋山の家に厄介になり、袷②を借り着して四日ぶりに熟睡することができた。

　翌朝はやや快方③にむかった。そこでまた谷中へ送る食料をさがし歩き、野渡の米屋で白米八斗④を借りることができた。それを谷中へ送り届けて、今

---

① 横臥（おうが）：躺着，横卧。
② 袷（あわせ）：夹和服。夹衣。有里子的和服的总称。初秋至初春时穿。
③ 快方（かいほう）：病或伤逐渐好转。
④ 斗（と）：斗（1升的10倍，约18公升）。

第一章　大鹿卓：《谷中村事件——田中正造伝》

度はその米代の算段に古河へ車を駆った。数日来の濡れ着物も、奔走①の間にようやく着たままで乾いた。

　正造の感慨
　三十日、天候もやや恢復した。洪水の水も引きはじめた。その午後、正造が村沢にいるのを探しあてて、植松第四部長から使いが来た。田中屋で面会したいというのである。薄暗い玄関で巡査からその口上を聞くと、正造は乱雑な土間の下駄を見つめていたが、
　「私は四部長に用はない。四部長も正造にいまさら用はないはずだ。なんの用か、用むきを言ってもらいたい」
　巡査は当惑顔で「さア、用むきは知りませんが、四部長さんは、今日は、谷中を見廻った帰りなのです」
　「そうか、四部長も谷中人民のあることをまんざら忘れたのでもなかったか。それなら会いましょう。ただし、私は今用事の途中だ。一時間ばかり待ってもらいたい」
　そういって巡査を帰したものの、正造は三十分後に田中屋に出むいた。植松は強制破壊当時と打って変って②、薄気味わるい③ほど慇懃④にむかえた。
　「谷中を視察して何を感じられたか、聞きたいものだ。県は谷中を瀦水池にすれば四隣町村の水害が減少するといって人民を欺したが、現実にこの通りです。洪水は谷中の空虚にむかって侵入し、その水勢をむかえて、谷中ばかりか四隣遠近の被害も増大した。瀦水池の無益有害なことは去年の洪水でも実証ずみ、今年は一層大がかりにそれぞれを実証した。天地自然の大

---

① 奔走（ほんそう）：为使事情顺利开展而东奔西走。
② 打って変る（うってかわる）：大变样。突变。完全变了个样子。
③ 薄気味わるい（うすぎみわるい）：总觉得有点可怕。
④ 慇懃（いんぎん）：彬彬有礼的样子。

は、区々人造の小細工ではいかんともできやしない。治水とはそんなものではない」

　正造は、或は皮肉をあびせ、或はまた信念をこめて治水を説いた。だが、植松はそれにさからわず、平身低頭して他を言った。関東各地の河川の氾濫とその被害の甚大なこと、鉄道や電信電話の不通のこと、ことに東京は大川筋の増水で下町一帯が数日水に浸り、安政以来の洪水だということなど、公私の情報をとりまぜて、見てきたように語った。

　やがて正造が話柄を谷中村へ引き戻すと、彼もまた殊更らしく村民の惨状に嘆声①をもらしたが、ついでその同情にことよせて、移住問題の解決で窮状を救いたいと持ちかけてきた。

　「いまさらあなた方から同情の言葉をきくのは、実に妙なものだ。この洪水の惨禍、村民の窮状②、すべてその原因は何処にあると思うのですか。村民がいかに無智だとはいえ、そのくらいのことは腹の底③にたたんでいます。あなた方の同情を村民はどんな気持で聞くでしょうか。まア、それはともかくとして、移住については、もちろん私には私の意見がある。だが、今は東京の有志の方々が直接村民に計って県との交渉に当って下さっている。御承知の通りだ。これをさしおいて、田中からはなんとも明答いたしかねます」

　「ですが、村民は田中さんのいわれることなら絶対でしょう」

　「そうはいかない。村民には村民の覚悟がある。信念がある。他から押しつける④ことはできないし、それを受付ける村民でもない」

　「しかし、あれでは病人が出ます。ことに洪水の後には必ず流行病が蔓延するものですから」

---

① 嘆声（たんせい）：悲叹声。叹息。
② 窮状（きゅうじょう）：（因贫困等原因）为难的状态。处在非常痛苦之立场上的样子。
③ 腹の底（はらのそこ）：在心中思考。
④ 押しつける（おしつける）：无视对方的意思，强迫对方答应，让对方接受。

第一章　大鹿卓：《谷中村事件——田中正造传》

「病人はすでに続出しています。しかもその病人が、私が舟を雇って収容①にいっても肯じない」

「実際あの濁流の中に、平気で寝ているとは驚いたものです。われわれの神経では到底考えられないことです」

植松はなお驚異の印象が去らない面持で首をふってみせた。

「あの人々の自覚は何処から来たものか、私にもよくわからぬ。私も研究中です」正造も相手が役人だという意識を離れて感慨をこめてつづけた。「とにかく人の自覚はそれぞれで、例えば私の自覚についてあの人々も知らぬところがあるように、あの人々の自覚にもわれわれの及ばぬところがある。人は一概に侮れぬ②ものです」

植松も到底談合③の見込はないとあきらめて、会談一時間ばかりで要領を得ずに帰っていった。

また丁度この時刻に、恵下野の島田栄蔵の庭先では、下都賀郡役所と藤岡町役場の吏員が栄蔵老人と押し問答④していた。吏員たちは臨時救済米を運びこんできて、それを炊出し⑤の代りに村民に分配してくれという申出である。老人は物置の軒下に置かれた米俵に一瞥⑥くれて、血のような夕焼雲に目をあげて首をあげて首をふった。

「この水害のなかを、まことに御苦労でした。またこのさい救済米とは有難い。ですが、こいつは貰うわけにはいかぬ」

「どうしてですか」吏員たちは驚いて見返した。

---

① 収容（しゅうよう）：把人和物品放在某个地方或设施里。
② 侮れぬ（あなどれぬ）：不可小觑。
③ 談合（だんごう）：协商。商谈。
④ 押し問答（おしもんどう）：各持己见，互不相让。
⑤ 炊出し（たきだし）：煮饭赈灾。在发生灾害时，煮饭赈济灾民。
⑥ 一瞥（いちべつ）：打眼一看。迅速地看一眼。

「わしらに救済米、こいつは考えてみると変なものじゃありませんか。いったい、どうしてこんなひどい洪水が起ったかお考えになったことがありますか。要するにこれはお上の方々が故意に潴水池という水溜りを造ったために増大した洪水です。自分たちでことさらこの大水害を作って私ども村民を苦しめて置きながら、一方でさア助けてやる。救済米だ。どうも余りに人をバカにしたやり方だ。まったくバカにするにも程がある」

「いや、誤解してもらっては困る。これはこうした災害に当然出すべきものを地方費から出したもので……」

「谷中の村民は、たとえ餓死してもそんな侮辱に尾は振らねえ。県の救済米などもらって喰うものは一人もねえですから、サッサと持って帰ってもらおう」

「そう頑固なことをいわないで、くれるものは貰ったらいいじゃないですか。これを受けたからとて、事件とは全然別問題で、あなた方の権利がこのために傷付くというものではないのだ……」

その口論をききつけて、避難中の佐山や小川や川島が集ってきた。彼らもまた老人と同意見で、しばらく吏員との間に押し問答がつづいた。やがて四人は青柿の粒の見える葉蔭へきて額を集めて相談していたが、栄蔵老人が皆を代表して引きかえしてきた。

「とにかく、せっかくですが持って帰ってもらいます。片手でなぐり殺しながら、片手で末期の水①をやるというような扱いかたは、わしども真ッ平ご免を蒙ります」

---

① 末期の水（まつごのみず）：逝者口中含的水，称为「末期の水」，是日本传统葬礼中的一种风俗习惯。释迦圆寂时对弟子说"我口渇，取水来"，但因无水，弟子也无计可施。此时热情的鬼神手捧八种干净的水献给释迦，于是释迦便安然圆寂。其用意是"不让死者受口渴之苦，送其安然至另一世界"。此处引申为县政府方面强拆民宅，无异于要置谷中村民于死地。而另一方面却又发赈灾粮，想让村民们能够"安然度日"。

第一章　大鹿卓：《谷中村事件——田中正造传》

　　吏員①たちの面前で改めてそういい切ると、さっさと物置の階段をのぼってしまった。

　　正造はその夜また村沢に泊って、ようやく小閑②を得た。病気もほとんど癒えて③気分もよいので、東京の有志たちへの報告の手紙を数通書いた。それを書く間も、今度の洪水騒ぎのおりおりの感慨が改めて胸を去来して、筆の手を休めてはランプの火を見つめた。

　　——強制破壊の直後は、東京有志の救済の声もあがり、村民の志気④も振いたった。村の復活を目の前に望むような意気込みだった。ところが、その好機を、一髪にして逸した。救済会は内務省や県庁相手の折衝⑤に変じ、村民は倦怠⑥し、病人さえ出てきた。とかくするうち有志たちの避暑転地となって、あたらその機を逸してしまったのである。しかし今回の洪水は非常な艱難とともに、またいささか好機を齎してくれた。まさに天の命である。濁浪怒涛⑦の中にあって、村民が頑として水塚を動かぬ決意は、県吏の奴らの心胆を寒からしめた⑧。精神の一到によって気運のひらく現れといいたい。ただ残念なのは、今回の洪水の被害が広範囲で多くの府県にわたっているために、社会の関心が区々に散乱したことである。然しながら、谷中の潴水池が寸効⑨

---

① 吏員（りいん）：公共団体工作人員。官吏。
② 小閑（しょうかん）：一点点的空闲。
③ 癒える（いえる）：疾病或伤痊愈。治好。
④ 志気（しき）：意欲做某事的心情。志气。士气。
⑤ 折衝（せっしょう）：〔挫伤敌人锋芒之意〕和对方讨价还价，以便有利地处理事情。
⑥ 倦怠（けんたい）：身心疲惫。
⑦ 濁浪怒涛（だくろうどとう）：浑浊不堪、波涛汹涌的巨浪。
⑧ 心胆を寒からしめる（しんたんをさむからしめる）：使人打心眼儿里害怕。令人毛骨悚然。提心吊胆。
⑨ 寸効（すんこう）：微小的效果。

なく大有害であることは、異口同音①の声である。衆目②の一致するところである。この一致を無駄にしてはならぬ。今度こそこの機会をのがしてはならない。

——とにかく谷中人民の今度の忍耐にはほとほと感じ入った。実に想像以上であった。この忍耐の原因は種々あるだろう。自分にはまだその真相がつかめない。研究が必要である。おそらく信の一字に帰する③と思われるが、まことに信の力は非常なものだ。或は生活上から割り出さ④れた信もあろう。なんの信でもよい。信の力は強い。

正造は思案をたぐる時のいつもの習で、端坐⑤し瞑目⑥して木像のようになっていた。暗い火影が、額のしわにも、逞しい鼻にも、きつく結んだ唇にも、深い影を宿している。白いあご髯のさきが、胸の呼吸につれてわずかに動いている。

——滞れた着物で、病んで、人にかまわれもせず独り他人の家に寝た。六十七年の生涯に初めての経験、これこそ極端な不愉快であった。しかし、この極端へ来て、これで何か解決がついたような気がする。一つ発明したような心地がする。有るが如く、また無きが如く、何といっていいか、まだ言葉では表し得ない。ありと見れば忽ち無いが、無いかと思えばまた忽ち有る。その模糊としたなかに何か一つの発明がある。

——谷中の人々も、今度の難渋が一番の極端で、これで解決がつく。この辛いのが解決になる。虫も踏み殺されるときが、或は天国へのぼる時である

---

① 異口同音（いこうどうおん、いくどうおん）：大家异口同声。众人意见一致。
② 衆目（しゅうもく）：众人的眼睛。众人的观察。
③ 帰する（きする）：最后会变成那样。结果就是这样。
④ 割り出す（わりだす）：根据某一事实推导出结论。
⑤ 端坐（たんざ）：规规矩矩地坐着。
⑥ 瞑目（めいもく）：闭上眼睛。

第一章　大鹿卓：《谷中村事件——田中正造传》

かもしれない。

　人と人との争いが解決するものは、戦争、裁判、そして狭い議会の中での無理押しつけの解決。だが、人と、人との争いばかりでは解決しない問題も、天はかならずこれを解決する。自然の解決は天の業ならざるはなしである。

　——この正造は、濡れた着物で苦痛を忍ぶことは忍んだが、忍ぶためにまた苦痛があった。谷中の人々、ことに水野常三郎、間明田仙弥の二人は病人で濡れ鼠で、しかも水の中に安坐して怒涛をさけるでもなく平然としていた。彼らにはそれが自然で、正造ほどに深く苦痛とも思わなかったにちがいない。その点、この人々の自覚は、神にも近い精神だ[①]。正造の方はやむなくこの境遇を忍んだので、及ばざること遠しである。神は——ありと認めるものには神は在るのだろう。ただその身が神に近づいても自身これを知らぬものもある。神に遠い人でも神を見るときもある。愚者も必ずしも愚者にあらず、智者も必ずしも智者でない所以がここにある。……もともと愚者といい智者といってもいずれにしろ人間が生れつき与えられた小ッぽけな才能にすぎない。この哀れな被造物の才能で、造物主のことがどれだけわかるものか。

　湿った風がサッと吹き込んで、色あせた古蚊帳[②]のすそ[③]を煽った[④]。釣ランプが黒い油煙をあげ、正造の影を大きく揺りながら消えた。正造は瞼をあげ、やおら腰をあげて縁先へ出た。庭は深い闇で、にわかに秋の更けたこと

---

① 田中正造认为，留下来继续抗争的民众"其精神之自觉已近乎于神"，自觉望尘莫及。
② 蚊帳（かや、かちょう、ぶんちょう）：防蚊寝具。
③ すそ：物品的下端。
④ 煽る（あおる）：因风而动。被风吹动。

が感じられる。しきりに虫の声がする。椎①か何かの黒い木影のうえに、一群の星屑②が散らばっている。見るともなく見ていると、流星が針のように光って一瞬に消えた。正造は闇に眼を放ちながら、また頭の中の考えをたどりだした。

　——実に天地も崩れたというほかない。この日本の天地は崩れた天地になってしまった。無政府どころか、無政府にも及ばざること遠しである。こうなっては政治の有無も無用の論である。日本は今や棲む人がないのも同様だ。では無人島かというと、そうでない。無人島ならば、こういう惨害もあるはずがない。やはり天地が砕けた③のだというよりほかない。いまこれが恢復を図ろうとするなら、この天地の形勢から改革新築しなければならぬ。それは困難な事にちがいないが、困難でもなんでも、自分はやらなければならない。それは人間たるものの希望である。希求④せざるを得ないものである。自分はこの老朽、この老廃⑤、もはや明日をも期しがたい⑥。だが、生も死も問題でない。この老人は明日うち殺されてもいいのだ。ただ日本の天地が崩れ砕けた⑦のが悲しい。悲しい。……

　（終）

---

① 椎（しい）：山毛榉科常绿乔木，生于关东以西的温暖地区。叶子是皮质的长圆形。雌雄同株，果实可以做成橡子状食用。木材为建材、家具材料、香菇原木等。树皮可用于染色。
② 星屑（ほしくず）：无数的小星星。
③ 砕ける（くだける）：凝固的事物在外力的撞击或干涉之下变成细小的碎片。
④ 希求（ききゅう、けく）：请求。渴望。
⑤ 老廃（ろうはい）：人上了年纪或事物变得老旧而毫无用处。
⑥ 期しがたい（きしがたい）：所期之事很难实现。希望渺茫。
⑦ 崩れ砕ける（くずれくだける）：崩溃。坍塌。变成碎片。

第二章
石牟礼道子：《苦海净土——我们的水俣病》

【作者简介】

石牟礼道子（Ishimure Michiko，1927—2018）是日本著名生态文学作家。生于日本熊本县天草宫野河内（现河浦町）。出生三个月后随家人移居水俣。水俣实务学校毕业后，作为代课教师就职于田浦小学，战后辞职结婚，此后边做家务边尝试短歌创作。1958年，参加了谷川雁主持的同人杂志《社团村》，开始了真正意义上的文学活动。1965年，《海与空之间》开始连载，这部作品后以《苦海净土——我们的水俣病》（1969年）为书名出版。1970年，《苦海净土——我们的水俣病》获评第一届大宅壮一纪实文学奖，但却受到作者婉拒。该作与之后出版的《天之鱼》（1974年）、《神灵的村庄》（2004年）合称为"苦海净土"三部曲。此外，石牟礼道子还著有《椿之海记》（1976年）、《西南役传说》（1980年）等。1993年其著作《十六夜桥》荣获紫式部奖，2003年诗集《羞怯之国》获得艺术选奖文部科学大臣奖。

【作品导读】

1953年（昭和二十八年）左右，熊本县水俣市附近的八代海和不知火海沿

岸出现了一些不明原因的神经性疾病患者。这就是20世纪60年代被认定为公害病的水俣病。该病的起因是新日本窒素水俣工厂将不加任何处理的含有有机水银的工厂废液排放入海所致。被不知火海冲走的有机水银，形成海底厚厚糊状的沉淀物，将蔚蓝的大海人为改造成夺人性命的毒海。这些散发恶臭的有毒沉淀物，导致海洋生物遭到严重破坏，甲基水银在鱼虾贝里体内集聚，以此为食饵的猫狂舞而死，进而村民也出现语言障碍、知觉障碍、运动障碍、麻痹、痉挛、流涎等症状。有机汞还影响到胎儿，使得新生儿出生不久即出现不同程度的瘫痪和智力障碍，罹患胎儿型水俣病。水俣病作为日本公害病原点，与痛痛病、四日市哮喘、新泻水俣病并称为日本四大公害病。

以水俣病为主题的"苦海净土"三部曲是石牟礼道子的重要代表作，也是日本生态文学阵营一块靓丽的珠宝。这三部作品主要描写水俣病患者的痛苦和灵魂的呐喊，鲜明地记录了公害病给当地渔民带来的巨大伤害。

"苦海净土"第一部曲《苦海净土——我们的水俣病》出版于1969年。在这部作品中，石牟礼道子以敏锐的感受描写了现代水俣病的魔幻世界以及在这个魔幻世界中挣扎求生的人类群像。该书一经出版即引起巨大反响。第二部《神灵的村庄》是三部曲的核心部分。该作品1970年开始连载于杂志《展望》，直到2004年才最终完稿。与第一部作品相比，第二部作品更注重渔民内部独特世界的刻画。第三部《天之鱼》从1972年开始连载于杂志《展望》，1974年正式出版。该作描述了1973年诉讼判决之后水俣病患者川本辉夫等"自主交涉派"到日本氮肥公司静坐示威，与公司之间围绕赔偿问题发生冲突的事件，深刻描画了水俣病患者"非人"的生活境遇。2009年，日本诗人、翻译家、小说家池泽夏树（Ikezawa Natsuki，1945—　）个人编辑出版了《世界文学全集》，其中收录了石牟礼道子的"苦海净土"三部曲，这也是唯一被收录的日本文学作品。

第二章　石牟礼道子：《苦海净土——我们的水俣病》

【原文节选】1

『苦海浄土——わが水俣病』①

石牟礼道子

　釜鶴松の病室の前は、ことに素通り②できるものではなかった。わたくしは彼の仰むけになっている姿や、なかんずく③その鋭い風貌を細部にわたって一瞬見て取った④わけではなかった。

　彼の病室の半開き⑤になった扉の前を通りかかろうとして、わたくしはなにかかぐろい⑥、生きものの息のようなものを、ふわーっと足元一面に吹きつけられたような気がして、思わず立ちすくんだのである。

　そこは個室で半開きになっているドアがあり、じか⑦な床の上から、らんらん⑧と飛びかからんばかりに光っているふたつの目が、まずわたくしをとらえた。つぎにがらん⑨と落ちくぼんでいる彼の肋骨⑩の上に、ついたて⑪のように乗せられているマンガ本が見えた。小さな児童雑誌の付録のマンガ本が、廃墟⑫のように落ちくぼんだ彼の肋骨の上に乗せられているさまは、いか

---

① 石牟礼道子：『苦海浄土——わが水俣病』、東京：講談社、2007 年版、第 143-144 頁。
② 素通り（すどおり）：过门不入，过而不停。
③ なかんずく：特别，尤其。
④ 見て取る（みてとる）：看破，看透，看穿。
⑤ 半開き（はんびらき）：半开。
⑥ かぐろい：黑乎乎的。
⑦ じか：直接。
⑧ らんらん：炯炯。
⑨ がらん：空落落。
⑩ 肋骨（ろっこつ）：肋骨。
⑪ ついたて：屏风。
⑫ 廃墟（はいきょ）：废墟。

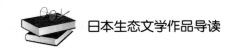

にも奇異な光景としてわたくしの視角に飛びこんできたのであるが、すぐさまそれは了解できることであった。

　肘は関節も枯れきった木のようになった彼の両腕が押し立てているポケット版のちいさな古びたマンガ本は、指ではじけばたちまち断崖①のようになっている彼のみずおち②のこちら側にすべり落ちそうな風情ではあったが、ゆらゆらと立っていた。彼のまなざしは充分精悍③さを残し、そのちいさなついたての向こうから飛びかからんばかりに鋭く、敵意に満ちてわたくしの方におそいかかってくるかにみえたけれども、肋骨の上においたちいさなマンガ本がふ不意に④ばったり倒れ落ちると、たちまち彼の敵意は拡散し、ものいわぬ⑤稚ない鹿か山羊のような、頼りなくかなしげな眸の色に変化してゆくのであった。

　明治三十六年生まれの、頬ひげのごわごわと⑥つまった中高⑦な漁師の風貌をした釜鶴松は、実さいその時完全に発語不能におちいっていたのである。彼には起こりつつある客観的な状勢、たとえば―水俣湾内において「ある種の有機水銀」に汚染された魚介類を摂取することによっておきる中枢神経系統の疾患⑧―という大量中毒事件、彼のみに絞ってくだいていえば、生まれてこのかた聞いたこともなかった水俣病というものに、なぜ自分がなったのであるか、いや自分が今水俣病というものにかかり、死につつある、などということが、果たして理解されていたのであろうか。

---

① 断崖（だんがい）：险峻的山崖。
② みずおち：心口。
③ 精悍（せいかん）：动作或面孔敏锐，有力的样子。
④ 不意（ふい）：［突然］冷不防，忽然，突然，抽冷子；意外。
⑤ ものいわぬ：不做声。
⑥ ごわごわ：硬撅撅，硬梆梆；粗糙。
⑦ 中高（なかだか）：鼻梁隆起。相貌好看。
⑧ 疾患（しっかん）：疾病。

第二章　石牟礼道子：《苦海浄土——我们的水俣病》

　なにかただならぬ①、とりかえしのつかぬ②状態にとりつかれている③ということだけは、彼にもわかっていたにちがいない。舟からころげ落ち、運びこまれた病院のベットの上からもころげ落ち、五月の汗ばむ④日もある初夏とはいえ、床の上にじかにころがる形で仰むけになっていることは、舟の上の板じきの上に寝る心地⑤とはまったく異なる不快なことにちがいないのである。あきらかに彼は自分のおかれている状態を恥じ、怒っていた。彼は苦痛を表明するよりも怒りを表明していた。見も知らぬ健康人であり見舞者であるわたくしに、本能的に仮想敵の姿をみようとしたとしても、彼にすればきわめて当然のことである。

【原文节选】2

『苦海浄土——わが水俣病』⑥

石牟礼道子

　手ば⑦使わんで口を持っていって吸えば、ちっとは食べられたばい⑧。おかしゅうもあり、うれしゅうもあり、あさましか⑨なあ。扉閉めてもろうて今から先、這う⑩て食べおうか。あっはっはっは。おかしゅうしてのさん。人間

---

① ただならぬ：不寻常,不平常,非一般。
② とりかえしのつかぬ：无法挽回。
③ 取り憑かれる（とりつかれる）：被怪物、魔物、灵、动物等附体。
④ 汗ばむ（あせばむ）：渗出汗水。
⑤ 心地（ここち）：感觉,心情。
⑥ 石牟礼道子：『苦海浄土——わが水俣病』、東京：講談社、2007年版、第157-159頁。
⑦ ば：〔を〕。
⑧ ばい：〔です〕。
⑨ 浅ましい（あさましい）：难为情。
⑩ 這う（はう）：爬,匍匐。

の知恵ちゅうもんはおかしなもん。せっぱつまれば①、どういうことも考え出す。

うちは大学病院に入れられとる頃は気違い②になっとったげな。ほんとに気ちがいになっとったかもしれん。あんときのこと、おもえばおかしか。大学病院の庭にふと③か防火用水の堀のありよったもんな。うちゃひと晩その中につかっ④とったことのあるとばい。どげん⑤気色のしょった⑥っじゃろ、なんさまかなしゅうして世の中のがたがた⑦こわれてゆくごたる⑧けん⑨、じっとしてしゃがん⑩どった。朝になってうちがきょろ⑪っとしてそげんして水の中につかっとるもんやけん。一統づれ（みんな揃って）、たまがって⑫騒動じゃったばい。あげんことはおかしかなあ。どげんふうな気色じゃろう。なんさま⑬今考ゆれば寒か晩じゃった。

うちゃ入院しとるとき、流産させらしたっばい。あんときのこともおかしか。

なんさま外はもう暗うなっとるようじゃった。お膳⑭に、魚の一匹ついてき

---

① 切羽詰まる（せっぱつまる）：被逼得走投无路，临到紧急关头，无可奈何，迫不得已。
② 気違い（きちがい）：发疯，癫狂，疯狂，精神错乱，疯子。
③ ふと：偶然，一下，突然，忽然。
④ 浸かる（つかる）：浸，泡。
⑤ どげん：〔どんな〕。什么样的，怎样的。
⑥ 背負う（しょう）：背，负。
⑦ がたがた：摇晃，摇摇晃晃；东倒西歪；动荡不稳，不紧。
⑧ ごたる：〔～ようだ/～したい〕。就像……，如同……。
⑨ けん：〔から〕。
⑩ しゃがむ：蹲，蹲下。
⑪ きょろ：（慌慌张张）四下张望，睁大眼睛巡视。
⑫ たまがる：吃惊。
⑬ なんさま：无论怎样，不管怎样，反正。
⑭ お膳（おぜん）：放餐具和食物的台子。有时特指放着一人份食物的饭桌。

第二章　石牟礼道子：《苦海浄土——我们的水俣病》

とったもん。うちゃそんとき流産させなはった後じゃったけん、ひょくっと[①]その魚が、赤子が死んで還ってきたとおもうた。頭に血の上るちゅう[②]とじゃろ、ほんにああいうときの気持ちというものはおかしかなあ。

うちにゃ赤子は見せらっさんじゃった。あたまに障る[③]ちゅうて。

うちは三度家嫁入りしたが、ムコ殿の運も、子運も悪うて、生んでは死なせ、育てては死なせ、今度も奇病で親の身が大事ちゅうて、生きてもやもや[④]手足のうごくのを機械でしたこさぎ出さした。申しわけのうして、恥ずかしゅしてたまらんじゃった。魚ばぼんやり眺めとるうちに、赤子のごつ[⑤]も見ゆる。

早う始末せんば、赤子しゃん[⑥]がかわいそう。あげんして皿の上にのせられて、うちの皿のついとるもんを、かなしかよ。始末してやらにゃ、女ごの恥ばい。

その皿ばとろうと気張るばってん、気張れば痙攣の気つうなるもね。皿と箸がかちかち[⑦]音たてる。箸が魚ばつつき落とす。ひとりで大騒動の気色じゃった。うちの赤子がお膳の上から逃げてはってく。

ああこっち来んかい、母しゃんがにきさね来え。

そうおもう間もなく、うちゃ痙攣のひどうなってお膳もろとも[⑧]ベッドからひっくり返ってしもうだ。うちゃそれでもあきらめん。ベッドの下にぺた

---

① ひょくっと：〔急に、突然〕。突然。
② ちゅう：日本方言，正在做某事，表示动作正在进行的接尾词。主要在高知市，以及高知县的中、东部等地区使用。
③ 障る（さわる）：妨碍，障碍，阻碍。
④ もやもや：朦胧，模糊。
⑤ ごつ：〔—ように、—しそうに〕。像……一样，好像……。
⑥ しゃん：〔さん、ちゃん／美人〕。【接头／接尾】……先生，女士，同志，小。
⑦ かちかち：坚硬物体碰撞发出的清脆声音。
⑧ 諸共（もろとも）：一起，一同，共同。

んと座って見まわすと、魚がベッドの後脚の壁の隅におる。ありゃ魚じゃがね、といっとき①おもうとったが、また赤子のことを思い出す。すると頭がパアーとして赤子ばつかまゆ、という気になってくる。つかまえようとするが、こういう痙攣をやりよれば、両の手ちゅうもんはなかなかあわさらんもんばい。それがひょこ②っと合わさってつかまえられた。

　逃ぐるまいぞ、いま食うてくるるけん。

　うちゃそんとき両手にゃ十本、指のあるということをおもい出して、その十本指でぎゅうぎゅう握りしめて、もうおろたえて③、口にぬすくりつける④ごとして食うたばい。あんとき魚は、にちゃにちゃ⑤生臭かった。妙なもん、わが好きな魚ば食うとき、赤子ば食うごたる気色で食いよった。奇病のもんは味はわからんが匂いはする。ああいう気色のときが、頭のおかしうなっとるときやな。かなしかよ。指ばひろげて見ているときは。

　うちは自分でできることはなんもなか。うちは自分の体がほしゅうしてたまらん。今は人の体のこだる。

　うちは何も食べとうなかけれど、煙草が好きじゃ。大学病院ではうちが知らんように、頭に障るちゅうて煙草は止めさせてあった。それでじいちゃんも外に出て隠れて吸いよらしたばい。

　どうにか歩けるようになってから診察受けに出たときやった。

　廊下に吸殻が落ちとるじゃなかな。

　頭にきてからこっち、吸いよらんじゃろ、あんたもう嬉しゅうとして。

　わあ―、あそこに吸殻の落ちとるよ、うれしさ、うれしさ。よし、あそこ

---

① 一时（いっとき）：一时，短时间，暂时。
② ひょこ：轻轻地，轻微地，轻捷地。
③ おろたえる：狼狈。
④ ぬすくりつける：剐蹭。
⑤ にちゃにちゃ：黏糊糊。

第二章　石牟礼道子：《苦海净土——我们的水俣病》

までいっちょまっすぐ歩いてゆこうばい。そう思うて、じいっと狙いを定めるつもりばってん、だいたいがこう千鳥足①でしか歩けんじゃろ。

【原文节选】3

『苦海浄土——わが水俣病』②

石牟礼道子

「妙なことをいうな、さと③」

「ゆりは水子④でもなし、ぶどう子⑤でもなし、うちが産んだ人間の子じゃった。生きとる途中でゆくえ不明のごつなった魂は、どけ行ったち思うな、とうちゃん」

「おれにわかろうかい、神さんにきいてくれい」

「神さんも当てにはならんばい。この世は神さんの創ってくれらした世のちゅうが、人間は神さんの創りものちゅうが、会社やユーキスイギンちゅうもんは、神さんの創りもんじゃあるめ、まさか神さんの心で創らしたものではあるめ」

「おまえも水俣病の気のあるとじゃけん、頭のくたびれとっとじゃ、ねむらんかい、ねむらんかい」

「ねむろねむろ。うちはなあとうちゃん、ゆりはああして寝とるばっかり、もう死んどる者じゃ、草や木と同じに息しとるばっかり、そげんおも

---

① 千鳥足（ちどりあし）：（醉后等）脚步晃晃荡荡，步伐蹒跚。
② 石牟礼道子：『 苦海浄土——わが水俣病』、東京：講談社、2007 年版、第 271 頁。
③ さと：日本人名，此处译为汉字"智"。
④ 水子（みずこ）：流产或者堕胎的胎儿。
⑤ ぶどう子（無道子）：不人道的孩子；无用的孩子。

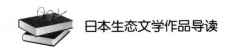

う、ゆりが草木ならば、うちは草木の親じゃ。ゆりがとかげの子ならばとかげの親、鳥の子ならば鳥の親、めめずの子ならばめめずの親——」

「やめんかい、さと」

「やめようやめよう。なんの親でもよかたいなあ。鳥じゃろと草じゃろと。うちはゆりの親でさえあれば、なんの親にでもなってよか。なあとうちゃん、さっきあんた神さんのことをいうたばってん、神さんはこの世に邪魔になる人間ば創んなったろか。ゆりはもしかしてこの世の邪魔になっとる人間じゃなかろうか」

【原文节选】4

『神々の村』①

石牟礼道子

杢太郎は、爺さまの死に目には逢えなかった。

おのれの死を予感していた爺さまは、あれほど頑②に拒んでいた、少年の、湯の児リハビリ③病院ゆきをみずからねがって、彼を入院させた。入院費はタダであったが、付添う④手がなく、着替えに持たせてやる着物もない、小遣いもない、とこの家の大人たちはおろおろ⑤していたのである。

---

① 石牟礼道子：『神々の村』、東京：藤原書店、2006年版、第22—23頁。
② 頑（がん）：顽固，固执。
③ リハビリ：康复。
④ 付添う（つきそう）：照料，服侍，护理。
⑤ おろおろ：不知所措，坐立不安；鸣咽，抽搭。

第二章　石牟礼道子：《苦海浄土——我们的水俣病》

　　入院の日、婆さまの昼夜帯①を持ち出し、宮詣りもどき②の四つ身③の、人絹の、揚げ④を全部おろした晴れ着⑤の付け紐⑥の、ひらひら⑦とするのを十三歳になった孫に着せ、爺さまは自分で孫をしょった。踏みしめて、一歩あるくごとに、まわりの者たちも、よろよろ⑧と、力を入れた。

　「大丈夫ぞ、爺やんが、背負うてゆくとじゃけん」

　　孫は、息をつめて、なかばずり落ちながら、水俣市湯の児リハビリ病院までの車に乗せられ、声もなく酔って青ざめていた⑨。そして到着した部屋の畳に顔を伏せたまま、なかなか回復しなかった。

　　少年には、かなりの間、爺さまの死は、知らされてなかった。

　　三七日が過ぎた日、婆さまが、重箱⑩に精進物⑪の煮〆ぐさや落雁を入れ、面会にやってきた。

　　杢は、転げ寄って、婆さまを見あげ、目つきでたずねる。

　　（爺やんな？）

　　婆さまは、なんども人形の首のように、かくん、かくんとうなずき、はっきりと教える。

---

① 昼夜帯（ちゅうやおび）：女子和服腰带的一种。
② 擬き（もどき）：接在名词后面，表示能与之抗衡、与之匹敌的，或与之相似的事物。
③ 四つ身（よつみ）：和服裁剪的一种方式。以身高4倍来裁剪。或者用那样的裁剪方法缝制的衣服。从三四岁到十二岁左右的孩子穿的和服。
④ 揚げ（あげ）：把和服的长度和袖子裁得长一些，将多余的部分折叠起来缝在肩膀、腰等部位。或指那个折叠的部分。
⑤ 晴れ着（はれぎ）：在晴天穿的衣服。盛装。
⑥ 付け紐（つけひも）：和服的中心部位系着的绳子。
⑦ ひらひら：纸、布、树叶等轻薄的东西在晃动的样子。轻飘飘的样子。
⑧ よろよろ：摇摇晃晃，东倒西歪。
⑨ 青ざめる（あおざめる）：脸色发青，脸色苍白。
⑩ 重箱（じゅうばこ）：（盛食品用的）多层方木盒，套盒。
⑪ 精進物（しょうじんもの）：素食。

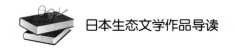

「ほら、杢、こうしてみろ、ほら、両手ば貸してみろ。ほんにおまいも、骨ばっかりの掌になって。当たり前に、お拝みもでけんかい。こうして合わせて拝め。

爺やんなねえ杢。おまいが爺やんな、仏さまにならいたぞ。まんまんさま①にならいた」

彼女は、外側にわん曲している孫の手首を、いずれが細いともわからぬわが掌に持ちそえて、振ってみたが、「おまいが、この手の」といったまま、ほんのしばらく、噛み絞るような声を洩らして哭いた。

「合わせてみろ、杢よい。合わさる筈がなかねえ。外側に曲っとるもね。おまいがこういう指しとるけん、爺やんの魂の名残り惜しさにして、まだ、ゆくところにも、ゆきつかずにおらるわい。毎晩、婆やんが夢見も悪かぞい」

孫にはそのことはすぐに理解された。けっして合わさらぬ両の掌で拝みつけている孫には。

耐えられないことを、耐えさせられる生き物の眸になって、少年はなにかを呑み下す。そして、やはりしゃべれない。彼の眸の色を読みとっていた巨きなひとつの世界が、彼の前から消え果てる。彼をつつみこんでいた②爺さまという肉づきのあった世界が消える。見交わしていた相手が。彼はふるえながら沈みこむ。自分自身の眸の色の奥へ。

---

① まんまんさま：佛、神、月亮等。
② 包み込む（つつみこむ）：包入，包進去。

第二章　石牟礼道子：《苦海净土——我们的水俣病》

【原文节选】5

『神々の村』①

石牟礼道子

　魚を腐らせるダンク②の脇の海辺を、成人式を迎えた胎児性の少女たちが、セットしてもらったセミ日本髪③をかしげながら歩いていた。彼女たちの歩きぶりと、父祖の墓域の境界を越えようとする人びとの身ぶりや、心の動きは、どこかしら似ていなくもなかった。ただちがうのは、ここから脱出できる条件を持つものと、故郷の実相の中に沈んでゆくものたちとのちがいだった。

　二十歳になった少女たちはあどけなかった④。親たちの想いのこもった振り袖を着せられて、その日のしぐさや姿態はことに際立ち、あの古雅⑤な姫人形が出て来たように、彼女らは入魂⑥していた。森羅万象⑦も人の言葉も、ふかぶか⑧と、ただ吸い入れるだけの、深い淵から出て来た精のようにほほえみ、そして瞬いた。かなわない繊い手で、あやうく⑨形を保っている髪に幾度も、簪を挿そうとしたりした。

---

① 石牟礼道子：『神々の村』、東京：藤原書店、2006 年版、第 239—240 頁。
② ダンク：桶，水桶。
③ セミ日本髪（せみにほんがみ）：如夏蝉的羽毛清澈美丽的鬓发。美女的头发。有时可指代美女。
④ あどけない：天真可爱，天真无邪。
⑤ 古雅（こが）：古色古香。古典且优雅的事物或样子。
⑥ 入魂（にゅうこん）：给某件事物注入灵魂。
⑦ 森羅万象（しんらばんしょう）：宇宙中存在的所有事物。
⑧ 深々（ふかぶか）：深深地。
⑨ 危うく（あやうく）：好不容易才，勉勉强强；险些，差点。

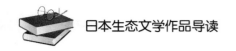

　花色①をした簪は、光を散らして幾度もすべり落ちた。畳の上や土間や、おだやかな海を背にした石垣道の上に。

　めったにない晴れ姿であるだけに、みのることのない愛を求めて、先の世からでも出て来たようにいじらしかった②。いつもは家から出たがらぬ彼女らが、運命の黒子③たちのあやつるような足つきで歩くたびに、御所車や牡丹模様につつまれた躰が折れ、細い脚にはいた白足袋の裾が、めくれて④ひるがえり、重そうな振り袖がゆれる。

　近所の者たちも出て来て、さざめき⑤褒めた。

　「ほら、笑子ちゃん、花じゃなあやっぱり、よか嫁御じゃが、ほんに」

　「はあい、いつもはなあ、出て来んとに。見て下はりまっせ。今日は花ですばい。こら、挨拶せんかい、折角みんなして、褒めてくれらすとに」

　母親も衣服をあらためていて、挨拶を返す。村の神さまに詣でにゆくのである。娘は羞らい、母の方へ向き返ろうとして、ぐらりと⑥躰が傾く。少女たちの姉や兄は、死んで生まれたか、生まれてすでに死んだかしているのである。死んだ子には咲かなかった花が、この娘の、今日一日だけ咲いたのだと、母親は自分に言い聞かせる。

　「もうなあ、こげんした風ですけん、折角の髪が台なしじゃもう」

　ずり落ちる⑦簪のかげ⑧の娘⑨の顔を、見物人たちは見てとるのだ。

---

① 花色（はないろ）：青色系的传统色，绛蓝色。
② いじらしい：被小孩或者弱者的心灵所打动而发出的真情实感。可爱，可怜。
③ 黒子（くろご）：操纵戏剧的木偶戏和歌舞伎的人穿的黑的衣服和头巾。或者，指穿戴着它们的人。黑衣，辅佐员；幕后操纵者。
④ 捲れる（めくれる）：翻卷，撅。
⑤ さざめく：喧闹，大声说笑；沙沙作响，哗哗响。
⑥ ぐらりと：东西大幅度地摇晃状。
⑦ ずり落ちる（ずりおちる）：滑落，滑下。
⑧ かげ：视线被物体挡住看不见的地方。
⑨ 娘（むすめ）：年轻的未婚女性。

第二章　石牟礼道子：《苦海浄土——我们的水俣病》

「やっぱり今日は、嬉しかばいねえ、笑子ちゃん、娘じゃもんなあ」
　あの魚のタンクの脇を、娘を乗せた車がゆっくりゆく。振り袖の模様の花車をじっとみていて、二十歳になった娘は、青く透きとおる頬に、くずれかかる髷と、すでにほどけた絞りの赤い手絡をぶら下げ、うなじを傾けていた。

【原文节选】6

『神々の村』①

石牟礼道子

　家族と自身の発病以来、手足の麻痺や難聴や視野狭窄によって心身の自由を奪われた彼女は、船に乗れなくなった。家から船着き場にゆきつくまでに、たかだか六十メートルぐらいの距離をマス女はまともに歩けない。
　潮がひくと、四メートルほどの高さの岸壁ともいえぬ石垣の波止場②を伝い歩くことは、幼児といえども、「前庭に出る」近さである。そのくらいを歩くのに彼女は海中にころげ落ちたりする。同じ岸壁につないである船のとも網を、握力が失せてしまったために、引き寄せて③握ることができない。近所じゅうの目が見ている事実である。
　家族が船を引き寄せてやっても、失調性の歩行のため、あついは目まいのために、船に乗りうつる④ことはできない。就寝していても、海中に落下してゆく感じに襲われ、安眠することもできない。落下感は、娘と子の解剖され

---

① 石牟礼道子：『神々の村』、東京：藤原書店、2006 年版、第 281－282 頁。
② 波止場（はとば）：头，港口。
③ 引き寄せる（ひきよせる）：拉过来，拉到身边。
④ 乗り移る（のりうつる）：改乘，换乘。

た死体を、水俣駅から線路伝いに背負って帰ったときの感じと背中合わせになっていて彼女を襲う。

　「あのですなあ、白か繃帯で、頭の先から足の先まで、ぐるぐる①巻きにしてありましたですもん。解剖してあるけん、千切れんごつ、巻いてあったわけでしょなあ。車の運転手さんの、えらい気持ちの悪しゃしとらしたです。どげんしゅうかち思うで、ハイヤー代もかかりますし、水俣駅の先の、踏切りの、あんまり人の通らんところで、下してもらいまして、和子ばそろっと線路の脇に寝せてな、帯ばほどきまして、背負いましたです。

　和子、きつかったね、解剖のなんのに逢わせて。母ちゃんが何も知らんで、魚食わせて。魚、小切る如、お前や小切られて。ここから先は母ちゃんが、背負うて家に戻るぞ、ち言いましたです。あんまりな、涙も出らんごたったです。解剖ちゅうは、どこば切るとでしょうかなあ、足のちゃあえて、線路の上に落ちゃあせんじゃろか、腹ば横切りしてあっとじゃなかろか、手ぇも、ひっちゃえはせんじゃろかちなあ、心配で。首の落ちればどげんしゅうちおもって。

　繃帯でぐるぐる巻きして、目ぇと、唇しか出とりませんとですもん。血いちゅうか、汁ちゅうか、滲んどるとですもん、我が子の汁のですな。まあ、わたしが生んだ子ぉじゃが、わたしの汁じゃがち思うて、涙も出たやら覚えませんと。

　線路の上じゃけん、ただもう、ばちばらにならんごつ用心するのが一心で。なんさま、この上、汽車にでも轢かれたなら、あんまりじゃ、そげん思うとりました。くたくた音のしますとば、そろーっと背負うて。

　生きとる時より、そりゃ重かちゅうか、魂の無か軀の、背負いにくかですもん。生きて寝とる時は、背中で手足のぶらぶらしとっても、気になりま

---

①　ぐるぐる：层层缠绕的样子。

第二章　石牟礼道子：《苦海净土——我们的水俣病》

せんばってん、解剖して、ずてずてしとっとですけん、縫い合わせてはあるとでしょうが、いつ、ひっ切れ落ちるか心配で。

　仏さまの前に、ちゃんと連れて帰らんば。

　その一心でなあ、本な道、あの表の本な道は人の恐ろししゃしなはります。繃帯巻きの死んだ子ぉですけん。線路道ばゆきましたです。お月さまの在（あ）んなはりましたっでしょうかなあ①、枕木の、ちっと見えとりましたっでしょうか。坪谷の手前まで、水俣駅から、小半里ぐらい。今夜が和子、別れじゃねえち、母ちゃんが背中におるのも、今夜までぞう②。苦しみ死にするため、生まれて来たかいち、死んどる子ぉに語り語り、歩きました。なあ、ふだんなら、線路の夜道のなんの、歩き得ませんとぉ。」

【原文节选】7

『天の魚』③

石牟礼道子

　浜元フミヨはさらに続ける。

　「社長さん、わたしはいま、年をとりまして四十二歳、処女でございます。

　人間な、いやおなごは、だれでも、よか男ばよか男ばと選びます。男はだれでも、よかおなごばよかおなごばと選びます。そげんでございまっしょ。わたしゃ、嫁にもいきそこねました。もう、のぞみを絶たれました。のぞみはありましたが、もうなくなりました。絶たれました。

---

①　現代日语解释：お月様が出ていなかったでしょうか。
②　ぞう：だよ。
③　石牟礼道子：『天の魚』、東京：講談社、1980年版、第431－432頁。

そこで社長さん、わたしは、人を殺した、何十人も何十年も、人を殺した会社の社長の、いわば仇のところには、おめおめ①来とうはありまっせんでしたが、もうゆくところはございまっせん。
　わたしゃそこで、社長さんの二号②さんにですね、してもらいます。
　社長さんの奥さんは何万円の服ば着とんなはるか知りまっせんが、わたしゃ特価品の服で八百五十円。今この、着とる服は、八百五十円。安うでけとります。
　わたしば二号にして下さいませ。今夜からタクシーにのせてもろうて、社長さんのところにゆきます。わたしゃ、働き者ですけん働きますですよ。ただめしは食いまっせん。
　わたしゃもう、恥も業もなか、こういう報道の人がたもいっぱい来とんなはる、テレビの人たちも来とんなはるところで、わたしのいうことは報道されて、わたしの恥。けれどももう恥も業もなか。
　さあ、みんなの云うこと、わたしの云うことをきいて下さいますか。二号にして下さいますか、二号さんのおんなるなら、三号でよかです。みんなの治療費を出して下さいますか。死んだ人を補償して下さいますか、返事して下さいませ、たったいま」ひさしくのぼれなかった家郷の山の上に、ひとりの女性に伴われてわたくしは登っていた。
　一面に黄金色の霧がかかりはじめていた。
　海岸線にそっている低いなだらか③な山々から、光の霧のような秋の草の穂が、しずかに立ちのぼっていた。深い秋が、不知火海の海と空のあいだに燃えながら昏れようとしていた。山々やまるい丘の稜線は、常よりもたおやか

---

① おめおめ：忍受恥辱和不好名声的样子。恬不知恥。
② 二号（にごう）：妾的俗称。
③ なだらか：斜面的坡度比较缓和的样子。

第二章　石牟礼道子：《苦海净土——我们的水俣病》

に煙り、きらきらと光りながら漂う霧の下に、全山をおおって紅紫色の葛の花が綴れ咲いていた。

　花の群落の間に芒①の穂②が波をつくり、その芒のせいで、山々は幾重ものうすものを重ねたように透けてみえる。

　動かぬ風が、それでもほんのわずかずつ、海の方へと流れているらしかった。海の上の中空へむかっていま山々は、出魂しつつあった。

　海から立ちのぼる霧とそれは合体③し、茫々と広がる霧を高く高く引き上げていた。

　落日がそのような深い霧の彼方にともり出す。波の道とも霧の道ともしれぬ、流水型の白い虹が、海のおもてのあたりから、落日にむかって流れていた。魚たちも死者たちも、かの虹の道をのぼってゆくのであろうか。いな、まだことをきれぬ死者たちが累々④と、地上にほふくし天を仰いでいた。

　小道徳市老人の切り開かれた胸は、針金⑤で結わえて⑥あった。

　「なあもうほんなこつ⑦、今度こそは、ほんなこつの死病でございます。切り口がなあ、ぜんぜん、ふさがり⑧まっせんもん。」

---

① 芒（すすき）：秋之七草之一。稻科的大型多年生草。群生于山野的荒地。叶子丛生，边缘粗糙。秋天，伸出约1.5米的花茎，开出被称为尾花的花穗。花穗上长出细长的枝条，有白色或带紫色的长毛的小穗。过去叶子可用来盖屋顶。
② 穂（ほ）：穗；（物的）尖端。
③ 合体（がったい）：合为一体，合并；团结一心。
④ 累累（るいるい）：累累，层层叠叠。
⑤ 針金（はりがね）：铁丝，铜丝，钢丝。
⑥ 結わえる（ゆわえる）：系，绑，扎，结。
⑦ こつ：〔こと，事〕。事，事情。
⑧ 塞がる（ふさがる）：关，合，闭，愈合。

第三章

有吉佐和子：《复合污染》

【作者简介】

有吉佐和子（Ariyoshi Sawako，1931—1984）为日本昭和时代后期的小说家。出生于和歌山县。毕业于东京女子大学短期大学[①]英文专业。大学期间专心于剧评，参加同人杂志《白痴群》，后成为第15届《新思潮》的同人。1956年，短篇小说《地歌》成为文学界新人奖、芥川奖的候选作品，由此受到文坛瞩目。之后陆续发表《雪白的山崖》（1956年）、《江口之里》（1958年）、《墨》（1961年）等作品。另著有《纪之川》（1959年）、《有田川》（1963年）、《非色》（1963—1964年）、《助左卫门四代记》（1962—1963年），以及《华冈青洲之妻》（1966年获女流文学奖）等。有吉佐和子曾赴北京大学留学。20世纪70年代以后，其作品的社会性明显增强，如《恍惚之人》（1972年）率先提出高龄化问题，《复合污染》（1974—1975年）指出了环境公害问题。此外她还创作了挑战历史考证的《和宫殿下御留》（1978年）以及推理小说《开幕铃很华丽》（1982年）等。

[①] 修业年限为二年或三年的大学。主要教授专业知识或技艺，培养职业和实际生活所需的能力。简称"短大"。

第三章　有吉佐和子：《复合污染》

【作品导读】

《复合污染》是有吉佐和子的长篇小说，该作品自1974年10月14日至1975年6月30日在《朝日新闻》上连载，连载过程中即引起社会反响和共鸣。1975年4月，在连载尚未结束之时，就由新潮社出版了单行本上卷，随后的7月又出版了下卷。该小说一度成为畅销书，被喻为"日本版"的《寂静的春天》。

《复合污染》向日本社会敲响了生态环境污染的警钟，主要介绍了五个方面的内容：（1）农药和化肥对农产品和生态系统的不良影响；（2）含有界面活性剂的洗涤剂对人体及生态系统的负面影响；（3）合成保鲜剂、合成着色料等食品添加物使用的危险性；（4）汽车尾气的危害；（5）化学肥料开发与军需武器的关联性等等。

【原文节选】1

『複合汚染』[①]

有吉佐和子

複合汚染というのは学術用語である。二種類以上の毒性物質によって汚染されることをいい、二種類以上の物質の相加作用および相乗[②]作用が起ることを前提として使われる。

分かりやすい言えば、排気ガスで汚染された空気を呼吸し、農薬で汚染された御飯と、多分農薬を使っているが、どんな農薬を使っているのかまるでわからない輸入の小麦と輸入の大豆で作った味噌に、防腐剤を入れ、調味料

---

① 有吉佐和子：『複合汚染』、東京：新潮社、2009年版、第157－162頁。
② 相乗（そうじょう）：两个及两个以上的要素互相叠加，增强效果。

を入れて味噌汁を作り、着色料の入った佃煮①を食べ、米とは別種の農薬がふりかけられている野菜、殺虫剤と着色料の入った日本茶。という工合に、私たちが日常、鼻と口から体の中に入れる化学物質の数は、食品添加物だけでも一日に八十種類といわれている。（農薬と大気汚染を勘定すると、何百種類になる）

この八十種類の一つ一つについては、きわめて微量であるし、厚生省も農林省も責任をもって安全を保障している毒性物質であるから、何も心配をすることはない、ということになっている。

しかし、八十という数は、決して少いものではない。少なくとも三十年前までの日本人は、この中の十種類を食べてはいなかった。

八十という数は、種類を足し算にしたものである。これが相加作用と呼ばれる。

ところで、この八十の物質が、掛け算になったら、どうなるか。これが相乗作用と呼ばれるもので、複合汚染といえばまずこちらの方を指していると思っていい。

現在までのところ、日本の学界で分っているのは、

PCBとDDT

BHCとPCB

PCBとABS（合成洗剤のことである）

など、僅かな組合せの相乗効果だけである。いずれも一種類である場合の何層倍という強力な作用を生物にもたらすという結果が報告されている。その他、水銀や、プラスティックに含まれているフタール酸なども相乗作用があるに違いないといわれている。

---

① 佃煮（つくだに）：咸烹海味。即将小鱼、贝类、海藻等加入酱油、糖等一起炖的日本料理。调味浓重故可较长时间保存。

第三章　有吉佐和子：《复合污染》

　もちろん研究に使われたのは、イエバエ①、ショウジョウバエ②、ネズミにモルモット③などであって、つまりイエバエ、ショウジョウバエ、ネズミやモルモットに関してしか分っていない。人間についての研究は、今の科学の力では及ばない。

　大げさな言い方をすれば、（と特に断っておく）、プラスティックの食器を台所用中性洗剤で洗って、その上に焼魚をのせて食べるとどうなるか。

　専門家に質問すれば、真面目な顔をして、

　「それはまだ分っていません」

　と答える筈である。

　なぜなら私の設問は、

　フタール酸×ABS×PCB

　という三種類の組み合わせで、それについては、まだ研究が出来ていない。

　「いったい三種類以上の複合汚染については、どこに資料があるんでしょう」

　「世界中どこの国にも、まだないんです」

　「日本の場合、どのくらい時間がかかるんですか」

　「日本中の科学者が総力を結集してですね、まあ五十年はかかるでしょう」五十年！

　学者によっては、もっとかかるという人もいる。複合汚染の結果が分るまでに。

　私たちは、毎日日々食べているというのに。呼吸している空気そのも

---

① イエバエ：家蝇。
② ショウジョウバエ：果蝇。
③ モルモット：豚鼠，天竺鼠；实验材料。

のも、何百種類かの毒が、ごく微量だが、複合して入っているというのに。
　五十年！
とても待ってはいられない。
　「いいじゃないですか、それまでに僕たちは死んでますよ」
という友たちがいた。
　「死ねればいいんですけどね、死ぬ前に理由不明の病気になって十年も苦しむのは嫌やでしょう」
　「そうなれば僕は自殺する」
　「親が自殺したら、子供は結婚しにくくなりますよ」
　「結婚？古いなあ。これからの若者は結婚なんか、しないよ」
　「あなたの坊っちゃんや、お嬢さんもですか？」
　「ああ、僕は自分の子供たちに、終始言ってるんだ。恋愛は自由だよ。だけど結婚なんかする必要ない」
　「子供ができたらどうするんです」
　「古いなあ。もう僕らの世代で孫の顔を見ようなんて、誰も考えちゃいけないんだ。僕はそのことは、子供たちによく言っている。お前たちは万一結婚しても、決して子供は作るなよって」
　「どうして」
　「だって危険だもの。恐ろしいもの食って生きてるんだから。染色体が相当めちゃめちゃになってるんじゃないですか。遺伝子への影響を考えたら、とても子供は産めないよ、これからは」
　こういう半端①な知識人が一番の困りものだと思って、私は黙っていた。これは最も男性的な意見である。こんなことを言う人に限って幸せな結婚をしているし、子供の出来も悪くない。自分は幸福だったのに、その幸福を子供

---

① 半端（はんぱ）：不斉全。数量不全。

にも与えたいと何故考えないのだろう。

　もしも彼の子供が、彼の意に反して結婚をし、彼の意に反して妊娠したとき、そして自分たちの子供を産みたいと願ったとき、「産むな」という権利が彼にあるのか。

　若い男女が愛し合えば、子供が生まれてくるのは大自然の理であるのに、それを阻止する権利が親にあるというのか。

　「安心して産む」

と言うのが、親の義務ではないのか。

　そのための安全な環境を作るのが、大人の義務というものではないのか。

　私は男女同権者だが、子供の話になると男親は女親とまったく別の人類だという気がするので困ってしまう。

　母親で、知識を持っている人たちは例外なくこういう考えで行動し始める。

　「私は自分の人生で何よりも子供に恵まれたことが幸福だったと考えているから、自分の子供にもこの幸福を味わせてやりたいと思うの」

【原文节选】2

『複合汚染』①

有吉佐和子

　戦争というものの恐ろしさについて、これを書きながらつくづくと思う。化学と生産技術の飛躍的な発展は、いつも戦争によって生れ、そして戦争が終っても、一度増大した生産力を減少させる企業はない。火薬の合成技術と

---

① 有吉佐和子：『複合汚染』、東京：新潮社、2009 年版、第 473—478 頁。

生産が、平和な農村に化学肥料となって送りこまれ、毒ガスが殺虫剤その他の農薬と名を変えて米にも野菜にもふりまかれたように、ABSが石けんにとってかわり、そして水と土を汚染している。（ABSだけでなく洗剤に混っているリン酸も大問題なのだが）

　PCBもまた同じ順を追った。燃えないという特質が、兵器にとって最高の資材になった。これ以上のものはなかった。軍用の電気機器はもちろん、熱媒体に、油圧用オイルに、あるいはプラスティックの耐熱性可塑剤（プラスティックを軟らかくする）あるいは耐熱塗料の素材にと、PCBの用途はひろがる一方だった。

　戦時下とはいえ、生産最優先主義（日本は戦争が終ってもこういう主義でついこの間まで突っ走っていた）は災いの多いもので、職業病患者が増大し、アメリカの産業衛生関係の医者たちはPCBの取り扱いについて厳重な注意を払うように何度も警告した。その結果（一九四四年つまり昭和十九年）動物実験もおこなわれて、ようやく安全の確保に力が入れられるようになった。

　私がいつも不思議でならないのは、外国でPCBの扱いに多くの犠牲者を出している事実があるにもかかわらず、戦後の日本にPCBが導入されたとき、どうして過去のPCBの歴史を誰も注意して調べなかったのかということである。

　安全の確保という大切なことが、日本にPCBが入ってきたときは切り捨てられていた。（としか思えない）

　バラの花が金持の趣味として日本にも流行してきたとき、バラだけが入ってきてニンニクと混植するという常識は置き忘れてきたように、日本人はともすると物の美しい花の面だけを見て、その花に虫がつく心配はせずに飛

第三章　有吉佐和子：《复合污染》

びつい①てしまうのだろうか。

　しかし石油化学文明という人類にとって革命な出来事に、対応するのが遅かったのは日本だけではなかった。PCBの場合、その環境汚染について心配した学者が欧米でも一人もいなかったのだ、DDTが環境に残留し生態系の循環をみだす②といって大騒ぎをしている最中でも。

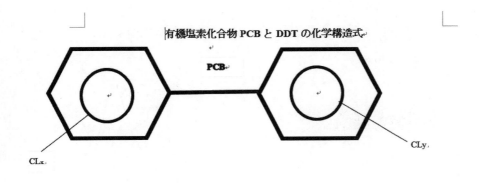

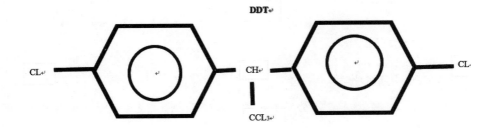

　上の挿絵はDDTとPCBの化学構造式である。化学に弱い人でも、（私もその一人だが）一目でこの二つの物質が似ていることに気がつくだろう。似た化学構造式を持つものは、互いに似た性格を持っているのなら、当然PCBも同一犯罪をおかしていると考えるべきであるのに、欧米の科学者でそれ

---

① 飛びつく（とびつく）：（被吸引得）扑过去；扑过来。
② 乱す（みだす）：弄乱，扰乱。

71

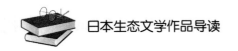

を指摘した科学者は一人もいなかった。もちろん日本にも残念ながらいなかった。

レイチェルカースン女史の警告以来DDTへの糾弾が世界的に高まっている中で、PCBの生産は伸び続けた。

日本がPCBの生産を開始したのは、昭和二十九年で、そのとき二百トンだった生産量が、七年後には十倍になった。

左ページのグラフを眺めていると、いろいろなことに気づく。

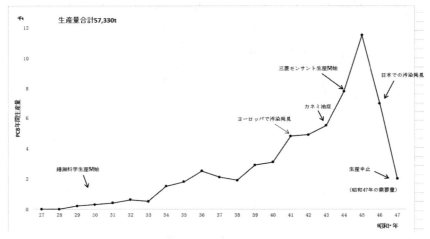

日本のPCB生産の推移

まず第一に、ものすごい勢で生産量がのびていること。いったいPCBは、何にそんなに使われていたのか。

「絶縁油として」高層ビルディング・変電所・新幹線等の車両・船舶などのトランス。

蛍光灯・水銀灯の安定器用コンデンサー[①]。

テレビ・冷暖房機・洗濯機・冷蔵庫・電子レンジ等の家庭用コンデンサー。

---

① コンデンサー：电容器；聚光镜（器）；冷凝器。

第三章　有吉佐和子：《复合污染》

　　モーター用・電気炉用の固定コンデンサー。直流用コンデンサー。蓄電用コンデンサー。

　　「熱媒体として」各種化学工業・食品工業・合成樹脂工業の諸工程における加熱冷却。

　　「潤滑油として」「可塑剤として」「塗料として」「複写紙として」「その他」とても一々書ききれないので、このくらいにしておくが、ともかく私たちの生活と切っても切れない便利なものがPCBによって安全に動いていたのだった。

　　PCBの汚染は一九六六年（昭和四十一年）にヨーロッパで発見されたが、PCBを食べてしまうという事故を起したのは日本だけである。カネミ油事件は、PCBが「熱媒体として」使われているとき、パイプの穴から食用油の方へ流れてしまったという怖ろしい事故である。パイプが食用油にじかにふれていたからだが、何を熱媒体に使うにせよ、こういう装置には漏出事故の危険があるのは分りきっているべきであるのに、パイプのピンホールからPCBが漏れた。

　　この事件が、新聞で大々的に報じられると多くの会社は熱媒体をPCB以外のものに切りかえ、パイプの事故という使用法の失敗についての反省が足りなかった。だから後になって千葉ニッコー油のように、ジフェニールによる漏出事故が起きたのである。「質」と「量」と「使い方」の三つは、安全を守るためにいつも等しく考えていなければならないことを、繰り返し書いておきたい。

　　さて、グラフを見て考えずにいられないのは、PCBが環境を汚染している事実にヨーロッパの人々が気がついてから二年後に日本でカネミ油症事件[①]

[①] カネミ油症事件（カネミゆしょうじけん）：1968年，发生于西日本一带的食物中毒事件。在摄入由 Kanemi 仓库在制造过程中混入 PCB 的食用油后，居民出现不同程度的身体机能障碍的事件。

が起こっていることである。当然、世界中の科学者はこの事実に注目しただろう。日本は誰から頼まれたわけでもないのに世界にさきがけてPCBの人体実験をしていたのだった。

　原爆が広島と長崎に落ちた後、世界中の学者が放射能の人体に及ぼす被害を調査するために日本へやってきたときのことを思い出さずにはいられない。原爆の次は、水銀によるミナマタ病、そしてPCB。ああ、溜息が出る。

　アメリカとスウェーディンの行政局や、世界最大のPCBメーカーである米モンサント社が、カネミ事件と前後して動き出した時期、日本のPCB生産量は伸びていたのだ。

第四章
水上勉：《故乡》《海的牙齿》

【作者简介】

水上勉（Mizukami Tsutomu，1919—2004），日本小说家。生于福井县。自幼家境贫寒，9岁被迫入京都相国寺出家。16岁逃出寺院半工半读，读完中学后，肄业于立命馆大学。第二次世界大战结束后，担任《新文艺》杂志社编辑。之后开始小说创作。30岁出版小册子《油炸锅之歌》。1957年，38岁的水上勉读了松本清张的《点与线》后，深受启发，搁笔十年之久的他决定从事推理小说创作。1959年，凭借《雾与影》一夜成名。1960年发表《海的牙齿》，该作品荣获第14届日本侦探作家俱乐部大奖。成名后的水上勉，每月为7家报纸撰写连载，被称为"写作机器"。1962年，创作了奠定其文学地位的长篇推理小说《饥饿海峡》。水上勉的许多作品以家乡若狭为舞台背景，富于乡土气息，《故乡》（1997年）便是其一。此外，其他作品还有《雁寺》（1961年）、《越前竹偶》（1963年）、《桑孩儿》（1963年）、《五号街夕雾楼》（1985年）、《一休》（1975年）、《湖底琴音》（1966年）、《湖笛》（1968年）、《寺泊》（1984年）、《宇野浩二传》（1979年）等。1975年，《一休》获谷崎奖，之后被拍成电影风靡世界各国。1988年，水上勉当选为日

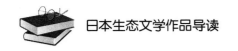

本艺术院会员，同年获得"文化功劳者"殊荣。作为一个文学大家，水上多次访华，生前与中国文化界人士交往密切，老舍先生去世多年之后还曾来中国缅怀。此外，他还担任日中文化交流协会代表理事、最高顾问等职。2004年9月8日，因肺炎去世，享年85岁。

【作品导读】1

《故乡》

水上勉

凯西是一个日美混血女孩。母亲出生于日本若狭冬之浦村，年轻时与一位美国人结婚后赴美，但婚姻出现裂痕，遂在生下女儿后与丈夫离婚，只身一人返回日本。成年后的凯西思母心切，踏上赴日寻母的道路。在飞机上，凯西结识了富美子及其丈夫孝二。富美子出身若狭，其丈夫出生在丹后，夫妻二人因在贫困的村庄无处安身，年轻时便去城市打工谋生，后又因某种机缘去了美国。

在富美子夫妇的帮助下，凯西来到了母亲的故乡冬之浦。在这里她结识了不会讲英文的常驻片警夫妇、只会零星英语的和尚以及稍懂一点英文的邮递员等人，并在他们的帮助下成功地让顽固的外祖父接受了自己，还最终实现了与母亲的重逢。

富美子和孝二则在努力寻找故乡的记忆，重新打量着现实中的故乡。故乡有着传统共同体的特点，也有现代科技打造的痕迹。核电站改变了村民的生活，这里拥有日本列岛巨大的核电站群，被称之为"核电站银座"。与往昔相比，村民的生活有所改观，但因核电站的进驻也失去了往昔邻里之间的和睦。

这部创作于日本东海村核临界事故前的作品，也无疑对日本核电安全敲响了警钟。

第四章　水上勉：《故乡》《海的牙齿》

【作品导读】2

《海的牙齿》

水上勉

以水俣病为主题的《海的牙齿》曾摘得第14届日本侦探作家俱乐部大奖。该作以虚构的城市"水潟"为舞台，以日本某工厂将工业废料排入海中，造成严重公害为背景，透过东京某保健所赴水潟调查"怪病"的医生结城宗市的被害案件，警示了"水俣病"公害问题，揭发了造成环境污染的社会黑幕。

在《水上勉全集第23卷》（1977年，中央公论社）的后记中，作者提到《海的牙齿》的创作动机。水上勉无意中看到NHK的一档电视节目让他了解到"水俣怪病"，在强烈的社会责任感的驱使下，他来到当地，通过走访患者、工厂和政府部门，了解到工厂排放废液导致环境污染的真相。水上勉返京后便着手创作了《不知火海沿岸》，该作于1959年12月发表在杂志《别册文艺春秋》，后经作者本人删改，由河出书房新社以《海的牙齿》出版。

《海的牙齿》发表时，水俣病还处于尚未被明确病因的"水俣怪病"阶段。从这一点而言，该作一定程度上发挥了生态文学作品的预警作用。

【原文节选】1

『故郷』①

水上勉

「ごらん、遠くに岬②がみえて、白いドーム③が空明かりの下にある。音

---

① 水上勉：『故郷』、東京：集英社、2011年版、第73—75頁。
② 岬（みさき）：岬角。
③ ドーム：〈建〉半圆形屋顶。

は何もしない。だがあれが、原子力発電所の明かりだ。ドームだよ。大勢の人が働いてる。ウラン燃料棒も休まず燃えているはずだが、大自然は、そんな文明の発電所さえろうそくの明かりぐらいに小さく抱えてだまっている。静かな静かな海だ……キャシーさん、あんたは、よくぞあんたの母さんの故郷……若狭①へもどってきてくれた……あんたの人生にとっても、この静かな夜の海が、忘れがたい風景として心にのこるように……あしたからのあなたの旅を……豊かなものにしなければなりません」

　玄堂は、英語を勉強しておかなかった五十年昔の大学時代をこれほど悔んだことはないと、あとで語った。

　たしかにその夜の若狭の海は美しくて、静かだった。いま玄堂和尚が原子力発電所だといって指さして見せた岬は、音海の岬である。昼ならば、原生林の青巒がきりたった断崖を被ってつきでていた。入り江に四つの発電炉をもつ原子力発電所の丸い高いドームがあるはずだった。それらの建物は、建屋とよばれる四角い鉄筋の建物でつながれて、夜も稼働するウラン燃料棒の活動を監視する作業員たちが徹夜で就労する操作室もみえねばならないはずだった。だが、この蓮昌寺からは、ぼんやりと建屋ぜんたいがほの明るく見えるだけで、鮮明には見えなかった。しかしじっと見つめていると、岬とドームと海の色は、あじさい色に変わっていくようだった。海もまた、ドームの色に映えて漆黒とはならず、星空もまた、その全体をうす紺色にうきあがらせている。これを秋の夜の色というもだろうか。

　音海の岬の向こうは、高浜町の町なみで、ところどころに明滅する明かりがある。弓がたにえぐれる磯浜だ。白い毛糸をひっぱったようにみえるのは、波うち際だ。毛糸はうごく。海はその白い糸を仕切に、沖にむかって平面的になって黒く沈んでゆく。その向こうは大島だ。ここにも二つの原子力

---

① 若狭（わかさ）：旧国名之一。相当于现在的福井县西部，若狭湾沿岸。若州。

第四章　水上勉：《故乡》《海的牙齿》

　発電所と、建設中の二つのドームがかくれていた。尾本の長男の勤め先だった。心なし、その空がいまほの明るいのは、岸壁工事の作業棟を照らす灯だろうか。

　玄堂和尚は眼のまえにひろがる海のけしきを眺めて、キャシー・マイクレンを抱いて北の浦の裾に立った松宮はつ江の帰郷の年まわりを想像していた。

　まだ、その頃は、この若狭地方に原発などはなかった。二十二年も前なら、あるいは、建設の調査段階だったかもしれないが、こんなに十一基もの発電所が、数珠つなぎに隣接使用など予想もできなかった。大きな騒ぎもあった。大飯町などは手続に町長の独断があったといってリコールまで行い、その町長を退陣させて、次の町長が立った。そして、原発は建設された。山はけずられ、半島に橋はかけられ、町役場や公共建物は鉄筋となり、道路はすべてアスファルトとなり、山には何百本もの送電搭が林立して、夜でも皓々とてらす運動場をもつ小学校では、老人婦女らのあそぶ、ゲートボールや、バレーボールの球技場ができた。

　そろそろ十五年もたったかな、原発がきてから――。玄堂は口のなかでつぶやきながらキャシーにいったものだ。

　「昔に比べたら、本当にくらしよい村になったよ……あんたのおっ母さんや、清作爺さんらが働いていた昔にくらべたらこの冬の浦は格段の発展ぶりだ……キャシーさんよ。だが、あんたのお母さんは、なぜか、このよくなった若狭を嫌うてしもうて、アメリカへいってしまったんだ。そうして、あんたを産んだ」

　玄堂が感慨をこめてみつめる岬では、灯が急に少なくなっていった。イカ釣り舟が灯をけしたのである。

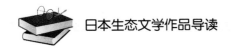

【原文节选】2

『故郷』[1]

水上勉

　　海は宮津湾である。紺青色の広い板をしいたような水面には、ちりめん[2]皺の小波が立っていて、左手前からなだらかな山が沖にむかってかすんでいた。丹後半島だった。手前は成相山である。一ノ宮から、文珠まで、橋立の松並みがわずかに梢を見せているだけで、阿蘇の入り江は窓から見切れてかくれているが、広い海は水平線に向かうほどに銀色に光っていた。晴れた日なので、半島の谷や入り江も見えた。手前が伊根で、突端は経ケ岬だろう、よくこの眺望は、アメリカで孝二からきいたものだ。丹後半島は宮津から眺めるのがいちばんだと。智恩寺の近辺に宿はあるけれど、そこからだと、まるで、自分が絵はがきに入り込んだみたいで遠望がきかない、というのが孝二のいつものセリフだった。山嘉に泊まったのも、そのせいだった。

　　神戸のホテルは、みごとな夜景で富美子はウイスキーも入っていたので、孝二にめずらしくベットへ誘い込まれて幸福な気分にひたったが、宮津はその裏にある重苦しいい風景の空の下にあった。

　　「神戸の景色もよかったけど、宮津もいいわね。でも、やっぱり、裏日本[3]といわれるとおり鉛色だと思うわ」と富美子はいった。

　　「裏日本か」と孝二はふりかえって、「いつから、丹後を裏といいはじめたのかしらんが、よく京都にいる時も、人はそんなことをいったもんだ。なんだが、ぼくらは裏に生まれて表へ出てきたというふうに教えこまれてし

---

[1] 水上勉：『故郷』、東京：集英社、2011年版、第115—116頁。
[2] ちりめん：绉绸, 绉纱。
[3] 裏日本（うらにほん）：里日本, 指本州面向日本海的地域, 冬季降雪量大。

第四章　水上勉：《故乡》《海的牙齿》

まってきたが、ほんとうのところをいえば、こっちが表なんだよ」

「あら、そう」

「そうじゃないか。舞鶴にはロシアの船もついていたし朝鮮の船もついていた。宮津だって風待ち港で外来船は着いているよ。古い時代は、みな、こっちから、人がきて都へわたっていた。神功皇后の船出[①]も敦賀だった。神社だって、寺だって、奈良や京都にまけない古いものがたくさんあるよ。成相寺だって、たぶん西国霊場の何番だったか、わすれたけど霊場まいりの人は必ずきたもんだよ。神戸なんぞは、新興都市だ。ずうーっと、ずうーっとあとのことだ。ところが、そっちを表といって、なぜか、こっちを裏という、ずいぶん、ぼくらも劣等感をもって育ったことになるが、しかし、ぼくはいつきても思うんだ。故郷はいい、故郷は何といってもいちばんの都会だと」

「……」

富美子はそういわれて若狭の三尾の奥にある山に囲まれた楢沢の集落を思いうかべた。そこには夫のいうような古い都会はない。あるものは、古い古い農家ばかりだった。

【原文节选】3[②]

『海の牙』

水上勉

九歳になるこの少女が、あとで「水潟奇病」といわれる原因不明の恐れるべき第一号患者となった。

---

① 船出（ふなで）：船开出港口。出航。出帆。
② 水上勉：『海の牙』、東京：双葉社、1995年版、第12頁。【原文节选】3—11均出自本书。

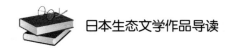

　ウメコは、発病して十五日目の水潟市立病院で死んだ。死ぬ間際に、この少女は看護婦の制止する手をはねのけ、体を宙に飛びはねたり、くるくると反転させたりしたのち、悶絶した。……

【原文节选】4①

　水潟市は熊本県と鹿児島県境にちかい海岸にあった。海は不知火②の名で親しまれている八代潟である。市は県境の山系かた流れてくる水潟川の河口にあったが、近辺には大小あまたの岬が海にむかって櫛目になって没していた。入りくんだ幾つもの小湾は、内海らしい落ちついたたたずまいで、波もあらくなかったし、いつも紺青③の水が静かな山影をうかへていた。

　市は工業都市である。しかし、目だった工場は一つしかなかった。東洋化成工業水潟工業というのがそれである。

【原文节选】5④

　「海はあんたも知っているとおり、すでに死んでいる。水潟の海には、昔のように漁師の船は一隻もない。海には死にかけた魚がうようよ⑤しているだけだ」

---

① 水上勉：『海の牙』、東京：双葉社、1995年版、第15頁。
② 不知火（しらぬい）：八代海別名。
③ 紺青（こんじょう）：深蓝色。
④ 水上勉：『海の牙』、東京：双葉社、1995年版、第64頁。
⑤ うようよ：某种生物大量聚集蠕动的样子。

第四章　水上勉：《故乡》《海的牙齿》

【原文节选】6①

　　工場はまるで市街から隔絶したように城の中にあった。市を歩いていて、工場の建物が新しく装備をかえたり、急に新築の鉄筋が浮かび上がったりしているのを見かけた。

【原文节选】7②

　　工場は駅前に卵型になった広場から百メートル入った地点に、巨大な軍艦のような相貌で建っていた。硫安③、塩化ビニール④、醋酸⑤、可塑剤⑥などが生産の中心になっていた。
　　水潟という小さな漁師町が、人口五万の市に昇格して周囲の漁師部落を併合したのも、革命といえないこともなかった。この事件の起きた年度は、五万の人口のうち約半数が工場関係労働者であり、この市の市民だった。

【原文节选】8⑦

　　近在の次男坊や三男坊は化成就職を夢にみるほど工場の待遇はいい。

---

① 水上勉：『海の牙』、東京：双葉社、1995 年版、第 168 頁。
② 同上掲，第 16 頁。
③ 硫安（りゅうあん）：硫酸铵。
④ 塩化ビニール（えんかビニール）：聚氯乙烯。
⑤ 醋酸（さくさん）：醋酸，乙酸。
⑥ 可塑剤（かそざい）：塑化剂。
⑦ 水上勉：『海の牙』、東京：双葉社、1995 年版、第 77 頁。

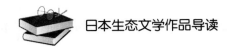

【原文节选】9①

　　トタンぶき②の小さな家で、街道の埃をあびた屋根は白く、玄関横に炊事場が見え焚火のあとで真黒になっていた。食器類がすぐ土間の上に置きはなしてあり、不潔感ひどし。豚の餌を煮ているので臭気ふんぷん。

【原文节选】10③

　　北向きの戸を少しあけてもらう。莚④のように薄いふとん。汚物で臭気がひどい。髪の乱れた頭だけが大きく、骨だけとしか思えぬあせた女が、棒のような足をたて、片膝の上にボロをかけ、片膝のくるぶしは露出。皮膚はつるし柿の肌のようにしなびて黒ずんでいる。胸の上で手をくんでいたが、時折、ぴくぴくと動かすだけで外訪者には何らの反応なし。

【原文节选】11⑤

　　滝堂部落の崖っぷちから、九十九折⑥になった石ころ道をおりて浜づたいに百メートルほど南へくだると、かなり大きな岩の鼻が視界をさえぎる。その鼻を、とびとびに頭をもたげた岩をつたって迂回して渡ると、南向きのせまい砂浜に行きついた。その砂浜の端にあるかなりなゴロ石の陽だまりに、折り重なるようにしてうつ伏せに死んでいた母親と子供の死体が発見され

---

①　水上勉：『海の牙』、東京：双葉社、1995年版、第144頁。
②　トタンぶき：亚铅镀锌钢板修葺的屋顶。
③　水上勉：『海の牙』、東京：双葉社、1995年版、第145頁。
④　莚（むしろ）：席子，草席。
⑤　水上勉：『海の牙』、東京：双葉社、1995年版、第319頁。
⑥　九十九折（つづらおり）：（像葛蔓一样弯曲的意思）山路等弯曲得很厉害。羊肠。

第四章　水上勉：《故乡》《海的牙齿》

た。四月七日の午前十一時頃である。

　鵜藤かねと安次であった。足のたたない安次を、気のふれた母親のかねがどうしてここまで運んできたのか、死人の足どりは不思議に思われた。

【原文节选】12①

　かねは会う人ごとに、「治作のいるあの世に行きたい」と口ぐせのように言っていたという。春の日の陽だまりの浜をえらんで折り重なるように死んでいたかねは、安次の体を折り曲げて腰の下のほうに抱きこみ、つぎのあたった木綿の黒い野良着でかぶせ、自分はその上にうつ伏せになって、やせた手を浜に突っこんでいた。安次は薄目②をひたいて崖のほうを見ていた。その黒ずんだすすけた顔が草色に変っている。死斑の出た足もとにビナが集まり、そこに波が打ちよせて濡れていた。

【原文节选】13③

　そうだ、この海……この暗い海の底から、目に見えない何ものかが牙をむいて迫っている。

---

① 水上勉：『海の牙』、東京：双葉社、1995年版、第319-320頁。
② 薄目（うすめ）：微睁着眼睛。
③ 水上勉：『海の牙』、東京：双葉社、1995年版、第274頁。

第五章

井上光晴：《西海核电站》

【作者简介】

井上光晴（Inoue Mitsuru，1926—1992），日本小说家。出生于日本福冈县。自幼家境贫寒，高等小学①退学后遂到电波武器技术培训所上班。1950年7月，在《新日本文学》上发表《不得不写的一章》。1955年赴东京，开始真正意义的创作活动。1970年到1989年，发行了季刊杂志《边境》（第1期至第3期）。其主要作品有《虚构的吊车》（1960年）、《地群》（1963年）、《他国之死》（1968年）、《温柔的叛逆者们》（1973年）、《明日 1945年8月8日·长崎》（1982年）、《黑暗的人》（全三部）（1988—1991年）等。

【作品导读】

《西海核电站》发表于1986年，是井上光晴将"原爆文学"和"核电文学"紧密结合起来的、具有里程碑意义的中篇小说。该作讲述的是80年代

---

① 日本旧制对普通小学毕业生实施的更高程度初等教育的学校。修业年限为四年，后两年为非义务制。

第五章　井上光晴：《西海核电站》

中期，因"原爆"直接受害者身份出现纷争导致的放火杀人事件。小说围绕"核"问题，阐释了"核"给人们带来了的巨大身心伤害问题。《西海核电站》中出场人物可概括为如下几类：遭受核电站辐射而死亡的工人遗族（以水木品子为代表）、反核剧团的演员们、核电站技术工人以及当地人等等。小说中"原爆"与"原发"（核电）问题交织在一起。"原发"（核电）叙事以水木品子为中心而展开。水木品子的丈夫在核电站遭受核辐射后患病，最后发疯自杀。这也是小说中唯一提及的核电事故。水木品子在丈夫死后，曾到有名座剧团，在演出的休息时段给观众讲核电的危害性。但水木品子讲述的不是丈夫，而是猫患病的例子，说是猫叼过核电站工人用过的手套后，失明、脱毛、身上长斑等等，但实际上水木品子所讲均是个人杜撰，猫不过是农药中毒而亡。水木品子在精神病院接受过治疗，她的言论自然遭到当地人尤其是"原发"支持派的厌恶，甚至连孩子都朝这个"疯女人"扔泥巴。小说中提到的另一场斗争是围绕"原爆"展开的。有名座剧团以上演《钚之秋》等反"原爆"剧目为主，团长浦上新五（原名木须敏行）多年来对外宣称，1945年8月9日当天他本人在长崎，几年来也是以该身份带领剧团四处演出。戏剧性的是，后与剧团年轻演员浦上耕太郎（原名香田哲生）之间发生矛盾，被浦上耕太郎告发是赝"被爆者"（间接"被爆者"），原来原子弹爆炸当天，浦上新五并没有在长崎，而是三天后作为救援队一员进驻长崎，所以并不是真正的"被爆"受害者。随后，在团长浦上新五向剧团全体成员谢罪之时，剧团演员白坂三千代竟坦言，自己也是赝"被爆者"。此外，浦上耕太郎虽自称"胎内被爆者"，但鸟居美津调查其户籍后识破真相。于是一场直接"被爆者"与间接"被爆者"间的战争爆发。剧团成员直接"被爆者"有家澄子痛斥以团长为首的赝"被爆者"（间接"被爆者"）们。在她看来有名座剧团是一个由"被爆者"组成的剧团，身为团长竟无"被爆"经历，且白坂三千代等人仅凭空袭中失去亲人或曾到过被爆地的经历就自称"被爆者"，令人忍无可忍。而鸟居美津放

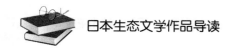

火杀人的动机也类似。一直以来澄子深信浦上耕太郎是"被爆者",与自己身份"相同",且是一个用情专一的男人,对世界能挥出愤怒之锤,拥有善解他人苦楚之心的正义者。但真相大白后,难忍欺骗愤怒的鸟居美津采取了极端的报复手段。①

【原文节选】

西海原子力発電所②

井上光晴

空と海の境界を、うっすらと③青みがかった闇④のたなびく⑤夜明けに近い時刻、正規の隊員と別個に引き上げた⑥消防団員の殆どがシャツ一枚か裸姿になっていて、炊出し⑦の握り飯も大方平らげ⑧られていた。度数の強い芋焼酎⑨に酔った青年がふらふらと立ち上がる拍子⑩に、燃え滓⑪の木片が紙飛行機のように舞い降りてきて、「執念⑫深い火事やね」と、誰かが喉にかかる声で咳く。

---

① 杨晓辉:《日本作家非"被爆"体验下的"核"书写——以〈黑雨〉与〈西海核电站〉为例》,《浙江工商大学学报》2015 年第 3 期,第 35—39 页。
② 井上光晴:『西海原子力発電所』、東京:講談社、2014年版、第 1—14 頁。
③ うっすら(と):稍微,隐约;薄薄地。
④ 闇(やみ):黑暗,黑夜。(心中)无数,糊涂,辨别不清。黑市,黑市交易,黑货。
⑤ 棚引く(たなびく):云和霞等横向呈现薄薄长长的延伸状,漂浮在空中的样子。
⑥ 引き上げる(ひきあげる):撤退,撤走;返回,归回原地。
⑦ 炊き出し(たきだし):煮饭赈灾。在发生灾害等时,煮饭赈济灾民。这里是指赈灾的食物。
⑧ 平らげる(たいらげる):平定,平息。(将食物全部)吃光。
⑨ 芋焼酎(いもじょうちゅう):红薯烧酒。蒸馏酒的一种。日本鹿儿岛的特产。
⑩ 拍子(ひょうし):刚……时候。正当做某事的时候,一刹那。
⑪ 燃え滓(もえかす):燃烧后剩下的残渣。
⑫ 執念(しゅうねん):执着之念,坚持到底的决心(信念);记仇心,复仇心。

第五章　井上光晴：《西海核电站》

　　赤い綿菓子に似た靄①を漂わせる空にむかって小便を放つ小出芳郎の眼底にも、焼け死んだ女の生白い顔はありありと蹲って②いた。

　　埋立地のマーケットに女があらわれる日の暮れ、近所に住む人々の目はこぞって、無人炭住（炭鉱住宅）の一隅に注がれていたが、今夜ついにそれは火焔のなかで崩れ落ちてしまったのだ。

　　病院に運ばれた「有明役者」の生死は未だに伝えられず、どの程度の火傷かさえも不明なので、皆の気持ちを今ひとつふっきれぬ③ものにしていた。口にこそださぬが不審火④の目的ははっきりしており、半分しかかなえられなかった場合、特に男が生き残った際の面倒を、ようやく噛みしめて⑤もいたのである。

　　「泳いでくるか、一丁⑥、ウラン⑦温泉につかるのも、たまには薬になるかもしれんばい」

　　「なんの薬になるとね」

　　「リューマチ⑧に効くとか、いいよったじゃなかね、高石さんは」

　　「あの人のいいそうなことたい。自分では本気で貝ひとつよう食べきらんくせに、人ばっかりそそのかすかやからね。あの人のお泳いどるのを見たことはなかやろうが。放射能の海がリューマチに効くとなら、苦労はしよらんよ」

---

① 靄（もや）：靄；云气，烟霭；轻雾。
② 蹲う（つくばう）：蹲下。缩下去
③ 吹っ切れる（ふっきれる）：吹尽，消除，隔阂，迷惑等完全消失。此处为它的否定形式。
④ 不審火（ふしんび）：原因不明的火灾。
⑤ 噛みしめる（かみしめる）：咬住，咬紧。玩味，仔细欣赏。
⑥ 一丁（いっちょう）：（1）（豆腐）一块；（筐）一顶；（刮胡刀等）一把。（2）一盘，一碟，一个，一份。（3）（さあ，ひとつ）一下，来一下，干一下。
⑦ ウラン：铀。
⑧ リューマチ：风湿（病）。

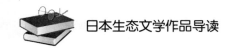

「冗談ばい、あんた。いくら高石さんでもウラン温泉がリューマチに効くとは思うとらんよ」

「今、そういうたじゃなかね」

「そいけん、冗談やいというとる。あんたはすぐむきになるから、もののいわれんとよ」

「冗談でもなんでもよか。飛び込んでくるぞ」

酔いにまかせて下着まで脱ぎかけた男を、元漁師の分団長が強い口調で制した。

「馬鹿な真似はやめとけ。取り返し①のつかんごとなるぞ」

動きを失って、ふてくされた②ような様子であぐらをかく男に、ほかのひやかしが飛んだ。

「分団長のいう通りたい。嫁さんの貰えんごとになってもよかとか」

「何の一度や二度……」男はぶつぶつ③いった。「潮風④をしょっちゅう⑤かぶっとる者がよういうばい」

一旦手にした茶割りの焼酎を膝元⑥におく小出芳郎の耳奥に、山盛り⑦のトマトを前に、従業員とやりとりをかわす女の声が唐突に湧いた。去年の夏、客足の跡絶えた午後のマーケットに、偶然彼は居合わせた⑧のである。

「あっちこっちいじっ⑨ては駄目よ。そのために山盛りにしてあるんだ

---

① 取り返し（とりかえし）：收回；挽回；补救；弥补；挽救。
② 不貞腐る（ふてくさる）：（因心中不满而）闹别扭；呕气。
③ ぶつぶつ：嘟哝，发牢骚，唠叨，抱怨；抱不平，发泄不满；零零碎碎，小块，不连贯，不成串貌；布满细小粒状物的样子；反复刺（扎、捅）的样子（或声音）。
④ 潮風（しおかぜ）：海风，海上吹来的风；含有潮水气味的风。
⑤ しょっちゅう：经常，总是，老是。
⑥ 膝元（ひざもと）：膝下，跟前，身边，身旁。脚下，所在地。
⑦ 山盛り（やまもり）：堆积成山的样子，盛得满满的样子。
⑧ 居合わせる（いあわせる）：正好在场。
⑨ いじる：摆弄，玩弄，拨弄，抚弄，鼓捣，掇弄。

第五章　井上光晴：《西海核电站》

から」

「そいでも熟し過ぎとるでしょう。つぶしてしまう料理にはいいかもしれんけど、サラダで食べたかとよ、うちは」

「そがんふうに入れ替えるなら、山盛りの意味のなかでしょうが。大負け①の値段をつけとるのは、そのまま買うて下さいというとるんだけどね。……」

自分の選びだしたトマトをケンパス②の袋に押込み、水木品子は長い腕をくね③らせるような仕種④で金を払うと、パートで働く農婦の舌打ち⑤は町中の気持ちを代弁してもいた。

「何時もああなのよね。胡瓜でもトマトでも、自分勝手に選りだしてさっさと持っていくとよ。余分なものは何ひとつ買いよらんし、この前なんかパイナップル⑥の罐詰を、底の方にちょっと錆のでとるというて返しにくるとだから。特売品の罐詰よ、あんた……」

「いっぺん誰かきちんというてやらんといけんとよね。いくら同情されているからというて、何をしても許されるという法はなかとやから」

マーケットの開設当時からレジ係をしている未亡人は、明らかに彼を気にしていた。それで小出芳郎は仕方なく二人の傍に寄り、知っていることをきいた。

「釜津の炭住に今も住んどるとやろうか」

「洗濯物の干してあるのが見えるのよ、あそこから」

---

① 大負け（おおまけ）：大败；大减价。
② ケンパス：别名インパス。分布在马来半岛、苏门答腊等地。一棵大树高达 30—45 米。
③ くねる：迂回曲折，缓慢地折弯曲。此处为使役态。
④ 仕種（しぐさ）：动作，举止，态度；做派，做功，身段，表情。
⑤ 舌打ち（したうち）：（事不随心或厌烦等时）咂嘴。
⑥ パイナップル：菠萝；菠萝蜜；凤梨。

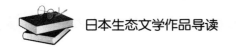

　歯でもわるいのか。埋立地の突端①を指差すレジ係の頬は目立つほど腫れ上がっていた。

　「海岸なら、何処からでも見える家ですもんね」パートの農婦はいった。

　「みんなの見とる前でよくもまあ、男を引張り込まれる②ものよ。それも隠れてこそこそやるのならとにかく、いけしゃあしゃあ③と、港の真中を通って此処までくるとですからね。今日は男のくる日ですばいと宣伝するみたいにマーケットにきよるとだから。……」

　「ほかに、住む場所もないわけじゃないのにね」

　「あんたはさっき、同情されとるからどうとかいいよったけど、同情しとる者なんか誰もおらんとよ」パートの農婦はどういうつもりか、尖がった口調でいった。「そりゃ、最初の時分は、いくらか可哀相かと思うた人間もおったかもしれんばってん、それがどうだね、亭主が死んで一年も経たんうちにこのざまたいね。……」

　それだけのやりとりをきいて、彼はマーケットを後にしたのだが、彼の嚙む杭の前に立つと、細長い海を隔てた対岸に、灰色の塀④に似た長屋が幾棟が望まれた。釜津炭鉱⑤が栄えていた頃、杭木運搬船の接岸していた場所で、石炭積出し⑥を兼ね共同桟橋⑦の新設移動と引替えるように、鉱員たちのくらす住宅が建てられたのである。

---

① 突端（とったん）：突出的一端。
② 引張り込む（ひっぱりこむ）：拉进来。
③ いけしゃあしゃあ：厚着脸皮，若无其事，恬不知耻，毫不在乎，厚颜无耻。
④ 塀（へい）：围墙；院墙；墙，墙壁；栅栏；板墙。
⑤ 炭鉱（たんこう）：采矿场所。
⑥ 積出し（つみだし）：发货；装运；运发送货物。
⑦ 桟橋（さんばし）：（为了上下高处而架设的带斜坡的）跳板；码头。

第五章　井上光晴：《西海核电站》

　　閉山以後、無人の廃屋①と化した長屋②に、水木品子が住みつく③ようになってから半年もたっているだろうか。彼女にまつわる④話を波戸町の人間とおなじくむろん彼も知悉していたが、にわかにそれは現実の思いとなって脳裡に渦巻く。

　　西海原子力発電所で、三号原子炉の運転が開始されて間もなく、一九八R年秋に、二人の労務者が作業中被爆した。原子炉格納容器⑤の入口附近でパイプ⑥を補修していた際、許容量をはるかに越えた放射線を浴びたのである。原子炉制御棒駆動機構の水圧系にはさまれた狭い場所であった。そのひとりが水木品子の良人⑦だったのだ。長崎大学病院皮膚科で診断された病名は「放射線皮膚炎、二次性リンパ⑧浮腫」。悲劇はその直後に起きた。

　　長崎から、当時水木夫妻の住む佐世保までの帰途、特急バスの車中で、診察を受けたばかりの三十九歳の男は、意味不明な声を発して、喚きだしたのだった。

　　精神科への入院から、列車への飛込み自殺に至るまでの百日余を、水木品子は毎日欠かさず良人との面会に通ったという噂を、小出芳郎はきいていた。それこそ、彼女が波戸町の桟橋に降り立った日、晩秋の肌寒い⑨午後を皮切り⑩に、留処もなく屈折し、ひろがって行く噂の最初の部分であった。

---

① 廃屋（はいおく）：(无人住的)破房，荒废的旧房子。
② 長屋（ながや）：狭长的房屋。简陋的住房，大杂院。
③ 住みつく（すみつく）：落户，定居。
④ まつわる：缠，缠绕；纠缠，磨；关于。
⑤ 原子炉格納容器（げんしろかくのうようき）：原子反应堆里的储存容器。它在失去冷却剂时充当压力屏障，并且还形成了防止放射性物质释放的屏障。
⑥ パイプ：管道。
⑦ 良人（りょうじん）：妻子对自己丈夫的称呼。
⑧ リンパ：【德】Lymphe；淋巴。
⑨ 肌寒い（はださむい）：凉飕飕的，有点凉意。
⑩ 皮切り（かわきり）：起头，开头，开始，开端，初次，第一次。

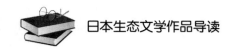

「分団長、電話ですよ」という声がして、立ち上がった男が、二、三分後、傍目にもそれと分かるほど固い顔で戻ってきた。

「有明座の役者じゃなかったばい、男は。……」

「どがん意味ね」

「どがん意味でもなか。別人だったとよ。病院に行っとる佐野から今、電話のかかってきたとたい。何にも喋らずに死んだらしかとばってん、真愛会の信者で、名郷秀次と、ちゃんと名前まではっきりしとる」

「そいじゃ人違いやったとか」

「有明座の役者はどがんしたとね。話のいっちょんわからん」

「有明座の役者じゃない。別の人間だったというとるやろうが。名前は名郷秀次。真愛会の信者だというとった。……ひどかことになったぞ、これは」

「何処で間違うたとやろうか。……取返しのつかんたいね、それじゃ。……」

「滅多①なことはいうなよ。とにかく今わかっとるのはそれだけやけんな」

---

① 滅多（めった）：胡乱，鲁莽。不常，不多，稀少。

第六章

西村京太郎：《污染海域》

【作者简介】

西村京太郎（Nishimura Kyotaro，1930— ），日本推理小说家。本名矢岛喜八郎，出生于东京。都立电机工业学校毕业后，辗转从事各种职业。1961年发表处女作《黑色的记忆》，从此进入文坛。1963年，小说《倾斜的早晨》获《大众读物》推理小说新人奖。1965年，凭借《天使的伤痕》获第11届"江户川乱步奖"。之后陆续发表了以残疾人为题材的《四个终止符》（1964年）、间谍小说《D情报机关》（1966年）、未来小说《おお21世纪》（1969年改名为《21世纪的布鲁斯》）、幽默推理小说《名侦探并不可怕》（1971年）、《名侦探太多了》（1972年）、《杀人者看到了极光》（1973年）、《卧铺特快列车杀人事件》（1978年）、《终点站杀人事件》（1980年，获第34届日本推理作家协会奖）等，并开创了"旅行推理小说"[①]。在这些作品中，十津川、龟井两位刑警总是组成搭档追查案件，因此他们被戏称为全日本最忙碌的警察。此后，西村京太郎凭借《十津川警部系列》成为畅销作家。2001

---

① 西村京太郎是将交通工具和观光胜地作为创作元素和场景最多的日本推理小说作家之一，因此其作品又被称为"旅行推理小说"。

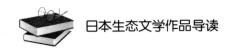

年，在神奈川县汤河原町开设了西村京太郎纪念馆，展示了他的300多部著作、原稿等。1997年，西村京太郎获得日本文艺家俱乐部大奖·特别奖。

【作品导读】

《污染海域》是西村京太郎于1971年创作的、以环保为主题的长篇推理小说，是作者挑战公害问题的匠心之作。小说主要讲述了主人公在政府调查团与企业相互勾结，矢口否认沿岸工业区存在公害问题的情况下，联合有志之士奋起抗争的故事。

在因公害问题导致社会动荡的伊豆，一位因空气污染患上哮喘病的17岁少女，在绝望中跳海自杀。收到过少女的求救信、却因大案在身未予及时受理的中原律师，出于内疚和义愤挺身而出，决心为像少女一样深受公害袭扰、孤立无援的民众讨回公道。但是，他的努力却在只顾眼前利益的大企业面前显得苍白无力。此外，具有高度社会责任感的高中教师吉川带领学生收集了公害问题的相关证据，不过，此时政府却派出了御用调查团，期望化解公害舆论危机。调查团团长冬木教授的死以及高中教师吉川的无辜被捕加剧了事态的混乱。最后，中原还是通过多方努力，将企业和调查团狼狈为奸的内幕公之于世。

【原文节选】1①

『污染海域』

西村京太郎

若い娘が自殺するなら、普通、きれいな所で死にたがるものでしょう。

---

① 西村京太郎：『污染海域』、東京：徳間書店、1987年版、第16頁。

第六章　西村京太郎：《污染海域》

それなのに、わざわざ、海が汚れたところへ飛び込んだんですから、あれは、会社と県への当てつけ①だろうとか、抗議の自殺だとか、いろいろいわれました。

【原文节选】2②

　公害裁判は、難しい。それに長引くのが常識である。特に、発病と公害との因果関係の証明は困難である。常識では、当然、公害病と思えるのに、その一般常識が通用しないのが裁判の世界なのだ。あの水俣病の熊本でさえ、歩行困難、言語失調を訴える患者の中の何パーセントかは、因果関係の証明が完全でないということで、水俣病と認定されずにいるのである。

【原文节选】3③

要望書

　最近、錦ヶ浦の海が汚染されているという噂が流れ、京浜、関西方面に出荷する海産物が買い叩かれる事態が生じております。これは、われわれ漁民にとって死活問題であります。

　錦ヶ浦の海は、汚染されておりません。ここで獲れる魚介類④は、全て新鮮で、絶対に安全であります。県環境衛生部におかれましても、錦ヶ浦の魚

---

① 当てつけ（あてつけ）：讽刺，影射。
② 西村京太郎：『汚染海域』、東京：徳間書店、1987年版、第49頁。
③ 同上揭，第24頁。
④ 魚介類（ぎょかいるい）：水产动物总称，海鲜。

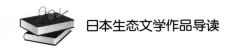

介類が、安全、新鮮なことを、各方面に証明して下さることをお願い致します。

　　環境衛生部長殿

錦ヶ浦の海漁労組合

【原文节选】4①

　亜矢子が置いていった公害日記に、死んだ冬木教授の書き込みが見つかったからである。

　それは、最後の頁に、赤いボールペンで書かれてあった。最後の頁ということは、全ての頁に眼を通したことを意味している。

　「慙愧②。私は、この高校生たちにも劣る。吉川君、君は正しい。冬木」

　書いてあったのは、それだけの文字だったが、中原には、これで十分だった。冬木は、明らかに、中間報告の誤りを認め、吉川や生徒たちを正しいと認めているのだ。

【原文节选】5③

　「私は、冬木調査団の一員として、ここにやって来ました。しかし、ここに公害があるからやって来たのではありません。その点を、誤解しないようにお願いしたい」

　と樋口教授は、よくとおる声でいい、ゆっくりと水を口に運んだ。

　「私が、この錦ヶ浦に着いて、一番最初に感じたことを申し上げましょう。

---

① 　西村京太郎：『汚染海域』、東京：徳間書店、1987年版、第206頁。
② 　慙愧（ざんき）：惭愧，羞愧。
③ 　西村京太郎：『汚染海域』、東京：徳間書店、1987年版、第78－79頁。

第六章　西村京太郎：《污染海域》

それは、この町が活気にあふれ、皆さんの血色が非常にいいということです。町長さんにお話を伺ったところによると、ここに、企業が進出して以来、町の収入は飛躍的に増加し、道路の舗装は完備し、下水道も、本年中に百パーセント完成すると聞きました。立派な町立病院も拝見しました。錦ヶ浦が活気に満ち、皆さんの顔色がいいのは、これなのだと合点がいった次第です」

第七章
藤林和子：《核电站的天空下》

【作者简介】

藤林和子（Hujibayashi Kazuko，1939—   ），日本女性作家。生于岐阜县惠那郡加子母村。1958年3月，毕业于爱知县立明和高中夜校。日本民主主义文学同盟会会员、同会名古屋分部会员。除发表了《西北风》（青磁社）之外，还著有日本共产党成立七十周年纪念佳作《临时教员》《母亲的金字塔》（《民主文学》）《冬天的蜘蛛》（《民主文学》）等，并在《名古屋民主文学》上发表多部长、短篇小说。

【作品导读】

该作品是在某核电站工人罹患白血病死亡事件的采访基础上创作而成。小说讲述了主人公伊藤拓也从入职核电站到确诊白血病的故事。藤林和子通过"核电人"拓也在核电站工作的所见所闻，将潜藏在纯净美好印象里的核电站真实情况展现给世人。她用大量的篇幅，细致地描写了核电站的内部管理问题。看似万无一失的安全保障，背后却暗藏着重重危机，诸多非现代化工作方式在重复上演。作者强烈地批判了利益至上的核电公司及政府，给日本的核电

第七章　藤林和子：《核电站的天空下》

安全敲响了警钟。

【原文节选】1

原発の空の下①

藤林和子

一章　原子炉建屋

（一）

　　静岡にある松浜原子力発電所の孫請け②にあたる土井工業に伊藤拓也は入社した。そして二週間ほどの間、放射能教育や技能研修で過ぎていた。

　　「今日はこれから仕事場になる原子炉建屋の下見③に入るぞ」

　　土井社長は朝の一本の煙草を、スチール机の上の灰皿でもみ消すと言った。

　　今日もまた機械の分解学習かと考えていた伊藤拓也は、原子力発電所の中へ入れると聞き、胸を高鳴らせて土井社長の旁らへ行った。

　　拓也は名古屋の工業高校出身だったが、彼より三日遅れて入社した、九州の工業高校出の赤木正男も素早く席を立ってきた。会社の寮で拓也の同室となったのがこの赤木である。二人に向かって社長は言った。

　　「ビデオで見たと思うが、原子炉内には放射能がある。しかし、それはちゃんと管理されていて心配ないが……ただ、われわれの方もきちんとせにゃいかん、言われたことを守らんとな」

---

① 藤林和子：『原発の空の下』、東京：東銀座出版社、1999 年版、第 7-28 頁、第 137-149 頁。
② 孫請け（まごうけ）：承包人在承包工程后，又将工程建设任务转让给第三人；转包商。
③ 下見（したみ）：预先检查。

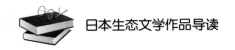
日本生态文学作品导读

　　社長はそう念を押すように、赤ら顔①の目玉に一種強い光をみなぎらせて二人を見つめて言った。拓也は、そんな社長の真意が分かりかねて曖昧な顔のまま頷いた。今までも言われたとおり機械などの分解を繰り返し、ノートにとり、その構造を覚えてきた。これからも素直に言われるとおりにするだろう、あらためて注意されることもない。そんな感情が拓也の心に動いていた。

　　二人は社長の後ろに従って工事事務所を出た。空は青く晴れて、澄んだ空気に三月なかばの爽やかな風が吹いていた。道に沿って背丈の低い椎の木や、ヤマモモ②や、夾竹桃③などが植えられ、緑の葉を抜けてくる浜風④が気持ちよかった。倉庫の横を抜け、円柱形の巨大なタンク群の側を通り、建屋へ近づくと多くの労働者が同じ方向に向かって歩いて行く。その人たちと自然に合流する形になった。薄青色の作業服を着ているもの、茶色の服の者などさまざまで、みんな一様に下を向き、背中を丸め、足を縮めて歩いて行く。作業ズック⑤を踏み潰している者や、中にはサンダル履きの人までいる。

　　あんな格好で働けるのかしらん……と拓也は疑問に思いながら、彼らの足元を見つめ、赤木とともに社長の後ろに従った。

　　構内の入り口あたりで、新品に見える青色の作業服に白い帽子の男たちが動き回っていた。

　　若い人が多い。拓也にはただその人たちが右往左往しているようにしか見えず、もの問いたげな目を社長に向けると、

　　「あれらは中央電力の社員よ」

---

① 赤ら顔（あからがお）：发红的脸，红色的脸。
② ヤマモモ：杨梅。
③ 夾竹桃（きょうちくとう）：夹竹桃。
④ 浜風（はまかぜ）：海风，潮风，海滨的风。
⑤ ズック：（1）帆布，麻布。（2）帆布鞋。

第七章　藤林和子：《核电站的天空下》

　なにか蔑み①を込めた、何時間も噛み続けて苦みの出てきたガムでも吐き捨てるような社長の物言いに拓也はちょっと驚いた。ずっとあとになってわかってきたことだが、同じ原子力発電所で働き、一丸となって電気エネルギーを生み出しているにもかかわらず、社員、嘱託、臨時、下請労働者などの間に歴然とした差別があったのである。

　彼らが入ろうとしている放射能管理区域は、原子炉建屋とタービン建屋全域にわたるが、そこへ入る前に拓也と赤木正男は、別室で体内被曝量を測るように言われ、そちらへ追いやられた。体内被曝量については、自然界にも放射能が存在すると、教育の時教えられていた。だからこの時の拓也の気持ちは、未経験なものに対する興味こそあれ、特に強い不安は感じていなかった。

　白衣の男性の言葉に従った拓也は、脱衣してパンツだけになり、白い綿のガウンを着て体をベッドに横たえた。すると、そのベッドが移動してドームを潜り抜け測定された。この機械はホールボディカウンターと呼ぶものである。言われるまま、急かされるまま、何がなんだかわからずにいると、レントゲン撮影が済んだ時のように、

　「はいよろしい」

　と言う係の言葉が返ってきた。結果は知らされなかった。そういえばと拓也は思い出した。コンピューターで東京の放射能安全管理センターへ結果を送ると、教育の時、説明を受けたのだ。そして、自分の体のことを国が管理してくれるのか、と漠然と考えながらベッドを下りた。白いガウンを脱ぎ、ふたたび彼の会社、土井工業の紺の作業服に着替えた。

　そのあと、建屋を抜け出て後方にある原子炉建屋に向かった。建屋の入り口はホテルのロビーに似ていて明るかった。カウンターがあり、中側に青い

---

①　蔑み（さげすみ）：轻蔑，轻视，鄙视，鄙弃。

日本生态文学作品导读

作業服姿の社員が何人か立っていた。あらかじめ社長から受け取っていた、定期券の大の『管理区域立入証』を係に渡して、代りに入域カードとポケット線量計を受け取った。

社長がペンシルと同形の拓也の線量計を覗き込みながら言った。

「目盛り①がゼロになっているか、よく見ておくように、いいな」

蛍光灯の光りを受けやすいように拓也は腕を上げ透かし見ると、ちょうど体温計を見るように、たしかに針はゼロになっている。

身仕度②が済むと通路をしばらく歩いた。床はコンクリートの上に防塵③用の特殊な緑色の塗料でも塗ってあるのか、磨かれて病院の廊下より美しく光っている。やがて高校の玄関に似た少し高くなっているところへ来ると、何人もの人たちが靴を脱ぎ下駄箱に入れている。

下駄箱はスチール製で十段以上のものが二十メートルほど伸びて、五、六百足分入れられそうだ。段の上にまで踵の踏まれたズックが載っていて、すえた臭いがたちこめている。ここで初めて拓也は、労働者たちがサンダル履きや、ズックを引っかけて歩いていた理由が分かった。作業用の靴は別にあったのだ。

下駄箱の奥に更衣室があり、社長は先にたって進むと、風呂屋の脱衣かごと同じものに着ているもの全部、パンツだけ残して脱いで入れた。社長は背が低く、いわゆる猪首で赤黒い首筋に横皺があり、背中にはほくろがいくつがあった。風呂場でもないところで他人の裸を見た拓也は、ちょっと自分が脱衣するのに躊躇④した。しかし思い切ってボタンをはずし、下着を脱いだ。赤木も痩せた白い肌を見せた。

---

① 目盛り（めもり）：（仪器上的）度数，刻度。
② 身仕度（みじたく）：打扮，装束。
③ 防塵（ぼうじん）：防尘。
④ 躊躇（ちゅうちょ）：犹豫不决，磨磨蹭蹭。

第七章　藤林和子：《核电站的天空下》

　　右側には洗濯を何度も繰り返した下着がきちんと畳んで何段にも置かれている。下着の色は薄いピンク色である。社長の行動を真似ながら、その中からシャツとズボン下を取って履いた。下着は拓也にぴちぴちだったが、小柄な赤木にはだぶだぶで二人は指さして笑い合った。本当は大と、小に下着が分けて置かれていたが、そんなことにかまっておれなかった。また上から黄色の繋ぎの作業服を着た。服の生地は上質の雨合羽に似ている。さらに軍足を履き、頭には耳まで布のある帽子をつけ、手には、布、ゴム、軍手と三重の手袋をはめなければならない。これだけの事をするのに十分くらいかかってしまった。その間、彼らの前後で何人もの男たちが、するすると着替え奥の方へ消えて行った。

　　拓也は、もう汗が額に滲み出て、軍手①の甲でこすりながら身作りをした。社長は素早く身支度し、二人の仕上があるのを根気強く腕組みして待っている。

　　拓也は赤木より遅れて、焦りながら最後の手袋をはめ、目を上げると社長が言った。

　　「ポケット線量計をもっていないよ」

　　注意されて床の上から取り上げ、ポケットに差し込んだ。

　　少し進んで箱型の棚に並べてあるヘルメットをつけた。垢じみて黒ずんでいるヘルメットは顔に当てるのに抵抗があったが仕方ない。被りながら簀の子の端まで歩いていた。そこで旅館の履物のように並んでいる長靴を、足に合わせ見つくろって履いた。

　　その入り口のところに、青い作業服に痩せて背の高い若者がこちらを一瞥し、また顔を壁に戻した。

　　「あれはホウカンと呼ばれる放射能管理者で中央電力の社員よ」

---

① 軍手（ぐんて）：军用手套；劳动用手套。

社長が相手に聞こえぬ押し殺した声で説明した。その社員の、人を軽蔑するような態度に、拓也は嫌な奴だと思った。同年齢に見え一層反感めいたものを感じたのかもしれない。

放管の前を通りながら、拓也は着馴れないものを身につけ、体までふわふわしているように感じられて不安だった。

赤木は小柄で敏捷なのか、きっちりと社長の後ろに従っている。その二メートルほど後ろを拓也はおぼつかない足取りで、辺りを興味深くきょろきょろ眺めながら歩いた。

天井は高く明るかったが、周辺には大型の電気ボックスや、ガスボンベが並んでいて狭苦しかった。またタンクのような箱物の横や上を、大小何本ものパイプが延びていた。

そんな中をしばらく歩いたあと、肩がつかえるほどの狭い階段を二階分ほど下り、また幾つかの部屋を通った。まるで初めて潜った炭坑内に来たようで、迷子になったらどこへ行けばよいのか分からなくなると拓也は不安を覚え足を早めた。

やっと社長は立ち止まり振り返って言った。

「ここから原子炉建屋に入るから」

拓也の心臓がどきどきしてきた。頭を上げて見ると、白地に黒ぐろと『二号原子炉建屋』と書かれたプレート①が貼られている。その下の中ほどに普通のドアーには無い車のハンドルと同じ物が取りつけてあり、拓也の目がいった。それを操作するのかと思ったが、社長が別の出っ張っている取っ手を押すと、ぶ厚い扉が内側へ開いた。

社長に続いて赤木が入り、拓也も恐るおそる足を入れた。すると別の部屋

---

① プレート：（1）金属板，板。（2）板（极），阳极。（3）底片，感光板。（4）本垒；投手板。（5）板块构造。

第七章　藤林和子：《核电站的天空下》

に出たのでなく、目の前にもう一つ同じ様式の扉があった。

「ここは二重扉方式になっていてな、開けた方が閉まらないと、次に進めないしくみになっている」

社長の説明が終わった時、背後で今入ったばかりの扉が閉まった。一時的に、エレベーター内にいる時と同じ状態になった。いやエレベーター内よりももっと分厚い鉄板の壁に押されている感じである。拓也は何か「ああ……」と叫びたい衝動にかられた。それは、待ってほしい……という気持ちだろうか、生きているのに棺桶に入れられてしまったような錯覚に囚われ、社長と赤木と一緒だったにかかわらず強い恐怖心と圧迫を感じた。

それは少しの時間であったが、拓也は一刻も早くこの場から抜け出したいと胸を掻き毟る気持ちだった。次の扉が開き建屋内へ足を踏み入れることが出きてやっとほっとした。しかし、そこも深いトンネル内に押し込められた感じがし、耳がツーンと引っ張られ後頭部に痛みを感じた。金属性の臭いを含んだ空気が淀んでいる。顔を横に向けたり振ってみても、その重苦しさは変わらない。室内温度が人間の体温を越すのではないかと拓也は思った。乾燥した暑さですぐに喉がひりひりし、額に汗が滲んできて拓也は手をやろうとした。その動作を見逃さず、社長は厳しく言った。

「この中では汗を拭っちゃいかん、顔を手でさわるな、絶対にな。教育でいわれたろう」

拓也はそんな注意が理解出来ず少しむっとした。さわるな、拭くな、と言われてもこの吹き出る汗をどうすればいいんだ？よく野球の投手がやるように袖をひっぱって拭くこともできない。我慢するより仕方がない。

厳しく注意されるのは人の手が壁やパイプなどに触れ、知らぬ間に放射能に汚染されていることがあるからだが、この時の拓也にはそこまで考えがいかず、ただ暑いと思い、苦しいと感じ続けた。

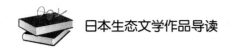日本生态文学作品导读

　　原子炉建屋は写真などで見ると、大きな円塔形をしているが、内部に入ってもそれと同じように弧①を描いていた。社長は二重扉を背にして左へ歩いた。

　　拓也の目に入ったのは大、中、小のパイプの群れだ。まるで杉林に入ったように上下左右いたる所に走っている。こんなにパイプだらけで、どのパイプが何に繋がっているか間違うことはないのか不思議に思えた。

　　建屋の真ん中には、原子炉格納容器が石臼のように座っていた。と言っても床に尻が着いていなくて、お寺の鐘を逆さに吊ったように見える。その尻の部分に無数の葛みたいなものが下がっていて、拓也には何を意味するのかわからなかった。

　　社長は鐘の下のパイプや葛②の下がっている方を見ながらぐるりと辺りを歩いた。二人とも続いた。暑くて苦しい、その息苦しさの中で、社長は指さして説明した。

　　「本に出ていたと思うが、あの吊り鐘のようなのが原子炉の釜だ。その下の管が出力領域モニター、中間領域モニター、中性子線領域モニターなどのケーブルだ。他に制御棒の管なども詰まっていて、原子炉が心臓だとしたら、各ケーブルは大動脈と同じだな」

　　社長は釜の方に顔を向けながらも、もとの入り口へ戻って行った。拓也は無意識のうちに前かがみ③になっていた。そして一刻も早く外へ出て、生きている空気を吸いたいと切実に思った。ただ動いているだけで息苦しい。こんなところでも働いているうちに慣れてくるものなのだろうか。そう思って社長の背中を見ると、背は低いが角ばった肩に落ち着きがありすべてのことを

---

① 弧（こ）：〈数〉弧。弧形。
② 葛（かずら）：（植）攀缘茎；蔓。
③ 前かがみ（まえかがみ）：上半身往前弯曲的样子。

第七章　藤林和子：《核电站的天空下》

呑み込んでいる姿に見えるのだった。

　帰りは入ってきた順序とは逆に、二重扉を抜けてしばらく歩き、喘ぎながら階段を上った。そしてまた、しばらく歩き長靴を脱ぎ、ヘルメットを取って台に置き、繋ぎの服なども大きい脱衣かごに放り込み、パンツ一枚になった。しかしそれですぐに私服が着られるわけではなかった。放射能管理区域へ入った者はすべて、放射能汚染有無のチェックを受けなければならない。

　ボディモニターという、仮設トイレに似た狭いボックスが五基並んでいた。そこへ社長に指示されて入った。目の高さに玉子大の電球があって、赤色がつけば外へ出してもらえず、青色がつけば帰ってよいと、教えられていた。拓也は、仕事を何もしていないので大丈夫と思いながらも、不安な気持ちで電球を見守った。やがて青色ランプがついてほっとして出て来た。そして先に出ていた赤木と目が合い微笑み合った。

　社長に続いて、自分たちの服のある脱衣箱に戻り、シャツやズボンに手足を通しながら拓也は、不思議な懐かしさを感じていた。

　中にいた時付けていた下着類は、どんなにきれいに洗濯してあっても、誰かまわず着たものであり違和感を感じ苦痛だった。

　三人は建物から外へ出た。太陽が輝き、風がすーと寄って来て頬に当たった。その風に新鮮な生命があり爽快だった。……ああ、生きている。生きた空気を吸っている。……と拓也は強く感じ、体操の時するように何度も両腕を後方にやっては胸を開き、深呼吸を繰り返し、鼻をぴくぴく[①]させた。

　赤木もそれを真似た。社長は二人を見て、「これからだ」と笑った。

　「俺も初めて入った時は苦しかった。それでも慣れる」

　拓也と赤木は顔を見合わせた。赤木はヘルメットに抑えられた髪が気になるのか、両手の指を何度も入れて後ろへ梳いている。拓也はそれを見な

---

① ぴくぴく：（肌肉）微微抽动。

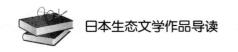

がら、自分もそうしたいと思いながらも社長の手前、遠慮と恥ずかしさがあり、平気を装っていた。

（二）

　その夜、拓也と赤木は連れ立って寮の風呂へ行った。風呂は二棟の寮の間に、灰色のブロックを組み立てて作られていて、もう古く全体に黒ずんでいた。その風呂も拓也の夢を砕いた一つだったが、今はもう気にしなかった。

　一度に五人ほど入れる木で出来た風呂は、寮のおばさんが毎晩六時には沸かしておいてくれる。拓也は体を洗いながら、湯船に浸かった赤木に目をやった。彼は痩せてはいたが、九州男子らしく濃い眉と黒い瞳を持っていた。陽気で紅潮した顔にマッチして凛凛しく見え、拓也は心ならずも密かに嫉妬していた。

　そんな拓也に対し、赤木は入寮してすぐに言ったものだ。君は背も高いし、体もがっしりしていて羨ましい——。たしかに拓也は背丈が百八十センチに、体重が七十五キロだった。あの時、即座①に「そう言うけれど、君の顔は男らしい」と素直に言ってしまっておけばよかったものを、自分にはそういった機転②が利かないと、劣等感じみたものを感じてしまっている。

　拓也と目が合った赤木が、湯船から出て体を洗いながら話しかけた。

　「原子炉内なんて、空気は悪いし暑いしたまらんな。それにあのエアーロックという二重扉も監獄に入れられたようで気持ちが悪い。今日は三人だからよかったものの、一人で入るのはいやだよな」

　「確かに一人で入るのは嫌だな、いつも何人かで組を組んで働くとは言っていたけど」

---

① 即座（そくざ）：立即，即刻，马上，当场。
② 機転（きてん）：能根据情况做出适当判断的心理机制。機転が利かない（不机灵，心眼慢）。

第七章　藤林和子：《核电站的天空下》

「原子力と言っても火を焚いているのと同じってことか、とにかく中は暑かったな。自分ところの電気使って冷やせばいいのに」

「あまり広くて冷やしようがないのじゃないか」

赤木は続けて言った。

「あんな暑いところ、歩いただけでばてたのに、その上仕事するなんて、ようやっているよなみんな」

「それこそ仕事だからやれるんじゃないか」

「まったくそうだろうな、何事も仕事だからと割り切って一生懸命やるより手がないという訳か——、俺なんかひょっとしたら三日もせんうちに辞めるかもしれん」

余りにも簡単に「辞める」ということを口にする赤木に、拓也は少し驚いて言った。

「まだ一日も中で働いていないんだよ」

「しかし宇宙服みたいなもんにいちいち着替えて、火星に下りたって宇宙遊泳するみたいにして、計器類の検査や分解なんてできるだろうか」

「先輩たちがやっていることだから出来るんだろうと思うけれど」

そう返事をする拓也もあんな場所で働くのかと不安だった。そして、自分のような者が原発技術者になれるだろうかという危惧とともに、口には出さなかったが、やっていけるか心配になっていた。

赤木は続けて話しかけた。

「分解や組み立ては習うより慣れろって社長も言っていたけど、暑さには慣れないと思うな」

あの暑さには耐えられるかどうか拓也も不安だった。しかし赤木に軽々しく相づちを打①たないことで、一種の対抗心を示していた。拓也は赤木より

---

① 相槌を打つ（あいづちをうつ）：随声附和；对别人说话做出反应。

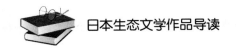

三日早いだけの入社であったが、彼に対して同僚として競争心が芽生えている。自分は弱音を吐かないで早く一人前になって見せるという決意を密かに抱いていた。

赤木は天真爛漫①な笑顔で、

「まあいいか、ぶつぶつ言ってもここ入って来てしまった以上仕方のないことだし」

湯船から直接に湯を掬ってかぶりながら、大声ではっきり言った。

（三）

その三、四日後、あいさつにも少し慣れた拓也が作業事務所の名札を表に返した時、背後から声が掛かった。

「今日は仕事として、伊藤と赤木に建屋内へ入ってもらうからな」

社長の声に拓也は目を輝かせて振り向いた。彼は最初に建屋内へ入った時の、空気の悪さ、暑さなどもう忘れて喜んだ。早く実際の仕事をしてみたい、机上学習はもう飽きたと考えていた。

「一緒に行ってもらうのは草野さんだ」

社長と同年配の草野が、色黒な顔に実直そうな笑みを浮かべて立っている。草野は赤木と同じ九州出身なのか、食事中など小耳に入る声は、テレビに出てくる武田鉄矢と同じ口調で、とつとつ②と喋っていて拓也はよい印象を持っていた。

拓也はと赤木は草野の後について現場事務所を出て建屋に向かった。下見に入った時と違う建屋であったが、入口まで来ると同じ様相であり、さまざまな作業服を着た労働者でざわついている。

---

① 天真爛漫（てんしんらんまん）：纯真率直地表现内心。天真无邪的样子。
② とつとつ：讷讷；结结巴巴。

第七章　藤林和子：《核电站的天空下》

　　その群れに混じって建屋内の脱衣室で私服を脱ぎパンツだけになった。そして草野に従って同じピンクの股引にシャツを着た。上に綿の繋ぎの服のズボンから先に足を入れ、腰をひねらせて①、服に両手を通し上から黄色のアノラックを着た。

　　靴下は短いものを先につけ、上に長い軍足を履き、ズボンの裾を靴下の中にしまうよう、草野に注意された。つまり直接外気に触れることを避けるのだ。手には薄い綿の手袋をはめ、その上にゴムのもの、さらに軍手をしなければいけなかった。それらの手袋には何か薬品らしきものが塗ってあり光っていた。

　　そして布製の白い帽子をつけ、紐のないヘルメットを被った。さらに奥に入ってから半面マスクをするということで、それも棚から下ろして手に持った。

　　半面マスクは戦争場面の写真で見た防毒マスクを思わせ、鼻と口を塞ぐ形になっていて、口元に当たる左右に太くて丸いホース状のフィルターが付いていた。

　　この管理区域用の作業着は放射線防護服と呼ばれるもので、こうした被曝覚悟への着替えについて、電力会社側は「服脱ぎ代」と称して、労働者に特別手当金をいくらか出していた。しかしそれは拓也や赤木のまったく知らないことであった。

　　ただ拓也は、いつもこんな物々しい格好をしなければいけないのかと驚いていた。

　　彼は社内教育の時、すべて安全であると教えられて素直に受け入れていたが、あまりの重装備のために、今はなんとなく不安な気持ちになっていた。

　　赤木も同じに感じたのか草野に言った。

---

①　捻る（ひねる）：拧；扭。腰を左捻る（把腰向左扭）。

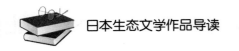

「仕事の時はいつもこんなに、着たり、着けたりするんですか」

「機械の点検だけの時はいいが、定期検査で分解や掃除の時はこれを付ける。また、仕事の場所や内容によっては全面マスクをする場合もある」

「全面マスクって？」

「口、鼻、目まで全面覆うやつだ。あれは苦しくて誰もやりたくないんだと」

草野は慣れた手速さで着替えを終わり、腕組みして待っている。赤木も敏捷に着替え、拓也は一番遅くなった。

さきほど、入口のチェックカウンターから受け取っていた三つの線量計①の一つ、小型電卓大のアラーム・メーターを顔の前に示しながら草野が言った。

「これは二百ミリレムまで外部被曝の計測が出来る。が、一応八十ミリレムに数字をあわせ、それ以上に浴びたらピーと警報ブザーがでるように覗き込みながら目覚まし時計をセットする要領で針を合わせてみな」

拓也も赤木も三重にはめた手袋を、もう一度外してアラーム・メーターを床から取り上げた。数字を合わせながら赤木が尋ねた。

「浴びたらと言うのは、放射能を浴びるということなんですか」

聞いていた拓也も不安になった。

「そんなに心配せんでいい。そりゃ初めはだれもいい気持ちはしないもんだ。だけど慣れるよ、みんなちゃんとやっているから。それからファイルムバッチは服の裏からガムテープで留める。ま、面倒だから内ポケットに入れても良い。ただ前と書いてある方を外側にしてな。これは一人が全部でどれだけ被曝したかを見るためだそうだ。ポケット線量計は一回きりのデーターを見るんだが、これは首から吊す」

---

① 線量計（せんりょうけい）：測試放射性輻射強度的装置。

第七章　藤林和子：《核电站的天空下》

　　アラームメーターは電子計算器に似ていると拓也は思う。それを見ると丸囲いの中に＜前＞とあり、「こちらを全面にしてください」と書かれている。

　　線量計を首に吊しながら、拓也はこんなに色々持つ必要があるのか疑問に感じた。これではまるで被曝しますよ、と念を押されているようなもので、いい気分のものでなかった。しかしその気持ちは漠然としていて、はっきりと一つの言葉になるものではなかった。

　　彼の被曝のイメージは広島や長崎に落ちた原子爆弾であり、それも教科書の写真で見たり聞いたりしたものでしかなかったが、不安は不安だった。

　　赤木が聞こえるか聞こえないかの低い声で「本当に心配ないかな――」と呟いた。

　　草野がこれも低い声で答えた。

　　「心配ないよ。線量計は中央電力のホウカンがうるさいからとにかく持たなければ」

　　草野は二人にそう言ったあとで苦笑してつけ加えた。

　　「本当は、線量計を持つのは自分のためでホウカンには関係のない話なんだが」

　　拓也は草野の苦笑した顔を見て、緊張感から少し開放された気持ちになった。

　　仮に多少の不安があったにせよ、仕事の上では先輩を信ずる他に仕方なかった。拓也はこの大先輩と、直接に親しく言葉を交わしたことがなく、毎朝五、六人の部下を連れて事務所を出て行く姿を見て、漠然[①]とした畏敬の念を抱き自分も早く上に立ちたいと思った。

　　着替えが終ると長靴を履き少し歩いて建屋のドームに入るため、草野が先

---

① 漠然（ばくぜん）：含混，含糊；笼统；暧昧；模糊。

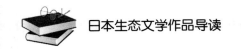

に立ってパーソナルエアーロックと呼ばれる二重扉を押した。重いドアーが中側へ開き、それが閉った。トンネル内と同じ橙色の電気がついており、暗くはなかったが、何か暗闇に入った感じで耳がつーんとなり、最初に入った時と同じ極度な不安が拓也を襲った。わずかな時間であったが、閉じ込められる不安に冷や汗が出た。

　長い時間だと感じたのち、やっと二つ目のドアーが開いて拓也は大きく息を吐いた。

　二重扉を抜けると、むっとする乾燥した暑さが全体を襲ってきた。拓也は草野の右側に、赤木は左側について、壁面に沿って歩きながら、草野の話を聞いた。

　「この沸騰水型の原子炉の中には、燃料集合体が入っている。よくテレビで茶わんを焼くのに薪をどんどん積み上げて火をつけ、小さな穴から覗いて、火加減を見ている場面があるだろう。あれと同じように原子炉は、核分裂を起こすペレットが燃料棒で薪の役目をしている。ペレットの中心温度は約二千度にもなっている。そのペレットをジルコニウムと言う金属が、ラップを被せるように被覆管で覆っていて、その外側の温度は約二百八十度程度だということだ。

　つまり管の壁面の厚みが六ミリしかないのに温度差が千七百度もある訳だ。ものすごい絶壁と谷底のような熱の差が六ミリの壁を挟んでせめぎ合っているんだな。この状態を維持しないと温度が上がり過ぎて恐ろしい結果になる恐れがある。その安定した温度の管理と見張りが俺らの仕事なんだ。大変だが重要な役目だと思う」

　草野はちょっと息をついた。拓也は話を聞きながら、彼の話す内容から維持管理の大切さを痛感した。だが部品の名称や、温度差などについてはすでに机上で勉強を済ましていても、なかなか実感としては理解できなかった。

第七章　藤林和子：《核电站的天空下》

　　ただ草野という人は知っていることを教えるのが好きなんだとも思い、あらためて好感を抱いた。

　　草野の話が切れた時、ちょうど原子炉格納容器入口に来た。これからこの中へ身を入れるのだと考えると、何か古い墓場の底に潜って行くように感じて体が震えてくるのを覚えた。

　　容器入口全体は大釜の口のように丸く、いかにも厚い鉄板張りであり、真ん中に人二人が出入りできる程度の鉄の戸が、ごつい凹凸①の形を見せている。その扉には赤で三つ星に似た放射能の印があり、管理区域と書かれている。草野がマスクをしたのを見て、拓也も赤木も言われぬ前に半面マスクを被った。水泳の時付けるゴーグルのように頭の後ろであらかじめゴムを調節してあったので、鼻と口にすっぽりとはまり、ガス室へ入るような緊張感と嫌悪感が拓也を襲った。

　　その途端、暑さは体から顔中に移った。半面マスクは何十人、何百人の労働者の顔に使われてきた分わからない古いものだ。鉛の臭いや鉄くずの臭い、まだ嗅いだことのない臭いが拓也の鼻や口に押し寄せた。

　　草野は落ち着いた動作で扉の前に置いてある風呂の簀の子②と同じものに乗った。そして右側に付いているハンドルを動かすと、鉄の扉は中側へ開いた。拓也にはギーという重い音がしたように感じられた。

　　三人が中へ入ると、背後で扉が自然に閉った。拓也は一瞬めまいを感じた。耳が横に引っ張られたようにツーンとなった。不気味な静寂の中に、オレンジ色のナトリウム灯が海の底のようなぼやけた光を放っている。拓也は恐怖を覚えた。もし一人だったら閉った扉に大声をあげてぶつかっていたかもしれない。

---

①　凹凸（おうとつ）：凹凸，凹凸不平，高低不平。
②　簀の子（すのこ）：竹苇子，帘子。（用竹或板条制作的、有间隔的）矮台，踏板，屉。

扉はここでも二重構造になっており空気も遮断されているので、真空状態のような錯覚を人間に与えるのだった。そんな不安な時間はほんのわずか瞬きする程度だったに違いないが、拓也には永遠に続くかと思われた。が、すぐ目の前の扉が開いて、転げる気持ちで足を踏み出した。

　しかし次は息が吸えなくなったのかと錯覚した。金属性の、なまぬるくどろんと①した空気が沼底より厚く、動かない死の世界そのものを醸し出している感じで、胸が押し付けられて苦しかった。

　拓也は思わず首を振って赤木を見た。赤木も口を塞がれているので声は出せず、目ばかり丸くして見つめ返した。足を置いている床面は思っていたより広く小さめの体育館ほどもあると思われたが、頭の上あたりには無数のパイプが横や縦に走っていて強く圧迫を感じた。そして真ん中にあるのが原子炉なのだろう。

　拓也は見回しながら、しかしひどく暑いなと思う。ただ立っているだけで額から汗が吹き出てくるのが分かる。汗は目に入りそうでまばたきしたり首を振ったりしたが、睫毛の横から流れ落ちた。

　社長と来た時、汗は絶対に拭くな、と注意され身に染みて覚えているので我慢するより仕方がなかったが、人一倍汗かきの彼にはこれからの仕事の内容が案じられた。

　赤木を見ても汗など出ていない様子である。細身の赤木と大柄な拓也では体質が違うのかと、羨ましく思った。

　大釜の底のようになっている原子炉の圧力容器底部には、壁や塀などに這っている蔦のように制御棒案内管や、計測器管が林立している。草野は背中を丸め潜りこむようにしてその中へ入って行った。二人も続いて入り込んだ。

---

①　どろんと：睡眼惺忪；模模糊糊。

第七章　藤林和子：《核电站的天空下》

　　拓也と赤木は何日も原子力発電のしくみを学び、原子炉の構造については仕事の現場ということもあり、特に入念①に机上学習を繰り返していた。だから頭の中には、それぞれの部品名や動きなどは記憶されているはずであったが、目のあたりにするものは複雑だった。

　　草野は腰から抜いた懐中電灯で計器のひとつ、インコアモニターハウジング②と呼ぶ（炉心中性子測定用端子の保護容器）を照らし出した。そして何か喋っているのが目を見てわかるが、草野の口元が塞がっているのと、こちらもアノラック式のフードを着て、耳が出ていないため何も聞こえなかった。しかし机上学習の中で一つ一つの部品に亀裂などないか「目視」点検の大切さを強調されたから、それを言っているのだと判断した。

　　草野が手袋をはめた手でおぼつかなくポケットからメモ帖を出し、シャープペンで記入した。計器ナンバーを見て不都合のないことを確認したのであろう。草野が目視している収納管には一番肝心な中性子検出器と、その信号を取り出す電線とを入れた計装管が納められていると教えられていて、拓也は実物がこれかと考えながら目で追った。

　　続いて拓也が机上で苦しみながら覚えようとしている世界が広がっていた。

　　原子炉内に入れられた燃料棒の一本一本がきちんと燃えているか、ウラン③と中性子の割合が正常で、核分裂が正しく起きているか。ハウジングの上端は炉心を支える下部格子板上面で開口し、炉水はハウジング内を満たしているか。下端は炉外で密封され、制御室の計器盤に接続されるためのケーブルとなっているか、などをしっかり確認するためであろう。拓也は、この時は

---

① 入念（にゅうねん）：细心，仔细；精心，细致；周到，谨慎。
② インコアモニターハウジング：用于测量反应堆输出功率的仪表管。
③ ウラン：铀。

難しくて理解できなかったが、後日、草野が例えとして話してくれたことはなんとなく理解できた。

　車のエンジンオイル部分など普段は密閉されているが、オイルの減り具合や、汚れを調べようとすれば、蓋を開け、目盛りのついた金属の棒を差し込み、引き出して見ねばならぬ。原発ではそのオイルに放射能が含まれているようなものだ。そして機械の調子を見るということは、人が脇の下に体温計を挟んで熱を測っているようなものではないかと。

　ところが今の拓也は初めて目にするものばかりで、のぼせてぼうっとしていた。

　彼に関係なく草野は自信を持ってケーブルが差し込まれた部分を二度三度と指さした。その部分は種類の違う材質が溶接されていて『応力腐食割れ』と呼ぶ、ひび割れが出来やすいから目での確認も声を出してしっかりすること、と注意されている。

　そして声を出す呼称確認と机上で教えられていたが、口にガスマスク①みたいなものをはめていては、心の中でことばを繰り返すばかりであった。

　計装管を次々と見て体を蟹のようにずらしていくうち、背の高い拓也は腰の曲がりもひどく、痛くなってつい床に膝立ちした。すると草野が半面マスクの中からなにやら叫び、床を指さして手を激しく左右に振った。どうやら中腰で移動せようということらしく、拓也は慌てて膝を伸ばした。

　赤木は少し腰を屈める程度で横に歩き、子どもがお座りする格好でちょっと休んだ。草野は二人を見て目で笑うと炉心部の真下あたりから外側へ出て行った。

　三人は背が真っ直ぐ立つ所へ出て、目と目を見合わすと、やれやれと背伸びした。拓也は喉が乾き、魚の釣り針でも飲み込んだようにひりひり痛み苦

---

①　ガスマスク：防毒面具。

第七章　藤林和子：《核电站的天空下》

しかった。むろん水を飲む所などないので、唾を飲み込み涙を滲ませて堪えていた。トイレの施設もなかにはないから、入る前にしっかり済ますよう言われて、緊張しているから、なお喉が乾くのだろう。

草野は、どうだ——と言うように二人を交互に見て考えているようすだったが、やがて入ってきた方向を指さして歩き出した。助かったと拓也は思い、その気持ちを感づかれぬよう赤木の後ろに付いて少しゆっくり歩いた。

原子炉格納容器出口の二重扉を抜けて、半面マスクをはずした草野を見て、二人もそれに習った。ふーっとため息が期せずして出て、顔を見合わせ笑い合った。

草野は、注意するのを忘れていたよ、と前置きしてから言った。

「炉心部の床は放射能汚染がひどいから、絶対座ってはいけない。お尻が放射能にやられたら大変だろう」

そう言われても、拓也の部屋の床よりきれいで不思議だった。

「放射能は目にも見えんし、臭いもないからこちらが慎重にやるより仕方ないんだ。きちんとやっておれば心配ないが——」

赤木が質問したい事があると言った。

「放射能が出るのは原発と同じと思うけど、どう違うんですか」

「原発は核分裂を一気に起こさせて人を殺すが、こちらは核分裂を制御棒などで吸収し、連鎖反応を調整しながら、少しずつ安全に電気を取り出して利用しているからまるきり正反対だよ」

草野の話を聞きながらコンクリートの壁に添って歩いていると、階段の下あたりで防御服のまま座って膝を組んだり、壁にもたれている十人ほどの労働者が目に入った。どの人もひどく疲れている様子で、目が虚ろに空を見ていて拓也は思わず足を止めた。

草野が説明した。

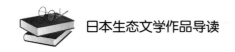

「日雇いの人たちだ。一日分の許容量の放射能を浴びてもう働けんのか、それとも他の人たちが出て来るのを待っているか、これから仕事に入る現場が放射線量が高いので少しの間待機しているかどれかだろう。つまり待機労働ってのがある」

「そんなに危険な所で働くんですか」

拓也より先に赤木が叫ぶというより、押し殺した声で言った。拓也も同様に感じて呟いた。

「こんな所にいないでももう少し空気のいいところへ出ればいいのに」

「ところが日雇いの人たちは一日幾らだから、外に出すと示しが付かんということだろう。その点おれらは会社勤めだから、建屋の中で仕事が出来なければ、事務所にもやることがあってあり難いということだな」

草野はごく自然に当たり前として答えてくれたが、その人たちの虚ろな目が拓也の心に妙にいつまでも張りついていた。

七章　放射能漏れ

（一）

定期検査に入って拓也が多忙となったのは、尚美と楽しいサイクリング①に出かけた次の月曜日からだった。定期検査は基本的には時計の分解掃除と同じで機械内すべての分解掃除をすることであった。ただ原発は巨大で、人間が蟻のように群がってかかっても長い時間と労働力を要するのだった。

拓也たちのグループも繋ぎの服に赤色のアノラックを着て、手袋も三重にはめ、息苦しさに耐えながら作業していた。日雇い②の人もいれて五、六人で組を作り、炉心部から引き出したステンレス製のパイプを、少し離れて敷かれている青いビニールの上に運んで置いた。ステンレスパイプは直径二セン

---

① サイクリング：自行车旅行。
② 日雇い（ひやとい）：一天约定一次。或者采用这种雇佣方式雇佣的人，日工、短工、临时工。

第七章　藤林和子：《核电站的天空下》

チほどの細いものでも、四メートルの長さがあり重かった。それを二人で運び出した。

　少し動くだけで熱さと空気の悪さでふらふらしながら足を運んだ。足元に置いたパイプをウエスで慎重にゆっくり拭いて行く。どんない時間がかかっても割れ物を扱うように大切にすること、それはわずかな擦り傷でも腐食の始まりとなり、十何年の間に事故に繋がる恐れがあるからだった。また、徹底的に磨くことも大切だった。

　彼が入社したてのころ、ウエスがもったいないと考え、ひっくり返して同じものを使っていて、草野からウエスはどんどん取り替えて赤いビニール袋に投げ入れるよう、手まねで注意されたことを思い出していた。つまり放射能汚染は目に見えないからきれいに見えるウエスでも、すでに汚染されていると言うのだった。

　今は彼自身が、日雇いの人に手まねで捨てるよう仕草を示した。ステンレスのパイプをウエスで擦って行く作業は、手先だけの楽な仕事と思われがちだが、そうではなかった。完全装備の体でじゃがんで手に力を入れて動かし続けると、足や腰が痛くなり苦しさと忍耐の連続だった。

　拓也も部下と同じ仕事の中に組み込まれていた。彼は何度も同じところを擦る時、「なんちゃん、なんちゃん」と呪文のように唱えながら手を動かした。磨き上げると、懐中電灯型の放射能測定器を当ててみて、数値が低ければ首を縦に動かし、高ければ横に動かして、またせこせこと磨き続けた。拓也が両手で丸を作ってよしーとサインを出すと、他のメンバーが二人がかりで持ち上げ、炉心の中へと運び込んで行った。また、磨きの作業などと平行してあらゆる部分に破れや亀裂などないか点検したり、取り替えをしたりを繰り返す毎日だった。

　このようにして三カ月近くかけて点検作業も終わり、炉心部の下は再び大

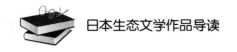

木の根が張りめぐらされた様相になった。

　拓也は大きなため息をつくと、その根の間に潜り込んだ、本来義務は二人以上組んで行なうが、定期検査後の確認のみで今は一人だった。炉は最終段階の水圧試験中だった。彼は懐中電灯で計器類を照らしながらじっくりと目視点検を繰り返した。その時、胸に差し込んでいるアラームメーターがピーピーと甲高い①音を発した。拓也は、はっとして体の動きを止めた。

　なぜ、アラームが鳴るのだろう…？何の作業もしていないのに鳴るということは、人間が気の付かないところから放射能が漏れ出ていることになるのではないか。

　拓也の心臓の鼓動が激しくなった。こんな危険なところからは一刻でも早く退出しなければいけないのだ。しかし警戒音の鳴る辺りの、計器類の機種やナンバーだけでも控えて帰らねばならない。彼は胸ポケットから手帳を出し、同じところからシャープペンを出そうと焦ったが、ペンは横になっていて、手袋の手で自由が利かなかった。

　その間中、ピーピーと警戒音は鳴り続け、拓也の額から汗が流れ続けた。ようやく取り出したペンで必死にメモし終わると、今来たところを引き返した。

　歩きながらこの三カ月間かけてやって来た一つ一つの作業について、胸の痛みを覚えながら反芻していた。何一つ手落ち②がなかったはずだ。本当に絶対なかったかと言われれば、絶対ないと確信できるだろうか？人間なんて迂闊なもので、まったく気が付かないミス、初歩的なミスということもあり得るのではないか？

　拓也たちは定期検査の間に、計測器を一つ一つ分解してウエスで拭き、磨

---

① 甲高い（かんだかい）：形容声音或音调高且尖锐。
② 手落ち（ておち）：方法和手续等存在的不足之处。漏洞。

第七章　藤林和子：《核电站的天空下》

き、摩耗①してないか、折れなどないか、凹などないか、目を凝らして入念に調べ、また丁寧に組み立てていった。作業は放射能を浴びることも多く、場所によっては十分からに二十分で一日分を使ってしまうこともあった。

　熱さと苦しさに耐える作業が三カ月続いて、後は軽く目視点検で終わるはずだったのだ。歩きながら足がもつれた。目で点検する限りでは放射能漏れは分かりそうもなかった。何がどうなっているか分からねば対策も立てられないし、修理も出来ず、運転再開も大幅に遅れるだろう。上からどんなことを言って責められるか分からない。運転が一日遅れると、どれだけの損失になるか考えているかと、上は苦り切って怒るだろう。

　考えれば考えるほど胸が苦しく、逃げ出したい衝動に駆けられた。しかし、現実に戻った拓也は、さしあたってこういう場合、どこに知らせるべきだったか考え、『放射能管理センター』へ足を向けた。

　彼は若い『放射能管理者』つまり、ホウカンの男を伴って現場へ戻ってきた。男は痩せた体を折り曲げて、拓也の指さすパイプを見つめた。その目は緊張のために飛び出しそうだった。男が懐中電灯型の放射能測定器を、顔の横から差し向けると、ビービーと激しい警戒音が鳴り続けた。二人は顔と顔を見合わせると、慌てて計装管を分けて外側へ逃げ出した。

　ホウカンの男と出口に向かって歩きながら拓也は考えた。

　本当に放射能は漏れているのだ。そしてそれは、原子炉の底部とインコアの繋ぎ目②のあたりらしい。目に見えない個所だし厄介なことになったなぁと思った。しかし、この時の拓也は困ったことだとは思ったが、それほど重大な事故だと考えることは出来なかった。

　その後、何日間も事故の原因追究のために、製造会社の関係者が多数出

---

① 摩耗（まもう）：（器械、零部件、工具等的）摩擦损耗。
② 繋ぎ目（つなぎめ）：两个物品的接缝处。

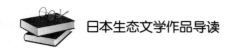

　入りした。漏れ出してくる水分中に放射能物質のコバルトとクロムが微量に検出されたが、漏れる原因が摑めなかった。
　技術者も何人か入り、長音波探傷試験装置などで繰り返し調査された。
　拓也は直属の上司として毎日彼らに付き合っていたが、事故原因はなかなか突き止められず、技術者はいらいらし、中にはもの問いたげに彼を見つめる人間がいた。彼らは拓也にこう言いたいのだ。
　「お前さんは現場人間だろう、分からないのか」と。拓也はその度に目を据えて、押し返してやった。
　「これは計器の故障ではない。だからオレが知らんで当然だ」
　そう心に繰り返し、つっぱり①ながらも疲れ果てて目をしょぼしょぼさせていた。
　立ち会っている時、パイプに胸を向けているとアラームが鳴ったが、背中を回すと鳴り止んだ。すると拓也は、放射能は本当に出ているのだろうかと疲れた意識の下でそちらを疑ったりした。
　放射能漏れが発見されて約七か月後、会社と国は事故の原因は「応力腐食割れ」と発表した。寮の階段の手すりが錆びて赤黒くなっていくのを拓也も見ていたが、同じようなことが、インコニアモニターハウジング内部のステンレス配管で起こっているという。ステンレス製のパイプは強くて固く、永久に破壊されるものでないと拓也も教えられていて不思議に思ったが、事実のようだった。
　原因は判明したが、次の修理方法について意見が分かれ一日一日と過ぎて行った。
　結局、漏洩しているひび割れ部分を、内側から別の管でカバーし、ひび割れそのものは捨てて置くという方法がとられることになった。修理そのもの

---

①　突っ張り（つっぱり）：頂上，支撑；頂棍，支柱。用力猛推。

第七章　藤林和子：《核电站的天空下》

に拓也は加わらなかったが、管の内側には放射能が充満しているから、溶接工などの身が危険にさらされたことが想像できた。一人十分でアラームメーターが鳴り、修理を終えるのに十時間かかるとして、延べ人員六十人の労働者が必要だったことになる。詳しいことを知るよしもなかったが、もっと多人数を使ったかも知れなかった。

　拓也の脳裏に築城のため巨岩を運ぶ人夫たちの姿が浮かんだ。ただし築城の場合は、太陽の下での仕事で放射能にやられる心配はなかった。またどんな姿で働かされているか、大衆の目に触れることが出来た。しかし原発の場合窓もない箱の中の、蟻①の巣にも似た労働現場で、炭坑夫と同じように外部の人の目に触れることがなく、世間には分からないところで、被曝しながらの労働が続けられていたことになる。

　ともあれ運転は再開され、拓也たちはまた日常的な点検に出入りし始めた。拓也には、あのひび割れのことが後になっても気になって仕方なかった。漏洩した一本と他の何十本と、なんら変わらぬ材質で出来ているうえ、高熱、高圧力に耐えている条件は同じであるから、機械全体が老朽化しているのではないか。その不安に怯えながら、目を凝らして点検して回った。

　自動車だって何万キロも走ると、あちこちと故障が起きて、そのうちあきらめて廃車にするのだ。まして原子炉は高温、高圧、放射能の痛めつけに耐え忍んでいるのである。

　さまざまに考えると、拓也は懐中電灯で器具類を照らしながらも、自分がこのまま炉底の密林に閉じ込められて、誰にも知られず廃棄される運命にあるのではないかと恐怖心にさいなまれた。それに時折り、こんな炉底に潜っているとき大地震が来たらどうなるだろうと不安にかられた。しかし運転が再開されて一週間も過ぎると不安な気持ちは消えて、また普通の気持ちで働

---

①　蟻（あり）：蚂蚁。

くようになっていた。

（二）

　何か物音がしているようだと拓也は必死に薄く目を開けた。彼はまだベッドで眠っていて、意識がはっきりせず追いかけられている感じであった。それは板戸をノックする音で、あきらめないで二度ずつ何回も繰り返されていた。

　拓也はやっと起き上がり、辺りの明るさから十時ころかと思い、目覚まし時計に目をやると十一時だった。日曜日の朝など誰も訪ねて来るあてはなく不審に思ってドアーを開けると、昭が笑顔で、

　「やぁー」と手を上げた。

　「おっ、昭か珍しい」

　ほっとした様子の昭は靴を脱ぎ捨て上がって来た。

　「お兄は絶対いると思って来たけれど、あまり静かなので留守かと思って心配したよ」

　「休みは昼まで寝ている。そこへ座れ」

　拓也は空いているベッドに置いている猫の絵のクッションを顎で示した。急いで服に着替え顔を洗いながら昭がなぜやって来たか考えた。きっとまた原発の危険性について話に来たのだろう。うっとうしい①気もするが兄弟とはよくしたもので、気分の悪くなることを言い合っても、それはそれで血の繋がった者の安心感というのか、心に喜びがあるから不思議であった。

　拓也は手鍋に湯を沸かしながら、昨日売店から買って来ていた食べパンをトーストに入れて焼いた。そしてインスタントコーヒーを二杯作り運んで来た。昭はコーヒーが出来上がるまで我慢していた様子で、カメラの入ってい

---

① うっとうしい：（1）郁闷；阴郁；沉闷。（2）〔わずらわしい〕厌烦，不痛快。

第七章　藤林和子：《核电站的天空下》

る横幅の大きい鞄から新聞を取り出した。そして赤鉛筆で囲った記事を指で示した。

　それは全国紙の夕刊であった。『静岡の松浜原発で冷却水漏れ』と、かなり大きな見出しがついている。拓也も新聞はとっているが地方紙であり、その記事について自分の経験以上のものは何も感じなかった。昭の示した新聞は活字の見慣れなさもあるのだろう、強い印象で迫り、説明しがたい不安が心をよぎった。

　拓也は素直に新聞を取り上げた。記事にはこうあった。

　『中央電力は定期点検中だった原発A1号機で、原子炉本体を納めている圧力容器下部のステンレス管取り付け部に冷却水がにじみ出ているのが見つかったと発表した。

　同原発によると、水をふき取って検査したところ、放射性物質のコバルトとクロムが微量検出されたが、漏れた放射線量については「ピコキュリー単位の微量なので計測していない」という。この管は直径五センチ。炉内の中性子を測定する計器を納めた「インコアモニターハウジング」と呼ばれるもの。同原発はこの事故で点検期間を延長、詳しく原因を調べるとしている』

　昭は拓也の目元を見ていて、彼が読み終えるのを確認して言った。

　「お兄は当然この放射能漏れのこと知っているでしょう。この中で兄貴が働いているんじゃないかと思ったらじっとしておれなくて、直接確かめに来たよ。この記事の中で放射能が微量だから計測してないとあるけれど、本当は線量が高くて発表できないから、知らないと言っているんじゃないかと思ってね」

　休む暇もあたえず、昭が迫ってくる勢いで喋った。寝起きの拓也は、頭を棒で搔き混ぜられているようで顔を歪めながら聞いた。

　そしてゆっくり言った。

「まあ慌てるな、たしかにそこでも働いているが、しかしちゃんと防護服着て入って、出て来る時は放射能の残留チェックして、青ランプがつかないと出してもらえないから、大丈夫だよ、現にこうしているじゃないか」

話しながら拓也は自問自答していた。あの事故のあとに時々赤ランプがついた時があり、裸になってシャワーを浴び身体中をこすって洗い流し、二度もそれをやってオーケイが出た時もあった。しかしそんなことは昭にすら言えない。それを言い出せば今の仕事を辞めるより方法がないのだから。

昭は不安な眼差しをさらに引き締める①ようにして言った。

「俺は素人だからよく分からないけれど、放射能の被害というものはすぐには現れなくて、半年後とか一年後に出て来ると言うんじゃないか。そして、その身体に異常が見つかった時は手遅れだって木村先生が言っていた。木村先生は何人もの原発労働者を訪ねていてよく知っているんだ。原発で一日か二日しか働かなかった人でも、体中がだるくなって動けなくなり、死んだ人の例を五人も六人も知っていると言うんだ。俺は配管工の安藤さんのことを聞いているし、兄貴が心配でしようがないよ」

トースターから飛び出した食べパンに、拓也はバターをゆっくり付けて一枚は自分の口にはさみ、一枚はそのまま昭に渡した。次のパンをセットするとベッドに戻って腰を掛けた。

「もう俺は責任ある立場になってしまって、いまさら辞めるわけにはいかないよ。入社して二年目くらいの時、俺が辞めたいと言ったらお前何と言った。親の面倒見るためにも仕事をあちこち替わらんでくれと、そう言っただろう。いまの仕事を続けているのを昭のせいだとは言わないが、もう辞める訳にはいかないよ」

「仕事を辞めるとか辞めないのでなくて、きちんと安全面で注意してい

---

① 引き締める（ひきしめる）：（1）勒紧，拉紧。（2）紧缩，缩减。（3）紧张，振作。

第七章　藤林和子：《核电站的天空下》

るかってことが心配なんだ。木村先生が訪ねて、寝たきりになった人の中には、マスクをすると苦しいから外して働いたり、放射能測定器を働けない年寄りに持たせておいて、ノルマをこなすために自分はひどいところで働いたという人もいるんだ。そんなことを続けていたら病気になって死ぬかもしれないということは教えられなかったそうだ。信じられんような話だけど、木村先生は足で歩いて確かめて写真に撮っている」

「そうだな一番下の下請けの下請けみたいなところは、何の技術もいらない掃除やゴミ運びをしているから、チリやほこりも多くて危険度も高いかもしれない。俺のところはやることも決まっているし心配しなくていいよ」

　拓也は昭の話を聞きながら、外の人たちの放射能に対する不安と、中で常時働いている人間との間にギャップのあることを感じていた。中の人たちは放射能があることに知らず知らず慣れてしまい、放射能を多く浴びることが、すなわち『仕事人』として尊敬の目で見られることであり、また本人もそのことで満足する。つまり生き甲斐①を感じているのだ。

　いったいこういう心理状態をどう説明したらいいのだろう。ここに原発がある限り一抹の不安を胸に秘めながらも何千人もの人間が働いている。また、もしここに原発でなく火力発電所があればそこで働いただろうし、拓也も原発が存在しなければ働けなかったし、まして建屋内が放射能で汚染されているなんて、入社前には知るよしもなかったことだ。

「昭、わざわざ来てくれてありがとう。俺もちゃんと注意するよ。俺がその新聞に出ているA1号機働いているなんて、親には絶対言うなよ」

「言わないよ、それに僕もしばらく家に帰っておらんから」

「お前、今なにして飯喰っているんだ」

　昭は拓也を見て、にやりと口元をほころばせた。その顔は色こそ日焼けし

---

① 生き甲斐（いきがい）：生存価値。活着的喜悦或幸福感。

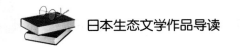

ていたが子供っぽさを感じさせ、拓也は兄として心配になった。

話の矛先が昭に回って、彼はちょっと見構えた様子で言った。

「僕は写真の勉強を続けながら、アルバイトにフランス料理店のコックをしている。真面目に腕を磨いて、そのうち本場のフランスへも行ってみたい。そして庶民の人たちが働いている姿を、顔の皺一本一本見えるほどのアップで写して歩きたい」

昭の話を聞いて拓也は、陽に当たることのない青白い顔を紅潮させて驚いた。

「コックなんて、お前はだいたい喰いものにあまり執着しなかったじゃないか」

「フランス料理はね、がつがつと大量に喰うのでなくて、小さな花びらの絵のような食べ物を口に運び、ワインを楽しみながら生きている喜びを味わうもの。それがまた何とも言えない魅力なんだ。僕が一流のコックになったら、本場のフランスへ渡って兄貴も招待するからね」

「昭は写真家になるんじゃなかったのか」

「両方やる。どっちにウエイトを置くかと言うと当面はフランス料理になるけど、写真をやるのも忘れないからね」

「やっぱり俺はお前が羨ましい」

「兄貴もやりたいことがやれると良かったのに」

「俺は漠然と原発に憧れていたんだ。いまさらどうしようもない。昭はお前らしく思いきりやればいいさ、俺も楽しみにしているから」

それから二時間ばかり話しこんで昭は帰って行った。

十一章　白血病

（一）

自分のベットで目覚めた拓也は、体を横たえたまま耳を澄ました。する

第七章　藤林和子：《核电站的天空下》

ともう振り出したのか雨音がする気配である。農家の離れ家に降る雨の音はどんな音であろう。寮での雨音は、ドラム缶を叩くほどに響いて聞こえたが、ここでは瓦屋根①に音が吸い込まれるのだろうか、とても静かだった。

　台風が近づいているのを昨夜のテレビニュースで知っていたが、風はまだ来ていない様子である。雨のせいだろうか、体がひどくだるく、起き上がろうとしたが、それさえ息苦しく、老人のようにベットに両手をついて体を起こさねばならなかった。それに腕や体が痒くて痒くて、パジャマ代わりにしているTシャツの下の両手を入れて掻きだした。すると もう手を止めることが出来なかった。痒い時は今までも時々あったが、少し掻いた後に我慢していれば忘れることが出来た。ところが今朝の痒さは異常だった。

　そういえばと拓也は脇の下を掻きながら思った。昨夜、一晩中、夢の中でのように腹や胸のあたりを掻き続けていたようだ。そのためか熟睡しておらず、今も体がだるく、頭の芯から首の後ろにかけて鈍痛があり、首をゆっくり回してみると骨がぎしぎしと軋むような痛みを感じた。これではカッパを着て雨に打たれ、自転車で出勤することなど出来ず、結局、光枝の勧める浜医大へ行くより仕方ないと、自分の体を情けなく②思うのだった。

　光枝から、浜医大へ行って血液検査を受けるようにと、町立病院で言われていると何度も注意されたが聞き流していた。とうとう身体の方が母の言うことを聞く羽目③になったのだと観念した。

　名古屋から清太郎が来て、四日目だった。

　その朝、彼は病院へ連れて行ってもらうため、清太郎の乗用車の助手席に背を丸め頭を低くして乗り込んだ。腰を下ろしながら東の空を見上げると、

---

① 瓦屋根（かわらやね）：瓦葺的屋顶。
② 情けない（なさけない）：可耻，可鄙，令人遗憾。悲惨，可怜。
③ 羽目（はめ）：困境，窘况。

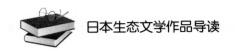

　黒い雲と灰色の雲が先を阿争って流れていた。反対の西の空は明るさを残しながら斑な雲が右往左往①していた。やがて強い雨が来て車の屋根に当たる音が強まった。

　ハンドルを握り締め、不機嫌②な顔でじーっと発車させるのを待っている清太郎をちらっと見た拓也は、目をそらして考えた。運転手が父親で息子が助手席では逆さまだ。病気が治ったら残業などせず、今度こそ自動車学校へ通おう。過保護息子もいいところだ——と自分自身に腹を立てていた。

　さきほど、拓也は光枝とちょっと言い争った。光枝が医大へ付き添って行くと言うので拓也はつい声を荒げて断った。

　「止めてほしい、幼稚園児じゃあるまいし。おててつないで親子三人出かけるなんて」

　と腹に力の入らない声で、それでも必死な気持ちで抗議すると光枝は言った。

　「病気の時はついて行くのが当り前よ。それにこの前、町立病院でもらった紹介状も持って行き説明も聞きたいし、雨に濡れるのもよくないから」

　その光枝は、背中を見せて玄関に鍵を掛け傘を手に持ち、転げるように走って来て後部座席に潜り込んだ。そして車のドアーをバンと音を立てて閉め、肥った体のせいか、はあはあ言った。車が動き出し、拓也は浜医大へ初めて行った時のことを思い出していた。それは清水を見舞った時であったが、あの見舞いは尚美と一緒で、幸せな気分だった。まさか自分が病人として、父親の運転する車で同じ道をたどるなんて考えてもみなかった。

　雨の中を清太郎は黙ったまま運転し一時間余りで医大の大きな建物が目に入ってきた。

---

① 右往左往（うおうさおう）：惊慌失措，东奔西窜，慌慌张张的混乱状态。
② 不機嫌（ふきげん）：心情不好，不快，不痛快。

第七章　藤林和子：《核电站的天空下》

　　拓也は医大へは送ってもらうだけで、時間のかかる診察、薬もらい、会計など全部自分で済ますつもりだったが、駐車場から建物まではかなり離れていた。それを考えると、歩くことが出来そうに思えず結局、病院の玄関に車を横付してもらい、雨の中を車から降り、泳ぐようにして歩き出した。光枝が後ろから慌てて傘を差しかけて来たが、口を尖らし無視して待合室へ入って行った。そして一番手前の椅子に倒れるように座り込んだ。

　　待合室は駅前のように混雑していた。何と大勢の病人がいることだろう。拓也はうつろな心で薄目を開けて人々を見ていた。そんな中で光枝が拓也の代わりに、小走りに受付へ行こうとするのが目に入った。彼は親に面倒を掛けていることを面映ゆく思いながらも、どうしようもなく、目をつむりシャツの上から痒い所を人目に触れぬよう気を遣いながら掻いていた。

　　長い長い時間待たされていると思った。その間、何番から何番というマイクの声をうつらうつらと聞いていた。拓也の横に、車を駐車場に置いて来た清太郎が一言も喋らず難しい顔を前に向けて座っている。彼は時折、父親の横顔を盗み見た。こんな風に間近に、しかも相手が見られていることを意識していない状態で見るのは初めてだった。

　　父の頭髪の額の生えぎわ辺りが、思わずはっとするほど真っ白に変わっている。それを見ると若い自分が病気などしていられないと思うのだが、身体が思うように動いてくれないのが悔しく、何を考えてみたところで致し方のないころだった。

　　光枝が腰かけている人や歩いている人の間を縫って拓也を迎えに来た。彼が診てもらうのは皮膚科だろうと考えていたが、血液内科へまわれと言われたという。血液内科は雑踏[①]からはずれた奥まった所にあり、何か特別な場所

---

① 雑踏（ざっとう）：大量聚集的人群，人堆儿。

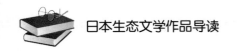

という印象を受けたが、今は身体が辛くて深く考える余裕①などなかった。

　彼は情けないと思いつつも光枝の肩に手を掛けなければ歩けないのだった。診察室へ入り、医師の前で胸のシャツを上げると、若い医師は、ほおーという仕草で眼鏡の目を丸くした。

　「これはひどい、痒いでしょう」

　同情した声で言った。全身に赤いぽつぽつ②が出来て、それが原因で痒いのだろう。彼は何も悪い物を食べた覚えがないのだが、どうしたのだろうと訝しく思うのだった。

　このころになると熱も出て来たのか顔が熱く腫れぼったく感じられ、同年配の医師と顔を会わすことさえ恥ずかしく、無意識に顔を横向きにしていた。

　「もう一度血液検査をしますが、あとで痒み止めの注射をしましょう」

　拓也の身体の具合がよほど悪かったのか、それとも紹介状のせいか、医師はカルテを人差し指でコツコツ③叩いた後で、自分の鼻の下を人差し指でこすり、彼とカルテを交互に見て言った。

　「町立病院へ行った後、すぐこちらに来れなかったのですか。だいぶんよくないようですので入院と加療が必要ですね」

　だいぶんよくないというのもおかしな言い方だと拓也は思いながらも、入院と聞いて心の準備が出来ていなくて戸惑った。仕事の段取りを付ける時間が欲しいと考え、入院は明日の昼からにして下さいと頼みこんだ。

　「伊藤さんは仕事と身体とどちらが大事ですか。まあそんな難しいことを言っても現実は厳しいということですね」

---

① 余裕（よゆう）：富余；充裕，（态度）从容。这里指没多余的心思或时间（考虑）。
② ぽつぽつ：散乱的许多小点和颗粒。稀稀落落。
③ コツコツ：咯噔咯噔；咚咚地。指硬物互相接触时发出的声音，如敲门声或走在马路上的脚步声等。

第七章　藤林和子：《核电站的天空下》

　　医師は苦笑した顔で許可してくれた。

　　帰りの車中の拓也は、助手席の椅子を倒して横たわり、目をつむってぐったりしていた。ふと目を開けるとちょうど倒した椅子のため、真横に光枝の顔があった。光枝は声を出さず泣いていて、流れ落ちる涙をハンカチで押し留めて、前方を凝視していた。それに気づいた拓也は、心に痛みを感じながら思った。——と言うことは体の具合が相当悪いのかな、もっとも母は涙もろいが——彼は自分から何も尋ねる気持ちにならなかったが、医師に最後に呼ばれて話しを聞いたのは光枝だった。

　　医師は母に何を言ったのだろう。注射のせいか拓也は、眠気①に襲われながら自分のことより泣いている母を気の毒に思った。

　　車窓には時折、激しく雨と風が吹き付けた。誰も喋らず、大海で嵐にあった小舟のように不安な空気が車の中を支配していた。

　　次の日の朝、拓也自身の体が軟体動物になっていしまったようで起き上がることもできなかった。痒みは消えていたが熱が出て体中から汗が吹き出し、首を回して何か拭く物がないかと探したが何もないので、パジャマ代わりにしているＴシャツの裾を引っ張って額の汗を拭いた。会社の仕事が始まる八時少し前に光枝が障子②を開けて様子を見に来た。

　　拓也は会社へ電話を入れるため、渾身の力を下腹に入れて起き上がり、光枝の肩を借りて一部屋通り台所に来た。そして光枝が引っ張って来た椅子に物を置くように座ると、電話を見詰めてしばらくじっとしていた。

　　彼は「休ませて下さい」と言いたくなかった。昨日、医大から帰ってすぐに電話を入れなかったのが今になって悔やまれた。仕事について今日の段

---

① 眠気（ねむけ）：睡意，困意。
② 障子（しょうじ）：和式建筑屏障或间隔用具的总称。这里指间隔房间用的推拉式糊纸木制窗门。

日本生态文学作品导读

取りを組むためにも昨日のうちに連絡すべきだった。しかし昨日は苦しくて思考力を失っていたのであるが、そんなことは忙しい現場の状況を考えれば言い訳に過ぎないだろう。

現場はＢ号機の定期点検中だった。リーダーの拓也が抜けることで一組五、六人の仕事ができないことになり、誰かが嫌な残業を強制されることになる。

考えているとどうしても受話器に手が伸ばせなかった。しかし時間は過ぎていき、もう八時になろうとしている。八時になると皆いっせいに表へ出てラジオ体操を始めてしまうのだ。彼は焦りながら嫌々受話器を持ち上げた。

電話には土井が直接出た。何か別の人と喋りながら「もしもし」だけはこちらに言った。忙しさに怒っている感じの土井に、拓也は焦って医大での経過を説明し、検査入院のために休ませて欲しいと頼み、今も熱があると付け加えた。

「そうすると何日休むことになるね」

と土井はきいてきた。「体の具合はどうかね」とは言わなかった。何日休むかと言われても、彼自身も入院がどれだけになるか皆目分からなかった。しかしこの雰囲気①から何日になるか知りませんと言えなかった。

「多分、三、四日だと思いますが」

「あ、そう、こちらも困るから一日でも早く切り上げてくれような」

そこで忙しげに電話は切られた。拓也はとりあえずほっとして、次に土井の言ったことを思い出し苦笑して鼻の先を指でもんだ。早く切り上げてくれか、まったくそう願いたいもんだ。病院なんかにいるより仕事している方がいいに決まっているのに。

その日の昼からまた清太郎の運転する車で拓也は入院した。

---

① 雰囲気（ふんいき）：气氛，氛围。

第七章　藤林和子：《核电站的天空下》

　　昨日と同じように台風の前の雨が時折激しく降ったり止んだりしていた。

　　待合室で長いこと待たされて案内されたのは、建物の中ほどにあるエレベーターに乗ってのぼって行った九階だった。

　　彼が意外に感じたのは、病室が大部屋でなく看護婦詰所[①]とは斜め向かいの個室だったことだ。拓也はパジャマにゆっくりと着替えた。パジャマは光枝が午前中にあわてて買って来たもので、青い縞模様で糊がついたままだった。彼は着替えながら窓から地上を見下ろした。すぐ下の道路一本隔てた向こうに、黄色い土を見せたテニスコートとサッカー場が雨に打たれていた。今日は雨で誰もいないが晴れ上がった秋の日になれば、きっとテニスボールの弾む音や、女の子の黄色い声が聞こえてくるだろう。それにサッカー場では若者たちのたくましい疾走が見下ろせるだろう。ここは病人にとってはつらいところだと思った。テニスコートの左上が駐車場になっていて、遠くに目を移すと遠州灘[②]の松林だろうか青緑っぽく、もやに霞んでいた。その手前は街並みで家々やビルなどが見渡せた。

　　光枝はベッドにかけられたシーツの皺を伸ばしたり、ティシュ箱を出したり、洗面器やコップを並べたりしていた。清太郎は腕組みして入口の壁にもたれ光枝のやることを眺めていた。拓也は着替えを済ませると、窓から目を離し光枝の顔を覗き込んで言った。

　　「おふくろ、個室は高いだろう、俺は大部屋でもいいのに」

　　「それがね、先生が説明してくれると思うけど、なんでも個室でないといけないらしいの、昨日そう言われたから」

　　それを立ち聞きしたと思われるタイミングで、さきほどこの部屋へ案内し

---

① 詰所（つめしょ）：在工作时间内，特定人员聚集的地方。执勤室，值班室。
② 遠州灘（えんしゅうなだ）：从静冈县御前崎到爱知县伊良湖岬一带的海。因为风浪大，港口少，所以在帆船时代是个难以通过的地方。

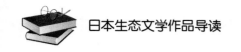

てくれた、細面の痩せた若い看護婦がせかせかと肩を振って入ってきた。

「それでは伊藤さん、支度が出来ましたら休んで下さいね。先ず熱を計って下さい。この体温計を置いて行きますから。五分ほどしたらまた来ます。その時は血圧も測りますから、もうベッドに横になって動かないで下さいね」

熱を計る五分が待てないのだろうか。胸にバインダーを抱えて肩を振って部屋を出て行った。

「なんだか先が思いやられるね」

光枝は清太郎を見てつぶやきながら、清太郎のために壁に立て掛けてあったパイプ椅子を広げて勧めた。ベッドに横になった拓也は体温計を脇の下へゆっくりと持って行き挟んだ。目を見開くと天井は黄ばんでいたがやはり白いというのだろう。壁も白くドアーも白く布団も白くカーテンも白い。拓也は重い病気にかかってしまったことをひしひしと感じた。

もう光枝とも会話をしたくなかったが彼女は言った。

「看護婦さんが忙しそうで心配だけど、総合病院だから安心しなくては」

清太郎が答えた。

「今はどこの病院も看護婦不足というから、さっきの看護婦が落ち着きがないと思っても仕方ないだろう」

そう言っていると当の看護婦が、開け放してあるドアーから小走りに入って来た。彼女はベッド半分に近づくと、手を伸ばし指を交互に上下させながら体温計を催促した。

「熱がちょっと高いですね。それでは血圧を測ります」

胸に抱えていた血圧計と、むかれたりんごの皮の形をした鼠色の布を、彼の手に巻きぴたりと密着させた。そしてせかせかとポンプを押した。なんと気ぜわしい看護婦だ、ため息まじりに拓也が思った。

第七章　藤林和子：《核电站的天空下》

　　入院時の用事がすべて終わり清太郎と光枝が帰って行った。五時ごろ回診①があった。医師は昨日の若い人でなく、歳は五十歳くらいで背が低く、頭がはげていてあご髭もなくつるつるした顔に穏やかな笑顔があった。そして腹も出ており、その腹を拓也のベッドの上にのせるようにして彼の脈を測りながら、

　　「伊藤さんはまだ病名がはっきりしないから、解熱剤②を飲んで点滴③をしましょう」

　　と言った。自分の入院が何日になるかということが、拓也のさしあたって気になることで、彼は思い切ってそれを訊ねた。

　　医師は少し笑い、ゆっくりと言った。

　　「病人は治ることが仕事、会社は二の次がね。どちらにしても明日にならぬと何の病気だか分からないし、分からなければ見通しも立てられず入院の日数も不明だね」

　　医師が出て行き一人になると急に強い不安を覚えた。母や父が側にいる時には感じたことのない胸に突き刺さってくる不安だった。なんお病気だろうか。風のようでもあるが、そんな些細なことで入院させはしないだろうし、個室を指定されたことも重病人になってしまった感情を抱かせた。

　　その不安はドアーのノックによって中断された。さきほどの若い看護婦が点滴用のビニールに入った液体袋を無造作に手にぶら下げて入って来た。彼女は点滴の台を、物干しさおをつかむようにして部屋の隅から引っぱりながら言った。

　　「さっき言い忘れて御免なさい、私、斎藤といいます。よろしく。それ

---

① 回診（かいしん）：医生在医院里巡视病房给病人看病。巡诊。
② 解熱剤（げねつざい）：退烧药。
③ 点滴（てんてき）：静脉注射，打点滴。

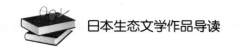

から点滴するとトイレに行きたくなりますから、途中では困りますので、今のうちに行って来てください」

　拓也は今のところ尿意を感じなかったが仕方なく起き上がろうとした。だが、背中がベッドから離れてくれず、力を入れようとすると額から冷や汗が滲み出て来た。

　それを察してか、斎藤はすうっと近寄って背中を抱き起してくれた。拓也は情けなくて心臓が激しく打ち出したが、彼女の自然な動作と、自己紹介は気に入った。彼はゆっくりゆっくりスリッパを引きずりながら用を済ませてベッドへ戻り、両手を先について横になった。

　拓也は注射のために左手を投げ出し用意した。そしてこの看護婦も俺の血管には一発で注射を打てないだろうと思った。彼の腕は太くそのためか血管が皮膚の奥に隠れていた。これまで定期検診時に何度も針を刺され、針の先に血が出てこないと、そのまま方向を変えて血管を探され、痛い思いと嫌な思いをしてきた。そのせいもあって、拓也は注射されるくらいなら死んだ方がいいと日頃は冗談を言っていた。注射を意識しすぎるせいか針を刺される瞬間、腕ではなくて心臓に突き刺さるように感じるのだ。

　斎藤はかがみ込むと左手で彼の手首を掴み少しの間観察し、たがて（？）右手を載せて血管の上をさすったり叩いたりした後脱脂綿で消毒した。

　「さあ楽にしてください、少し痛いですよ」

　その声が聞こえた時には、もう針の先へ血が通り、見る間に液体は赤い色からいも虫の汁のような黄土色に変わり——ああもう血と液が混じり合っている、と、この看護婦に目を見開く思いだった。拓也はそれだけで不安の半分が消えた。

　「一時間半ほどじっとしていてください。針が抜けると困りますから。何かあったら頭のところのブザーを押してください」

第七章　藤林和子：《核电站的天空下》

　そう言いながら斎藤は注射針に点滴のコードを付け替え、手の甲にあらかじめ用意していたテープで針先を固定した。看護婦が去ると彼は、水が漏洩①するのに似て一滴また一滴と落ちる液を見つめながら、改めて自分の病気はなんだろうと考えた。トイレへ行くのに起き上がれなかったことが気になったが熱のせいだろうとも考えた。

（二）

　次の日の昼食後に、拓也は三種類の色の違う錠剤②六個と粉末の薬を、量の多さに苦しみながら飲んだ。錠剤の中には小さいボタンほどの大きさのものもあり、湯飲み茶わん一杯の水では喉の入口あたりにつかえてしまい、その感じがなかなか消えなくて気分が悪かった。

　夕方の回診の時、昨日と同じ頭のはげた年配の医師は胸に原田のネームをつけ、少しくたびれた白衣を着て、やはり腹をベッドにのせる感じで、拓也の脈を測りながら穏やかに言った。

　「伊藤拓也さん、あなたの病気は骨髄繊維症③です。骨の中が繊維のようになりかかっているのです。とにかく白血球が多いから、それを抑える薬をまず使います。薬の量が多くて飲みにくいと思いますが必ず飲んで下さい。それから点滴もして様子をみますから」

　念を押すように二、三度頷いた。一般的に患者がそうであるように、拓也も治療や薬と投薬については先生まかせの気持ちが強かった。それで医師がどんな気持ちで物を言っているかなど探ってみる考えなど浮ばなかった。ただどれほどの入院が必要であり、会社へ出て行けるのがいつになるか気に

---

① 漏洩（ろうえい）：泄漏。
② 錠剤（じょうざい）：直接将药品或加乳糖等适量添加剂，压缩成一定形状，便于饮用。药片。
③ 骨髄繊維症（こつずいせんいしょう）：骨髓纤维化症。一种由于骨髓造血组织中胶原增生，其纤维组织严重地影响造血功能所引起的一种骨髓增生性疾病。

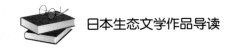

なっていた。

　それを訊ねると原田医師は、二重瞼①の重そうな目を押し開けるようにして首を傾けて言った。

　「まず病気の内容から考えて一ヶ月の診断書を出しますからね。とにかく薬をきちんと飲んで、速くよくなるように頑張って、私も力を惜しまないからね」

　一ヶ月の休暇が必要と聞いて、拓也の気持ちは暗くなった。しかし身体の重さから考えて頷けないことでもなかった。原田医師の人のよさそうな微笑みが、拓也の心を少し安心させ、あきらめの心境になりつつあった。けれども一人になると拓也は深いため息をついた。彼の一番の心配は会社に出て行かれないことにより、草野や他の人に負担のいくことだった。定期検査に入ると未経験者の日雇いの人を四人も五人も使い、計装管を引き出すだけでも手間取った。

　その現場には放射能が充満しているから、一人の監督がいつも手取り足取り説明し見張っている訳にはいかないのだ。しかし結局、素人②集団の中では逃げ出せず、放射能を多く浴びてしまう羽目になる。そんな現場を知っているために休むことが気になり、精神的な負担になって、ベッドで横になっていても何か怠けているようで心苦しかった。

　二日目も昼食後から点滴があった。その間、いつの間にかうとうとしていたのか恐ろしい夢を見て、点滴をしている腕をぴくりと動かしてしまい目が覚めた。彼は冷や汗を流しながら注射の針先を見つめ、外れていないかどうど確認した。

　夢はあってはならない事故の場面だった。赤服を着て炉底の下にもぐり

---

① 二重瞼（ふたえまぶた）：眼皮有褶皱，变成双层。双眼皮。
② 素人（しろうと）：外行；业余（爱好者）。

第七章　藤林和子：《核电站的天空下》

　全面マスクをして三重にはめた手袋の手に、計装管を握って力を込めて引っ張った。すると管の抜けた穴からシューと白い液体が吹き出て来た。ビービーと放射能警告のアラームが激しく鳴った。アラームはさきほどから鳴っているようだったが、不思議なことに今日の現場には彼がひとりきりで、作業遂行を焦っていたので、警告音を無視して作業を続けていたのだ。

　彼は管を手放さず握ったまま逃げようとした。しかし鉛の靴は重く、そして点検中の炉底の下にはビニールが敷かれ、さまざまな部品や工具や、電気のコードが伸びており、それにつまづいて転んだ。

　噴き出してくる蒸気が単なる液体なのか、それとも放射能を多量に含んでいるのか、目の前が真っ白になり、霧に覆われたように何も見えなくなった。彼はマスクのために自由の利かない口で「助けてくれ！」と叫ぼうとしたが声すらあげることが出来なかった。それでも「助けてくれ！」と何度も悲鳴に近い声を上げてその自分の声で目が覚めたのだった。

　彼は額の冷や汗を手で拭った。夢とはいえ、原子炉底にたった一人だったせいか、目覚めた後も強い孤独感に襲われた。口の中にじわじわと生つばが広がっていき、病室の白さが気味悪く、彼自身が白い石棺に入れられた死人という感じがしてきた。上向きで見つめている天井も、じわじわと下がって来て、押し潰されてしまうような錯覚に襲われ恐怖心がつのった。

　彼はカバーのついた毛布を顔に引き上げ、こんな所にいたくないと強く思った。自分の家の居心地のよい部屋で母の声や近所の人や、犬の泣き声の聞こえるところで、ゆっくり体を休めたい。そう思いながら毛布を顔から外し、涙を滲ませ点滴の落ちる一滴一滴をじっと見つめていた。窓の外では足ののろい台風が吹き荒れ、時おり窓ガラスに雨を叩きつけ、水滴となって流れ落ちていた。

　三日目の朝、拓也は目覚めると熱を測るより前に手を上にして、パジャマ

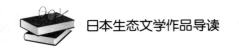

から出ている皮膚を観察した。赤いぷつぷつが点から面に薄くなりつつあるようで嬉しくなった。そして熱も下がっているのだろうか、気分が良くなっていた。

　午前中に血液検査のためと再び血を抜かれた。彼は斉藤看護婦の手の中に握られた注射管の中へ自分の血が流れ込むのを見て、その血をたまらなく愛しく感じた。彼の見ている赤い血に、何の変わりもないというのに白血球が多いというのが不思議だった。

　同じころ、光枝と清太郎は浜医大の血液内科へ呼ばれていた。原田医師の前に光枝が勧められて腰を下ろし清太郎は後ろに立っていた。普段は温厚だろうと思われる原田の顔は今は厳しく、彼の背後に若い医師が二人、こちらも口元を引き締めて立っていた。

　光枝はただならぬ雰囲気を感じ足が震え、心臓が激しく打ち出していた。そんな中で拓也の病気は、町立の医師の診断に残念ながら誤りがなく『慢性骨髄性白血病』、つまり血液のガンと告げられた。

　この病気は治癒せず、この先長くて二年か、三年の寿命、いや他の病気を併発させるようなことがあればもっと短いかも知れない、と原田は苦渋に満ちた顔で言葉をついだ。

　光枝はめまいを感じ清太郎の手を探ってつかんだ。拓也があと二、三年の命なんて信じられない。光枝が呆然としている中で原田は義務感からか絞り出すように言葉を続けた。

　「本人には骨髄繊維症と、前の町立の先生が言ったとおりに伝えてあります。とにかく今日明日にどうのと言うことはありませんし、半年くらい後には会社復帰も出来ます。ただ完全治癒が困難なのです。むろん私たちはできる限りのことはします」

　光枝は何を考え何を言っていいのか、空白の時間が長く続いた感じがし

第七章　藤林和子：《核电站的天空下》

た。頭の上で清太郎の声がした。

「この病気が治癒しないというのは、今飲んでいる薬が効かないということなんですか」

「そうです。白血病は血液のガンですから、今はまだガンの特効薬はないのです」

「では何の為に飲ませるのです。飲む量も多くて苦労しているようなんですが」

「それは病気の悪化を抑えているのです。現に一回目の検査の時は八割がた悪い白血球がありましたが、今はだいぶん減って来ています。ただ病気の白血球を全滅させることができないので、そのうち薬が効かなくなります。私どもは一日でも長く薬が効くように努力しますが」

光枝はようやく気を取り直して口を開いた。

「先生、あの子はまだたったの二十六ですよ、高校を出てすぐ松浜へ来て、ただ働いていただけですよ。何も悪いことはしていません、助けて下さい」

光枝は泣きながら叫ぶように訴えた。その光枝の肩に手を置いた清太郎は、力を込め揺すりながら言った。

「落ち着いて、しっかりしなさい。それで先生、今飲んでいる薬以上に、例えば保険外の高い薬でよく効いて全治[①]するものはありませんか」

「ガンの場合、今はまだこれと言ったものはありません。ある種のワクチンがいいという話もありますが、それで全治したとは聞きません、残念ですが。しかし研究も進んでいますから、出来るだけ延命し、よい薬が発見されるのを待ちましょう」

清太郎はなおも口を開きかけたが、あきらめて肩を下げた。そして二人

---

①　全治（ぜんち）：病、伤等完全治好。痊愈。

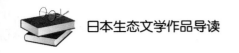

は力なく血液内科を辞した。清太郎の運転する車は赤信号をも落としそうになったり、白線をオーバーして止まったりした。しかし光枝自身が深い思いの中にいたので何も感じなかった。

　光枝はこの先、息子との間に秘密を持って暮さねばいけないことを苦痛に思った。どちらかと言うと、素直な感情が表に出てしまうと分かっている光枝にとって、秘密を持つことは、破裂寸前①まで空気を入れてしまった風船を抱えているのにひとしかった。

十四章　原発に続く青い空

（一）

　バスから降りた光枝は自転車に乗り換えて、焦る気持ちでスーパーに寄り、家に向かった。生け垣②をまわる前から犬の吠える声が聞こえた。

　パルの泣き声だ。最近かまってやれないでいるが、どうしたのだろうと光枝は不安に思った。水路の橋にさしかかるとパルが狂ったように吠え立てて暴れ、鎖ががちゃがちゃ音を立てた。胸騒ぎを覚えた光枝は、犬を無視して自転車を止めるのももどかしく、買い物袋を持ち上げると玄関の戸を開けた。家の中は真っ暗であった。彼女は急いで壁にある玄関と門灯のスイッチを押した。

　「おとうさん、おとうさん」

　叫び声に近い不安な声を出しながら台所の戸を開けた。

　「おとうさん」

　光枝は声を落とし、台所の電気のスイッチをつけた。清太郎はテーブルの上で頭を抱え込んでいたらしく、顔を上げ両手をだらりと下に垂らした。

　「おとうさん、電気くらい点けてください。びっくりするじゃないで

---

① 寸前（すんぜん）：临近，眼前，眼看就要……的时候。
② 生け垣（いけがき）：绿篱，灌木篱笆。

第七章　藤林和子：《核电站的天空下》

すか」

　首をゆっくり回した清太郎は、ぼんやり①した目で光枝を見つめて行った。

　「原子力発電所から明かりが来ていると思うと、拓也の命を電気に替えているようで怖くて点けれないんだよ」

　咄嗟②に言葉を失った光枝は、しばらく清太郎を睨んでいた。そしてため息まじりに低く言った。

　「それでもどうしても電気はいるんですから、無駄に使わず感謝して、最低に使わしてもらいましょうよ、真っ暗では何もできないから」

　「俺らはこれからどうなるだろうと考えていて、暗くなったことに気がつかなかったんだよ」

　「どうなるなんてぐずぐずしたこと言わないで。拓也も一生懸命頑張っているんだからおとうさんもしっかりして下さい」

　光枝は両手を振って叫んだ。何の前ぶれもなく急に悲しみが押し寄せて涙が溢れた。光枝は気弱なことを言う清太郎をひどく憎らしいと思った。テーブルにある新聞紙でも台布巾でもなんでもいい、物を投げつけたい衝動にかられた。

　けれども清太郎を睨んでいて、そんな気持ちになるのも無理のないことと思えてくるのだった。光枝自身絶望しかけたことが何度あったことだろう。その都度、親が希望を失っては拓也が余りにも可哀想だと、一生懸命看病して絶対に快くならして見せるから——そう自分の心に鞭を打って耐えて来た。それにしてもこんなギリギリに踏み留まっている時、父親としてもしっかりして欲しい。

　光枝は不満な気持ちを、清太郎に聞こえないように唇でつぶやきながら流

---

① ぼんやり：模糊，不清楚，恍惚，神情呆滞。
② 咄嗟（とっさ）：瞬間，立刻，刹那間；猛然。

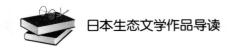

し台に立ち、スーパーの袋から豆腐や葱をとりだして味噌汁を作りにかかった。そして、清太郎を振り向くと明るい声で言った。

「もうすぐフランスから昭が帰ってくるじゃない。元気を出してパルを散歩に連れて行ってきて下さいよ」

昭が帰国すると考えた光枝は、自然に心が晴れていった。何か少しでも明るい道を、昭なら見つけてくれるかも知れないと期待していた。昨年の拓也の入院時は、昭は結婚してパリに行ったばかりだったこともあり、心配かけまいと知せなかった。しかし、今回はすぐに長い手紙を昭に書いた。彼らのアパートの部屋には電話がなかった。拓也本人に本当の病名を知らせるべきか、そして骨髄移植を考えるべきか、すぐに帰国してほしいと旅費も送金した。

返事は早達で届いた。旅券が取れ次第帰国すること。病名については昭から話してよいこと。骨髄移植についてもっと詳しく医師に相談しておくこと。また、名古屋の国立病院へ替わった方がいいのではないかとあった。

名古屋の大きな病院へ移りたいと光枝自身も考えていた。拓也の病気が治らなければ松浜に住む理由は何もない。長年住み慣れた市営住宅から看病に通った方が、近所の友達も助けてくれるだろう。市営住宅に住む隣の鳥元や、下の階の内田を思いだして久しぶりに心が動いた。

（二）

帰国した昭は、拓也の枕元のパイプ椅子の掛け、病人の手を握りしめていた。

穿き古したジーパンに赤い綿のポロシャツ姿の昭から、陽の匂いと埃の臭いが立ちのぼっている。

「気をつけてとあれほど言ったのに、残念だしくやしいよ。こんなになる

第七章　藤林和子：《核电站的天空下》

までわからなかったのかい。何とかしなければこん状態ではいけないよ」

「おれもくやしいが何ともならないなぁ。おふくろには知らない振りしているけど、骨髄繊維症でないことは分かっている。白血病だと思うんだ。おふくろも先生もはっきり言わないから無理に聞き出すことはしてないが」

力のない拓也の言葉に対して、少し時間をおいて昭は言った。

「その病名のことなんだけれど、おふくろさんは自分の口から言えないと苦しんでいた。もう町立病院へ行った時には知らされていたそうだ。それからずっと悩んでいたそうだけど、僕にも黙っていて今度初めて相談してきた。僕は本人に早く告知して一緒に病気と闘うべきだと言ったんだけど」

かすかに頬の皺を動かして拓也がこたえた。

「おふくろの気持ちになってみれば解らないことないよ。あの人は古い人間だし責める気はぜんぜんないんだけど、ただこのまま快くならないのはたまらんなぁ」

「そうだよ、何とかしようよ。白血病の治療として骨髄移植というのがあるんだ。名古屋へ帰って名大で骨髄移植の手術を受ける手続きをしたらどうだろう」

拓也はしばらく昭を見つめたあとで、何も答えずゆっくりと壁側の空気清浄器に顔の向きを変え低い息を繰り返した。彼はもう手遅れではないかと思っていた。本で読んで骨髄移植の知識を漠然とは持っていたが、簡単なことではないようだった。

透きとおった蠟人形①のような拓也の頬の骨格がはっきり見える。男としては肉付きのよいぽっちゃりとした顔だったが、人相が変わってきていた。

「僕がもっと早く来ればよかった。今思えば最初に松浜原発の寮を訪ねた時、仕事を替わるよう強く勧めて、名古屋へ戻っていれば良かったのだ」

---

① 蝋人形（ろうにんぎょう）：蜡像。

　拓也はまたゆっくり昭に顔をもどしながら、

　「何とも言えないよ。原発で同じように働いていても元気でやっている人は多いし、昭が気にすることはないよ。それよりかフランスのパリっていいところかい」

　低い声をやっと出した感じで白く爛れた唇を動かした。

　「いいところっていうかな？あそこにいると人間といってもさまざまな人種があるとつくづく感じるよ。黒人、白人、東洋系の人間、日本では見られないすごく背の高い人、太り過ぎで苦しそうな人などさまざままで驚くよ。しかし帰って来て日本人の人混みの中に混じって、肩や手をぶっつけ合って歩きながら、懐かしさに笑いが込み上げて来たけど、一方でなんかこれでいいかなとも思ってしまうんだ。それは何だろうね、同じ民族で同じ顔して、しかしそのことにも気がつかないで、てんでばらばらに何考えているか分らなくて、つまずきそうに早く歩いて、そしてお兄のように若くても病気になっている人がいるということなどに考えの及ばない人たちの存在——」

　昭が喋り続けていると、また拓也は壁側に顔を向けて苦しそうな息を続けた。昭は悪かったと気がついて黙り込んだ。

　ジーパンに赤い綿のポロシャツ姿の昭は髪にパンチパーマをかけて、カメラを担いではいなかったけれど、芸術家らしい雰囲気を漂わしていた。彼は両手をジーパンにすり付けて、掌を拭くようにしてから、立ち上がると光枝がやっていたように掛け毛布をよけて拓也の足をさすった。足の向こうずねのところは骨が出張っていて、ふくらはぎの肉が落ちて皮ばかりが透き通っている。昭は思わず涙が込みあげて、声を出さぬような気を遣って足を撫でた。

　昭は日本への帰国が遅くなったことを心の底から後悔していた。フランスで彼は料理店に勤めていた。そして休日ごとにさまざまな庶民の暮らしぶり

第七章　藤林和子：《核电站的天空下》

を写して歩いていた。

　妻の絵美はモデルになりたい夢がかなって生き生きと働いていた。ただ彼女の仕事はいつもあるとは限らなかった。パートのモデルで賃金が安かった。それに仕事に出るたびに幼い娘をベビーシッターに預けるので費用もかさみ、二人はいつまでたっても貧乏だった。

　日本へ家族で帰国できる余裕もなかった。今回、光枝の懇願[①]と費用の負担で妻子を残して昭だけ帰国したのだった。

　拓也が目をつむったので、昭は話しかけるのをやめ、パイプ椅子に戻って音を下げたテレビを見ていた。ところがそのテレビの内容に思わず椅子をずらして覗き込んだ。

　「お兄！お兄！見てみろ」

　小声で叫んだ昭は拓也の布団を揺すった。

　テレビ画面上に、取材記者が報告している内容が原発問題だった。

　それはある元原発労働者が放射能被曝にあい、労災認定を国に認めさせようとしているというものだった。取材に応じた人は、はっきり自分の名を名のり、原発労働者に放射能の被害はないと言い切る、国や電力会社を嘘つきだと告発していた。

　画面に出ているその人は、原子力発電所でウランやプルトニウムなど放射性物質を扱っている以上、それらが流れだしたり、付着していたりして働いている人間に、被害があるという方が当たり前で、絶対危険がないということこそ危険だと告発していた。

　「お兄、見たか、やっぱりお兄だって危険な所で働いていたんだろう。絶対におかしいよ、お兄は僕なんかよりよほど丈夫で頑丈な体だった。このま

---

①　懇願（こんがん）：恳求，恳请，恳乞。

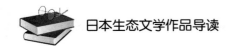
日本生态文学作品导读

まではいけないよ、骨髄繊維症なんて誤魔化し①てないで、名古屋に戻って病名もはっきりさせて徹底的に治療しようよ」

　病院の裏口から担架が押し出された。押しているうちの一人は斉藤看護婦だった。彼女は涙ぐんでいた。担架に伏せっている拓也をのぞき込み、

　「さようなら——名古屋に行っても頑張ってね。いつまでも忘れないから」

　涙でくぐもった声で言った。まぶしさ恥ずかしさで目を閉じたままの拓也は、うんうんと頷き「ありがとう」と、かさかさの唇をかすかに動かして礼を言った。

　搬送車に押し入れられる寸前に拓也は目を開けて空を見た。

　初秋の真っ青な空が広がり、ただただ眩しく拓也におおいかぶさってきた。

　「原発に続く松浜の青い空よ、さようなら」、拓也は心に深くつぶやいた。

---

① 誤魔化す（ごまかす）：欺骗，欺瞒，蒙混，愚弄。

第八章
竹本贤三：《苏铁的风景》

【作者简介】

竹本贤三（Takemoto Kenzo，1910—1987）为日本作家、日本民主主义文学同盟会会员。20世纪60年代中期以来，作为《红旗》①的记者，在和歌山县等地就反核电站运动进行采访，并在此基础上创作了《M湾附近》（1976年）、《一念寺》（1978年）、《八目鳗》（1984年）、《狐狸的后背》（1984年）、《梅干屋》（1985年）、《苏铁的风景》（1986年）、《植物人》（1987年）等一系列核电主题的中短篇小说，这些作品在2011年福岛核泄漏事故之后被再次结集出版，书名为《苏铁的风景：核电小说集》（2011年）。

【作品导读】

竹本贤三的小说有两个主题：一是20世纪60年代发生于和歌山县的反对核电站的运动，二是20世纪80年代发生于核电站工人之间的组织分化与分裂策动。《苏铁的风景》（1986年）是作者根据自身于20世纪60年代在和歌山县南

---

① 1928年（昭和三年）创刊的日本共产党中央机关报。曾一度被禁止发行，1952年复刊。

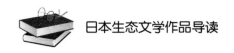

纪对当地核电站反对运动进行实际采访的基础上创作而成的短篇小说。小说主要描写了致力于反对核电站建设运动的人们之种种生存态势。

【原文节选】

蘇鉄のある風景[①]

竹本賢三

　私は小学生の頃から数学が大嫌いだった。中学へ行くようになってからも、代数の方程式とか幾何とかの課目は、一種の恐怖さえかんじるほどであった。大人になってからも電車賃の計算などに弱く、釣り銭を間違いなく受け取ったかどうかが解らなくて、電車を降りるまで考え続けていたりすることがあった。

　いまから二十年ほどまえ、私は或る新聞の記者をしていたのだが、やはり依然として、数学、物理学などというより、科学全般に私は弱かった。アインシュタインの「相対性理論」というのが、方程式で書き連ねられているのを覗いても、別世界の出来事としか思っていなかった。

　そういう私が、或る日まったく出しぬけに、和歌山県の紀伊半島の、「南紀」と呼びならされている東牟婁郡の沿岸に出張を命じられた。その頃日本でも、原子力発電がようやく問題になってきていた。茨城県東海村には東海原子力発電所が出来かかっていて、翌年には原子炉の一号炉が完成するという時で、南紀の沿岸にも数か所にわたって原子力発電所をつくる計画が

[①] 竹本賢三：『原発小説集　蘇鉄のある風景』、東京：新日本出版社、2011年版、第157—180頁。

第八章　竹本賢三：《苏铁的风景》

あり、関西電力の受け持ち範囲で、同電力が候補地の買収工作を進めているという話があることを聞いていた。しかし、南紀一帯の漁民は猛烈に反対していて、この反対運動の実情を観て来ることが、私に課されたしごとであった。

　「原子」とか、「原子力」とか、そういう言葉の意味さえ私には解らないので、私はたいそう不満だった。ところが、現地へ行ってみると、漁民たちの「原子力」というものへの理解は私と五十歩百歩①だった。温排水によって魚が死んで海面に浮かび上がってくる、魚が全滅する、漁業ができなくなる、といって反対しているのだった。私と同じで、放射能による空気汚染とか、核燃料によるガン死とかが、まるで解っていない。軽水炉の中を海水でたえず冷やさないと自動的に加熱されて高温になり爆発する、それを防ぐために海水で冷却し、温かくなった海水を外に流し出す、そういうことさえ私は後になって知ったのだが、漁民たちも、むろんその当時は何も知らず、ただ温排水で魚が全滅する、の一点張り②だった。だから現地へ赴いた私は、ちっとも恥をかかなかった。

　養殖真珠を採るアコヤ貝の生簀を指差して、養殖の漁民が、真珠も全滅だと嘆く姿にも、南紀に着いたその日に接した。古座川の川口では、これから一本釣りの漁に出て行く漁師が、夕陽を背に浴びて黙々と蹲っているのに、ふいに話しかけてみた。原発反対の新聞記者だとわかると、安心して、烈しい怒りを内に秘めた老漁夫は、口数少なくぼそぼそと閉ざした胸の内を覗かせるのであった。どの町村も住民の九割方は漁民である。漁民たちに、短時間の裡に話を聞いた私は、帰りの車中では、初めの、行きたくない所へ行か

---

① 五十歩百歩（ごじっぽひゃっぽ）：出自《孟子・梁惠王上》。五十歩笑百歩，相差无几，大同小异，半斤八两。
② 一点張り（いってんばり）：专注做一件事，坚持一点（不计其余）。

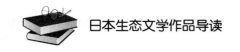

されたという不満はどこかへ消えてしまっていて、漁民たちの怒りが、こちらに乗り移っていたのだった。「原子力」というものがよく理解できない、という共通点も、初めて接した南紀の漁民に親しみを抱くことになった一つのきっかけといえるだろう。

　その後、二度三度と南紀を訪れたが、はじめ嫌々だったのが、自分から進んで行きたくなっていったのだった。「物理」とか「電気」とかに弱い私が、二十年後の今では、書店の科学関係の棚を漁って、科学書を何冊も抱えて帰り、「核分裂と核融合」とか「核燃料サイクル」とか「死の灰」とか「プルトニウム239で作られた長崎の原爆」とか、そういうことが書いてある科学関係の本を、我慢しいしい時間をかけて読んでいるのである。今でも私には難解で困るが、中学生の頃「理科」の時間をサボって腹痛を装って帰ってしまおうとしていたときのことを思うと、吾ながら可笑しくなってくる。科学書を理解しようとする困難は昔も今も同じなのだ。だが、変わったのは、いまでは私の背中に、河童の甲羅のように、「原子力発電の危険」ということが張り付いてしまっているのである。若し南紀の漁民に二十年前から会うということが無かったなら、その後、日本海沿岸若狭湾の原発の労働者たちに会う、ということも無かっただろうとおもう。

　十年前に新聞記者をやめた私は、私の属する文学団体の文芸誌に「M湾付近」という短篇小説を載せてもらった。反対運動とははっきりいいきれない、たたかいの萌芽がほのみえるのを、南紀漁民の持ち前のねちっこさとして描いたのだったが、事実と虚構との縫い目が自分でもわからなくなってしまっているような作品だった。

　この雑誌が出た数日後に、突然に和歌山市のA新聞和歌山支局の者という人物から電話が掛かってきた。畳みかけるような、突っ掛かってくるような話し方をする人だった。私の所の電話番号は文学団体の事務所できいたと前

第八章　竹本賢三：《苏铁的风景》

　置きして、「あれ」を書いた動機とか枚数とかを、その人は質問した。長いこと新聞記者生活をしてきた私は、取材先で他社の記者とぶつかることがしばしばだったが、性急で短気①な性格がこの仕事に向いている勝手に思い込んでいる人を稀に見てきている。この人もそういう人だと思った。相手の言葉に充分に耳を傾けずに早とちりをして省みない。火事場②から電話をかけてくるような急ぎようで、私が質問に答え終わらないうちに、先方で勝手に切ってしまった。四、五日後に、その人から速達が届いた。A新聞和歌山版の、四段抜き見出しのトップ記事のコピーを送ってきたのだった。果して私が喋ったのとは、反対のことが記事になっていた。何分にも遠隔の地からの電話で、私の言葉を聴き違えたと善意に解釈すればそれまでだが、彼が「事実のとおりを書いたのですか」と訊いたのにたいして、私は「事実と虚構とがまざり合っている」と答えた筈なのに、彼の記事では「南紀漁民の原発反対運動を、事実のまま描いたもの」という点に、特に力点を置いて紹介していたのだった。抗議しても遅いので其の儘にした。

　私の作品の巧拙は初めから問題外で、南紀の住民運動が県全体の関心事になっているのでこれを取り上げたのだが、事実が有りのまま伝えられているということが彼には重要であって、「事実であること」を読者に知らせる点に意義がある、と思っているらしいことが、ほぼ察しられるのであった。そう考えていくと、「事実のまま」という彼の紹介は、必ずしも性急さからの早とちりではなくて、ひと捻り捻った解釈をするなら、故意に電話を聞き違えたようにして、その方が力があると判断して「事実のまま」を強調しようとしたのではないか。私はそのように推測した。ろくにこちらの話を聞きもしないで、このように書いたのは、彼持ち前の早とちりではなかった。

---

① 短気（たんき）：性急，性情急躁，没耐性，动不动就发火。
② 火事場（かじば）：火灾现场，失火现场。

つまり計算ずくで勝手に「事実のまま」に変えてしまったのではないか、と私は考えたのだった。

　昨年になって、これにやや似たことを私は経験した。昨年、おなじ文字団体の文芸誌に、「梅干屋」という題の短い作品を私は載せてもらっている。その荒筋を紹介すると、二十一年前に私が南紀に記者として訪れたさい、ある老人が、県当局と結託している町長に騙されて、公園用地を買うためといつわられて、知らぬ間に原発建設用地の買収に協力させられていたことがわかった。自殺を聞き知った部落の住民の殆ど全部が葬式に参加した。こういう実際に起きた出来ごとを、二十一年後に想起する形で書いたものだった。

　この雑誌が出てから二週間ほど過ぎて、和歌山県東牟婁郡浦神に住んでいる年寄りの陶芸家から私は電話をもらった。その電話は、地元の人たち数人が私の作品を読んでくれて、それらの人たちの感想を纏めたことを、「おれ」が代表してお前さんに伝える、というものだった。先ず大体に於てはよろしい、といってくれた。私にはすぐピンと来た。大体に於てよい、というのは、まる二十年前、和歌山の紀伊半島の沿岸のどこにも唯一つの原発もつくらせないで頑張りぬいたということが、極く短くだが出ているので、満足なのだろうと思われたからだった。陶芸家は、しかし二つ三つ文句があると言った。第一に、浦神には、イワシ子などの煮干しを作る煮干し屋はたくさんあるが、梅干屋は一軒も無い。これは事実と相違する。それを知っていながら、なぜ梅干屋など持って来たのか、けしからん、というのだった。私は、梅干屋を出すことで和歌山県らしい気分が出せるだろうと思い、陽光を避ける梅干屋製造場の薄暗さが自殺という状況を引き立てると考えてそうしたのだ、などいうことは一切言わずに、黙って彼の感想に耳を傾けた。更に、紀伊の漁民の典型的タイプが出ていないで、運搬船乗組の老人だけが

第八章　竹本贤三：《苏铁的风景》

　出ているのも不満だ、ということだった。私は神妙①に頷いて批判を受け容れた。

　この場合も懸案の原発問題を扱っているから何人かの人が読んでくれたのだが、わざわざ感想を纏めて伝えてくれたということは、大袈裟②にいえば、書き手と読み手との交流が成り立っているといえるので、それが何よりも私には嬉しかった。十年前のA新聞の和歌山支局からの電話と同様、実際の出来ごとは有りのまま表現されていなくては不満だといっているので、読者というものは、そういうものなのではないか、としみじみ思ったことであった。

　「貫一とお宮」③「ハムレットとフェリア」④などが実在していたかのように思いたい、そういうことではないだろうか。私はそんなことを考えていた。陶芸家の電話のことばを、読者の素朴さなどとは受け取らなくで、「実際のまま」というのは真実を求める声と解釈して、私は陶芸家に、「感謝する」と厚く礼を言った。

　陶芸家は続けて、「どうだ、久し振りにこっちへ来ないか。また新しく誘致のために、関電とつるんだ買収がやられている。こんどは西の御坊のあたりだ。御坊の日高あたりにツバをつけて、そこを突破口にして順々に東へ延ばして行こういうのが、関西電力と県知事の腹づもりらしい。観に来たらどうだね」といってくれた。

　数日後に、私の方から陶芸家に電話して、南紀の西の端へ行きたいこと、日高は行ったことが無いのでどうしたらいいか、などと尋ねた。話は早かっ

---

① 神妙（しんみょう）：与平时不一样，老实、坦率的样子。
② 大袈裟（おおげさ）：夸大事实，夸张。
③ 貫一とお宮（かんいちとおみや）：尾崎红叶的小说《金色夜叉》中的男女主人公贯一与阿宫。
④ ハムレットとフェリア：莎士比亚悲剧代表作品《哈姆雷特》中的男女主人公哈姆雷特与奥菲莉亚。

た。三十分後にまた電話が掛かって来て、大阪天王寺発御坊駅着の紀勢線急行の時刻まで教えてくれて、日高の阿尾という区の魚仲買人①をしている小田さんという熱心な反原発活動家が御坊駅へ迎えに出向いてくれる、という手順まで、さっさと決めてくれた。目印に例の文芸誌を私が右手に持っていること、仲買人の人は小型トラックで来ること、そこまで、忽ちのうちに話が進んだ。昨年の晩秋のことであった。南紀への新たな原発建設の誘致の攻撃をつぶさに観たいという気もあったが、私がまた行きたくなったについては、もう一つ目当てがあった。日本の各地の海岸に三十幾つもの原発を作られてしまったのに、紀伊では、二十年もたつ今日まで唯の一つも何処にも作らせなかった。団結した住民の強い抵抗があったからだと言えばそれまでだが、その力の根源はいったい何だったのか、それを自分としてしっかり掴みたいという気があったのだった。これを若し、南紀の反対運動をたたかう一人ひとりに当たって質問したとしても、それはこれこれだというような、判で捺したような答が出て来るとは、もちろん予想しなかった。全力をあげてたたかっているうちに二十年たってしまった、ということではなかろうかと思っていたのだった。一人ひとりが違ったことを言うかもしれない。とすれば、その違いを、はっきりと確かめたかったのだった。紀勢線の御坊に着いたのは午後の三時をまわった頃であった。

　迎えに来てくれた阿尾の魚仲買人の小田さんの名刺には、仲買人の文字が無く、日高原発反対同盟事務局長とあった。助手席に乗せてもらい、列車に乗り続けでは疲れたでしょうが、などと言われるうちに早くも、鮮魚をはこぶ小型トラックは日高川を渡った。最近灌漑用の水路が完備して、荒地だった広い土地が水田に変ったという。刈り入れが済んで地肌が出ている田

---

① 仲買人（なかがいじん）：处于卖方和买方（生产者和批发商、批发商和零售商等）之间，进行物品和权利的买卖的中间商。

第八章　竹本贤三：《苏铁的风景》

　　の間を、小田さんは巧みにハンドルをまわして速く走った。出迎えに来てもらわなかったら、一時間も歩くことになる。海岸線が長く沿岸が広大な南紀では、朝夕以外二時間おきのバスでは間に合わず、トラック、自家用車、オートバイは必需品である。漁師の上さん①が船着場②までスクーターをとばしたり、ミカン農家の百姓が一里先の歯医者までライトバンの自家用車で行く。燃料で走る乗り物が日々の暮らしに欠かせないのだった。

　　農地のまん中に小さな森があって、樹の間から寺らしい瓦屋根が覗いていた。小田さんは「あの寺に用があるで、ちょいと待っておってくださいよ」といい、寺の門の前で車を停めた。運転台から降りると、いつも出入りしているような馴れ馴れしさ③で、「妙正寺」と石の門柱に刻んであるその寺の境内に入って行った。トラックの助手席から門の中がよく見えていて、本堂とおぼしいあたりの前に、丈高く育った蘇鉄の樹があった。

　　小田さんは蘇鉄の樹をぐるりと迂回して、引き戸をあけて中に声を掛けた。「本堂」は私の見間違いで、そこは家人の出入りする所らしかった。蘇鉄の樹は、雉子か山鳥の羽根の尾のあたりを引き抜いたような形の、光沢のある濃緑の葉が、黒ずんだ円柱形の、魚の鱗のようになっている幹の先端から出ていて、たくさんにひろがる羽毛のように長い葉と葉が交錯して、織物のように重なり合っていた。全体が傘が開いたような葉の先端は屋根瓦に触れ、脇の一本は軒の廂を下から突き上げるような格好に伸びていた。四メートルもあろうか、亜熱帯産のこの常緑樹の伸びる限度に来ているように見受けられた。艶のある葉は、みごとの一語に尽きる。前に、記者ういやめる直前に、仕事で山形市の或る学者を訪問したことがあり、帰りに汽車の時刻に

---

① 上さん（かみさん）：指商人、手艺人等的妻子。另外，关系亲密的人之间，有时也会指代自己的妻子。
② 船着場（ふなつきば）：船出发、到达或停泊的地方。
③ 馴れ馴れしい（なれなれしい）：举止亲热，令人感到失礼。此处表示毫不客气的样子。

余裕があったので、頂上まで往復するという蔵王山行きの大型バスに乗ったところ、蔵王の中腹のブナの原生林に出くわして、その素晴らしさにアッと声をあげたことがあった。

　こんどのこの蘇鉄にたいしても、その時のように、トラックの助手席から、ひとり感嘆の声をあげて、強靭そのもののような南国的この樹のみごとさに暫時見蕩れていたのであった。この樹が勢いがなくなったとき、鉄くずを幹に突き刺すと蘇生して活気を取り戻すというところから、この樹の名があると聞いたことがあるが、みどりの光沢を放つ葉の一本一本は、樹名のいわれさえ知らぬげに強さを誇るようだった。誰の作句だか忘れたが、「物言うは蘇鉄の蔭か春の宵」という俳句があったのを思い出した。いまは秋の午後だが、小田さんは蘇鉄の向うで、家人となにごとか用談の最中であった。

　トラックの私の位置から見えたのは、蘇鉄だけではなかった。丸太で正方形に囲った中に砂を入れてある、子供が遊ぶ砂遊び場があり、その向こうにブランコがあった。ブランコは幼児のために配慮して、とくべつ低くしてあるようだった。この寺が、幼稚園をも兼ねているのだろうと私は思った。

　蘇鉄の植え込みを迂回して戻ってくる小田さんの背後に、蘇鉄の幹から出て来たようにして、色の浅ぐろい①、骨っぽく痩せた二十三、四歳の青年が付き従って来た。小田さんは私に「津久井君です。小学校の先生。何か喋ってもらうのできてもらった」と紹介した。その日が土曜日であったことを私は思い出した。これから小田さんの家で、私のために座談会を開いてくれるという。そこに出席する一人として招いたので、三人並んで我慢して掛けてくれ、と小田さんは言い、細っこい先生が運転する小田さんと私に挟まれることになった。

---

① 浅ぐろい（あさぐろい）：指皮肤的颜色像被太阳晒了一样有点黑。

第八章　竹本賢三：《苏铁的风景》

　　走りながら小田さんは、津久井君は反対同盟の活動家で、妙正寺の住職が原発反対同盟の代表委員なので、そんな関係で、この貧乏寺の離れに、タダ同然の室代で住んでいる。寺の一人息子の副住職も熱心な活動家で、寺をほったらかして一日運動のために活躍している、そういう一家だ、と語った。住職、副住職とも外出中で私に紹介できなかった、とも言った。幼稚園について尋ねる私に小田さんは、日高川からこっち、御坊市全体もそうだけれども、原発反対と賛成とで真っ二つに割れていて、漁協の賛成派のボスの縁故者①などが、何も解らないのに義理で賛成派になる。寺の檀家②まで二つに割れている。寺から離れてしまう賛成派もいる、寺の運営が困難になり、お大黒③と副住職の嫁の二人きりで保母をつとめ、人件費を節約して無認可の幼稚園を思い付いた。本堂まで園児の教室代りにして机を並べてクレヨンで絵を描かせたりしている。いまでは、寺一家の支えに幼稚園は無くてならないものになってきている、と説明してくれた。

　　小田さんや小学教員の津久井君の言葉使いが、太地、浦神、那智勝浦など東牟婁郡一帯の方言と全く違うことに、最前から私は気付いていた。よその県に入ったほどに、それは違うのだった。よういわんわ、などいう大阪弁とも違うが、大阪に近いせいか、大阪弁に似たところもあるように思えた。翌朝になってから津久井君にそれを言うと、津久井君は俄然④不機嫌な表情になって、「わしらのことばは、やはり紀伊の者のことばです。大阪弁とはまるで違っとるです」と言った。それにしても、太地⑤あたりの言葉と、このあたりの言葉が、かなりに違うということにも、この半島の南の海岸線の広大

---

① 縁故者（えんこしゃ）：因血缘或婚姻而产生关联的人。亲戚。
② 檀家（だんか）：檀越，施主。
③ 大黒（だいこく）：僧侣妻子的通称。
④ 俄然（がぜん）：状态等突然发生变化的样子。忽然，突然。
⑤ 太地（たいじ）：日本和歌山县东牟娄郡的一町，是世界知名的捕鲸并残忍屠杀海豚的地区。

さが窺えるように思われた。

　トラックをとばしている間に、反対同盟事務局長の小田さんは、現在の原発誘致のうごきのあらましを語ってくれた。ごく最近、町長は町役場の原発対策室と企画室とを一つに合併する機構縮小案を出した、と小田さんは言った。この提案は、町民をいろいろに勘繰ら①せた。漁協の臨時総会で反対と賛成の両派に分かれて、折り畳み式の椅子を投げ合うような暴力沙汰②を起こした後のことで、町当局もついに根負けして、原発推進を引っ込め、ずるずる③とこの儘立ち消えにいていく気になったのではないか、などいう噂さえ立った。町長は町議会で、誘致を断念するどころか、その逆ですと説明した。二室を統合する計画は、原発を中心に据えて、企画室を縮小して原発対策室に付属させる意味だということ、町の地域振興対策としても電源三法に基づく国の補助金七十五億六千万円は是が非でも欲しいから、日高の沿岸への原発誘致には何分ご協力をお願いしたい、といったのであった。この簡単な説明一つで、当局が引込むどころか、これから強硬にゴリ押ししようとしている意図が誰にも読み取れた。

　小田さんは、自分の父親も反対運動に熱心で、南紀だけだった反対運動の連携を県全体に拡大して連絡・協議体をつくることを提唱して、その実現に尽しているとも語った。生憎④父を紹介できない。いま父は団体旅行でソ連に行っていて今頃はシベリアの工業開発都市のブラックあたりの筈だといった。それはブラックではなくてブラーツクでしょうというと、そうそうブラックでなかった、と口惜しそうに唇をまげた。県全体の反原発の連携は、父の提唱のとおりに実現に向かっているのだ、と改めて言い直して、どうだ、

---

① 勘繰る（かんぐる）：推測。特別是怀疑别人是不是做了什么对自己不好的事情。
② 沙汰（さた）：消息，传言。
③ ずるずる：物体被拖拽，或滑落。形容事物发展到一定阶段后，因无法坚持而崩塌。
④ 生憎（あいにく）：偏巧，不凑巧。遗憾。

第八章　竹本賢三：《苏铁的风景》

いまのブラックのお返しだぞといわんばかりに得意げに私を横眼①でちらと見た。

　小田さん宅に着くと、早速私は手前勝手な註文を出した。時間をうまく使いたいので、ビラやニュースの綴じ込みなどはあとで拝見することにして、座談会を先にして欲しい、阿尾区の漁師たちにすこしでも早く会って話を聞きたいという希望を言ったのだった。よろしい、今日はシケで皆家に居る筈だからひと走り行って呼び集めて来よう、といってくれた。

　立ち上がる小田さんを、私はまたも手前勝手に坐らせて、南紀の多くの人たちが、あるまる二十年ものあいだ、原発設置の拒否を押し通して来たのは素晴らしいことだが、その根拠は一体何だったのか、ひと口に言うとどういうことだったのか、と私は質問した。

　小田さんは坐り直して煙草に火をつけて暫時考えてから、それは紀州人の伝統的な、持って生まれた負けぬ気の強い根性であり、強情な意地だ、とあっさり答えた。

　「昔から太地の鯨取りとか、熊野水軍の海賊とか、強気の話がいっぱい有りますやろ。紀伊の人間は頑固で意地っ張りで気性が荒いんや。黒潮の暖流は、ふだんはおだやかで静か。それが暴風雨となると、日本中これ以上無いというような手のつけられん荒れ方をする。海といっしょや。そういう気風ですがよう」

　私も頷いて調子を合わせた。

　「つまり五百年以上も前から太地を根城②にした鯨をとる和田一族を頭目とする刺し手組とか、熊野水軍の略奪とか、ああいうものの伝統が根強くあるということ」

---

① 横眼（よこめ）：斜眼看。
② 根城（ねじろ）：主将所在的城堡；全军据点；作为活动依据的土地、建筑物等。

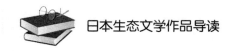

「そうそう、それよ」

　私はずっと前に、熊野（牟婁の東西南北四郡）の歴史を、囓る程度に調べたことがあった。海賊「熊野水軍」にしても、その近くに日本最初の捕鯨集団を組織した和田一族の「刺し手組」にしても、鎌倉幕府から遠く離れたこの地を根城にしたことから推して、平家の落人①と思われるふしがある。平地が少なく、山と木（紀伊）の多いこの地では米作②が殆どできないので、土地の人はいつも食糧難に悩まされた。

　熊野水軍が武家の用船を襲って奪う物は、おもに米であった。小舟で荒海の中で鯨を追った「刺し手組」の部落を形成する大集団に、和田家が支給したのは金銭でなく、子供の数、病人の数まで計算して各戸に、米を一人につき何升で支給したのだった。収穫が少ない主食を手に入れるのに、「刺し手組」は「熊野水軍」と連携していたのではないだろうか。捕鯨集団が豊臣秀吉に鯨の肉を食わせたり、熊野水軍が秀吉の軍勢の海上輸送に協力したりして、両者の最盛期が重なっていることから推しても、緊密なつながりが考えられる。しかも両者は、小田さんが主張するように勇敢であった。五百年前の捕鯨集団の任務分担の一つであった「刃刺し」の子孫は、いまなお「羽差③」姓を名乗って太地町に住んでいる。小舟で鯨を追った「勢子④」の子孫も、いまでは「背古」姓を名乗っている。現太地町長も背古氏である。

　紀州人は昔からの負けぬ気の強情な気性をいまも受け継いでいるという、小田さんの主張は私にも解るような気がするのだった。しかし、それなら、原発の建設をみすみす許してしまった他の地方の人たちは、生来気弱であったのか、そう言い切れるのか、と考えると、二十年を支えた力について、ま

---

① 落人（おちゅうど）：在战斗中失败而逃走的人。逃亡者。
② 米作（べいさく）：栽培或收获水稻、大米。
③ 羽差（はざし）：近代，西南日本沿岸捕鲸，指挥鲸舟的负责人。
④ 勢子（せこ）：（狩猎时）帮助轰赶鸟兽的人，狩猎助手。

第八章　竹本賢三：《苏铁的风景》

だ明確な答が出ていないようにも思えるのだった。

　小田さんは、阿尾の漁師たちを呼び集めてくれるために、トラックで出て行った。小田さんの母らしい老婆が、茶と、もぎたての蜜柑を器に山盛り①にして出してくれた。列車の窓から見た景色は、たわわに実が付いている蜜柑畑の連続で、これから収穫の最盛期になる。遠方からたいへんでしたろう、という意味のことを老婆がいったとき、ガラス窓のうしろに水がはねる音がした。老婆は、伊勢エビが跳ね上がるのだといった。この家の入り口の前に、生簀②があって、コンクリートの壁でそれが幾つもに仕切られていた。老婆は、伊勢エビも一番大きいのになると、商売人仲間の取引き値でも一尾九千円もする、といった。私は老婆に質問した。それは、拙作「梅干屋」のモデルになっている、東牟婁郡の方で起こった「自殺事件」を、あなたは憶えておいでですか、という質問だった。老婆は、そういうことがあったとは、ちっとも知らなかった、初耳だ、知らないのは自分一人だけではなく、阿尾はむろん、日高の者は全然そんな話を聞いたことが無い、年取ってボケたのではない、最初から自殺した人がいたなどいうことは聞いたことがない、いま初めてだ、と老婆は言うのだった。

　私には深刻な衝撃だったこの事件を、日高では知らないという。原発賛成者だったのに反対にまわった人も出たほどに衝撃的だったこの事件の話は、南紀全体に拡がったと思っていた私が間違っていたらしい。近隣の町村だけにしか伝わらなかったのだと思われる。それにしても、またしても思い知らされたのは、南紀の海岸線の広大さということであった。

　トラックが戻って来た。小田さんは、一人のインテリ③ふうの中年婦人を連

---

① 山盛り（やまもり）：盛得满满；堆得尖尖。
② 生簀（いけす）：鱼塘；（沉入水中的）养鱼笼（箱）。
③ インテリ：俄语 intelligentsiya，意为知识阶级或知识分子。在 19 世纪的俄国，该词指那些有意识地承担政治和社会责任的知识分子。

れて来た。ところが漁師のかみさんだ、と紹介され、シケ①だが旦那さんが昼寝をしているので代わりに来てもらったということだった。小田さんは、あとから、やはり漁師の奥さんが二人ほど来てくれる、といった。私は、これが自分の勘繰りかどうか解らなかったが、漁師自身が来てくれないのは、昼寝とか休んでいたいとか出無精②とかではなくて、いったいに南紀の魚をとる男たちが、はにかみ屋③といってもいい程に無口で、はっきり意思表示をするのが苦手な性格の人が、全部が全部でないにしても、そういう人が多いように、前から薄うす感じることがあったので、そういう特別の事情があって来てくれないのではないか、と思った。

　しかしまた一方では、関西電力が漁協にたいして、原発設置の適否を確認するための海上事前調査をやらせてくれと申し入れて来たさい、これを認めるか否かで漁協の総会が朝から八時間もかかって討議して、ついに結論が出ないで散会したこともある、ということも聞いているので、漁師たちも喋る必要があるときには喋るのか、と思い直して、自分の観察が皮相④な誤りだったようにも思えるのだった。後になって解ったことだったが、阿尾区にも、隣の部落にも「原発反対女の会」という組織があって、「女の会」は、男の漁師たちよりも一層活躍し団結してよく動くということで、男たちは「女の会」に幾分押され気味という話を聞いたのだったが、シケで休みだというのに、かみさんが代理で来てくれるというのは、「女の会」に押されて照れくさいからではなかろうか、とこれも勘繰りかもしれないが、そう思ったことであった。「女の会」が発足したのは、男が頼りないからではなく、昼間

---

① シケ：（海上的）暴风雨，（因起风暴）无法出海打鱼。
② 出無精（でぶしょう）：不想出门，嫌出门麻烦的人。
③ はにかみ屋（はにかみや）：因一点小事都会害羞不已的人。
④ 皮相（ひそう）：事物的表面。

第八章　竹本賢三：《苏铁的风景》

　眠って、日暮れてから夜釣り①に出る男たちは、一家を食べさせてくれるが、明るいうちは眠っていることが多い。関電のヘリコプターが岬の向うから飛んで来たり、陸上事前調査のためのボーリングの機材を運ぶトラックが来たりするのは昼間である。亭主うぃ揺り起こしていては間に合わない。頼りないからでなく、自分たちも先に立ってやろう、ということで「女の会」が出来たというのだった。頼りないからではないが、此処では女たちの方が威勢②がいいのですよ、とは、「女の会」の人たちから聴いたことであった。

　小田さんと一緒にトラックで来てくれた「インテリふう」のかみさんは、最初に此処が原発設置の候補地にきまったと町長が発表したときは、町民を一ヶ所に集めて、まるで自分が子供の時経験した終戦時の重大発表みたようだった、ということから始めて、長い間のたたかいのあれこれを思い出して語ってくれた。

　その長年の抵抗を支えた力は何だったのですか、と私が訊くと、その婦人は声を震わせて、「こんな良い所は他に無い、此処を守る一心からだった」と言ってから、さめざめと泣き出した。落ちる涙を、手で頬をおおって拭いた。そのとき、カニの足のような太い指を見た私は、やはり漁師のかみさんだった、と最初の自分の印象を訂正した。

　南紀は良い所だと私もおもう。南から黒潮の暖流が上がってくるし、北からの寒流とぶつかる。梅雨期には雨が多いが、湿気が少なく、さらりとしてべとつかない。イカの群を追って沿岸に鯨が近づく。風景は観光案内のパンフには日本一と書いてある。指の太い婦人は、岬のハナに中学生の息子を連れて行って、こんな良い所はまたと無いのだ、お前が大きくなってからも此処をしっかり守るのだ、と言いきかせたことはあるといってから、またも震

---

① 夜釣り（よづり）：夜间垂钓。
② 威勢（いせい）：充满活力，来势汹汹；朝气蓬勃，且十分勇猛。

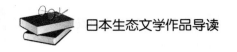

え声で泣き出し、太い指で顔を覆った。

　尤もです、と私は頷いた。だがしかし、福井や福島や九州などで、原発建設を押し切られてしまった所人たちには、愛郷心①が無かったとはいえまい。南紀の住民だけが愛郷心が強かったから二十年押し切った、とはいえなかろう。指の太いかみさんの言い分は理解できるが、それだけでは説明にならないような気がするのだった。初めに小田さんのトラックで私と一緒に来てもらった津久井君は、一言もものをいわずに、聞いているだけだった。存在を無視していたわけではないが、うっかりしていたのだ。私が、

　「津久井さんはどうですか」

　ときくと、津久井君は、

　「ぼくは、いろいろなことが重なっていて、皆はそれぞれに違った見方をしておると思うのです。それを合わせたものが、先生が知りたがっとることだと思うのですが」

　といった。自分が「先生」なのに私を立てて先生というこの人に、私は、しっかりした青年というかんじを濃くした。小田さんは、と見ると、最初から平行線で問題にならない、論争も面倒で嫌だというふうでタバコを吹かしてばかりいた。

　二人の婦人が入って来た。一人は八十歳くらいの年寄りで、昔は地元のやはり小学校の先生だったという。もう一人は、ズボンをはいた人で、こういう人を典型的な漁師のかみさんと言うのか、顔も腕もくろく陽焼けしていた。初めの指の太いかみさんは、まだ頬が濡れているままで、私が郷土愛の主張に否定的な考えを持っていると見たのか、後から来た二人に、自身の主張に同意を求めようとして、頻りに「どう思う？」ときいていた。

　八十歳くらいの白髪の人と、陽焼けしてくろい人とは、「そうよ、そう

---

①　愛郷心（あいきょうしん）：对自己家乡的热爱之心。

第八章　竹本贤三：《苏铁的风景》

ともさ、その通りですとも」と指の太いかみさんに賛意①をあらわした。

　小田さんの母らしい老婆はいなくなったが、三人の婦人、小田さん、津久井君、私と、六人が蜜柑を食べながら、約一時間ほどは、喋るだけ喋りまくった。三人の婦人は、東京から来た、反対運動の状況を知りたがっている人に話してやってくれ、と小田さんに頼まれた「義務」を果たそうとして、一度に二人の話声が重なってしまうほどに、饒舌②にまくし立てた。私が大学ノートにボールペンで、聞いたことを逐一走り書きしているのを見て、なおのこと勢づいて喋った。陸上事前調査の機材を運んできたトラックの前に、女たちが道の上に寝てまで、調査をやらせなかったこと、或る時は、関電の調査員らと「女の会」の面々が対峙したさい、子供たちまで巻きこむ結果になってしまったことなど、長いあいだのたたかいの一齣一齣③について、年代の前後などかまわず思い出すままを語ってくれたのだった。これ以上賑やかになりそうもないほどに、巣の中の雛が餌を求めるときもように賑やかであった。私の聞き書きは豊富になるばかりだったが、小田さんさえも吃驚するほどの、話声の重なり合いであった。勝手場かららしい、包丁で大根かなにかを刻む音が聴こえたのをしおに、よう喋ったのう、私らも帰って夕飯の仕度せねばならんでよう、これくらいで終わりということにしてもらおうかよう、そう言って彼女らは帰り仕度をした。

　私が近くに民宿がありませんかと訊くと、津久井君は、自分が奥の離れ座敷に世話になっている妙正寺という寺は、寺一家をあげて原発反対だが、とくに住職は、日高の反対同盟の代表委員の一人で、紀南原発反対連絡協議会の実行委員をも兼ねている、民宿に泊まるよりも、自分の部屋で我慢して雑

---

① 賛意（さんい）：倾向于赞成的情绪；赞成之意。
② 饒舌（じょうぜつ）：多嘴多舌；叽叽喳喳，叨叨个没完。
③ 一齣（ひとこま、いっく、いっせき、ひとくさり）：戏剧、电影、事件等极其简短的分隔，一幕；摄影或电影中，胶片上记录的一个镜头；大学课程等在时间上的区分，一学时。

魚寝①をするつもりで寺に泊まれば、住職からまた別の話が聴けて、短時間のうちに、あなたの目的が達せられるのではないか、といってくれた。津久井君は続けて、前に友たちを泊めたことがあったが、千円か二千円の謝礼を包んで出して、それでいいことにした、ともいってくれた。「ただし握り飯を出してくれるぐらいのことですよ」小田さんも、これはいい考えだ、費用のことなどより、話をいっそう豊富に聴けるといううま味がある、といった。

　私は寺に世話になることにした。内心は、昼間垣間見た②蘇鉄を、もういちどゆっくり見られるという期待もあったからであった。

　日暮れるのが早く、津久井君とならんで、波濤が岩に砕ける時化の海を左に見て歩くと、間もなく刈り入れのあとの田の道にはいった。舗装されているのに石ころが矢鱈に散らばっている暗い道を行った。昼間車で走ったときの距離感とは違って、意外に寺は近かった。

　津久井君は先に立って、蘇鉄のある表からでなく、墓がならんでいる裏から入って行った。墓と墓との間が、地面をたっぷり取ってあった。なるほどと思った。南紀では、土葬の習慣がいまも根強く残っているのだ。津久井君が借りている六畳間は、硝子窓から墓が丸見えだった。あまりいいものではないので私はカーテンを引いた。津久井君は家人と庫裡③で何か話していた。私が泊ることの承諾を得ているらしく、「いま取り込んでいるので、おとうさんと話をするのは明日にしてほしい」という意味のことを言っているらしい女の人の声がきこえた。

　七歳八歳とおもえるパジャマを着た可愛い男の子が、何もいわずに、部屋

---

① 雑魚寝（ざこね）：指几个人挤在一起休息。
② 垣間見る（かきまみる）：打眼一看，瞥了一眼。
③ 庫裡（くり）：相当于寺院厨房的建筑物。

第八章　竹本贤三：《苏铁的风景》

の中に毛布を投げこんで行った。つづいて、寺の息子の嫁さんらしい人が、海苔で包んだ大きな握り飯二つにたくあんを添えて持ってきてくれた。私に会釈したその人は、「父も主人も、明朝お目にかかるというとります」と言って、すぐに行ってしまった。

　一尾九千円のエビを賞味しに来たのではないから、握り飯で結構だが、住職の話が聴けないのは残念だった。津久井君は戸棚から焼酎の瓶を出し、彼自身のは湯呑茶碗に生のままの注ぎ、私にはコップに水割りを作ってくれた。「取り込み中」とは何かを尋ねるのは後にして、私は寺で漬けたらしいたくあん①を噛った。津久井君は言葉少ない温厚そのものの性格と最前から見て取っていたのだったが、茶碗のへりに口をつけると一気に焼酎を飲み干した。銀縁眼鏡の奥から私を見て、どういう意味だか笑った。

　本堂の方はシンと音が無かったのが、ふいに、この寺の息子らしい人が、怒気を含んで、寺の人らしくない啖呵を切る②ような調子でなにか叫んだ。おだいこくらしい人が息子さんを窘めている、と想像される声がした。またシンと音が無くなった。

　静寂のなかで、津久井君は問わず語りに、「取り込み中」のわけを小声で語ってくれた。妙正寺の一家の、諍い③という程でもない、ちょっとした意見の対立は、昼間私も見た、本堂のとなりの出入り口の前にある大きな蘇鉄の樹とかかわりがあるのだった。

　蘇鉄を伐って、取り払ってしまうか否かで意見が二つに割れている。寺のおだいこくと、嫁の二人は、取り払うことを主張し、副住職の息子は伐るのに反対している。家父長である住職は、なかばを越して、常緑樹の移植の

---

① たくあん：汉字写作"沢庵"，"沢庵漬け"的省略。半干萝卜加糠和盐，用石头压制而成的咸菜。腌咸萝卜。
② 啖呵を切る（たんかをきる）：连珠炮般地斥责。
③ 諍い（いさかい）：争论，争吵；发生口角，拌嘴。

適期をとうに過ぎているいま、移せば枯れる、柿などの落葉樹は、移植適期であってさえ、成長し切った大樹は、移せば枯れることが多い、わが家の蘇鉄もこれ以上伸びないという限界まで成長しているので、いま移せば恐らく枯れる、この儘にしておくべきだ、というのが息子の副住職の考えだった。

　伐って取り払いたいという女たちの主張は、滑り台を作りたい、ということにあった。たとい無認可であっても、幼稚園に滑り台が無いのでは園児は不満で、よその遠くの幼稚園に、親たちがいかせることになる、狭い境内で手頃な場所が無い、蘇鉄の植え込みのところに砂遊び場を移し、砂場が現在ある場所に滑り台を設ければ丁度いいではないかというのが、日ごろ園児に接して働いているおだいこくと嫁との切実な願いであった。息子の副住職の反対は、この樹を私がみごとと感じて眺めているような愛着の抱き方をしているのとも違っていた。

　大きくそだった蘇鉄は、寺の檀家である煮干し屋の、先代の亡父が若い時に稚樹を、境内に寄進してくれたものなのだった。いまでは、来る人来る人がこの樹を見上げ、いわば妙正寺の"目玉"というのはあたらないにしても"象徴"のようになっているのだった。

　しかも、いまの煮干し屋の後継ぎは、原発反対の先頭に立っている人である。漁協の理事長は煮干し屋の実兄である。六億円にのぼる漁協の不正貸付事件が明るみに出て、当事者であった実兄の理事長ほか数人の理事が起訴になった。この不正融資は焦げ付いたままだが、これが新聞に暴露される以前から漁協の会長はじめ幹部連中は、県当局にごまをすって、不正事件を揉み消してもらいたい魂胆もあって、原発促進を強く打ち出してきた。事実上原発誘致への第一段階になってしまう海上事前調査を、漁協として関西電力に承諾の意向を示そうとして、漁協総会で多数決になるように八方手を尽くして妥協を求めて奔走した。

第八章　竹本賢三：《苏铁的风景》

　このとき、煮干し屋のあるじは、親類縁者が情実①に押されて原発推進に傾くのに抗して、不正融資事件が結着つくまで原発問題の棚上げを主張し、関電の海上事前調査への許諾の陰謀にも強硬に反対してたたかったのであった。

　そういう人が親の代からの妙正寺の檀家として、寺と親密な関係が続いて来たのであった。寺にとっても、地元にとっても、煮干し屋は大切な存在であった。煮干し屋の先代が寄進してくれた樹が、いま屋根をつきあげるまでに育っている。これを伐って取り払うということは、幼稚園運営のためとはいえ、それから起きる結果、つまりの方から煮干し屋との間柄に故意にヒビを入れることにもなりかねない。寺の象徴などといっても、象徴などというものはどうでもいいが、原発反対運動に、たとい微かにでもマイナスになるようでは困る。単純には行動できないのだ。息子の副住職の言い分は、津久井君の解説によると凡そこういうことであった。

　はじめ、寺のおだいこくと嫁の主張の方に八分の理があると簡単に考えていた私は、副住職である息子が、反対運動全体への影響にまで心を配っている思慮の深さを持っていたことを知って、まだ姿さえみていないこの人にこころを動かされた。

　私は、蘇鉄を伐るか伐らないかはともかくとして、寺を殆ど潰してしまったといってもいいほどに、この寺の一家の人が力を合わせて反対運動に邁進しようとする意気ごみの烈しさに、ほとほと感じ入ったが、それ以上に、蘇鉄を伐る結果が運動にどう響くかまで微細なところに思いをはせていた息子に感心した。煮干し屋に事情を話せば諒解してくれそうなものだ、とは思うが、狭い範囲の、人数の少ない所での"つき合い"を大切にしたいと考えているのだろう。

---

① 情実（じょうじつ）：指人情关系。

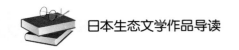

　やがて寺の一家は寝に就く気配で、息子らしい歩き方の音がして手洗いに立って行くようだった。私は偶然に出逢ったようにして、便所への廊下で、息子と擦れ違った。世話になる意味の挨拶をすると、「ごゆるりと」とか何とか息子は応えた。坊さんだが髪を伸ばしていて、いかにもしっかり者の風貌であった。

　私たちも明りを消して寝た。寝る前に、

　「寺に泊めてもらったお陰で、いいことをしました。私にもだんだんに解ってきました」

　と津久井君に言った。

　どのような結論が出たのかは知りようもない。蘇鉄は樹の高さ大きさに比べて根が小さい。移植不適期であっても、根の周囲を充分に掘り、土を付けたままで即時他に移すのなら大体活着する。そういうことを知らないらしいから明朝言ってやろうかとも思ったが、出過ぎた口出しになると考え直して私は止めることにした。

　暗い中で私は考えた。仲買人の小田さんの主張もわかる。ふるさとを大切に守るといった、昼間の漁師のかみさんの涙もわかる。妙正寺のいだいこくと嫁の、滑り台を作って、運動を挺身する寺一家の生活を確かなものにしようとするこころもわかる。副住職の、反対運動への影響を心配するのもよくわかる。父親の住職が、妥協ではなく、伐らずに移す、というのもわかる。更に津久井君が、いろいろなものが重なってに二十年経ってのだというのも正しいと思う。並大抵のことではなかったのだった。私は、ここへ来た、僅か一日の裡にいろいろなことを勉強したように思った。

　疲れているはずなのに、津久井君の寝息を聞きながら、私は暗闇の中に、屋根に届く蘇鉄の、昼間垣間見た、みどりの織物のように交錯する葉と黒い鱗のような幹を思い浮かべていた。明日の朝、もういちど近くで、ゆっくり

第八章　竹本賢三：《苏铁的风景》

みせてもらうことを考えていた。

　翌日は日曜だった。津久井君は日曜でも早くに起きて、寺の一家に私を紹介してくれた。私は、突然に泊めてもらった無礼を詫び、丁寧に挨拶した。私が原発反対の文を書いている人だと津久井君が言ったので、一家は、殊に、昨夜便所の手前で出逢った副住職の息子は、嬉しげだった。坊さんらしくなく、手を出して私に握手を求めた。黒い厚い髪に、油をこってりつけているのだった。

　朝食をもてなされた。私は津久井君と並んで大きな卓に、住職と向き合って温かい飯を馳走になった。住職と顔が正面に合ったとき、私は思わず奇妙な声を出してしまった。坊さんは訝しげに私を見ていた。

　「あなたは、あの時の」

　「え？なにか」

　「あなたにお目にかかったことがあります。あれはたしか、古座か、日置川のあたりで、七年か、八年ぐらい前のことでした。何年ということは、はっきりと憶えてはいません。憶えているのは、あなたが原発反対のデモ行進の先頭に立っていられたことです。南紀一帯の反対連絡協議会の襷①を片一方の肩から掛けていられた」

　「そういうこと、ありました。あなた、そこに居た？」

　「行進の脇で見ていたのです。陽が強いので海水浴客が被るような経木②の帽子を被って、坊さんの僧衣なのに、靴を、黒い短靴を履いておられた。大きな玉のついた数珠を持っていて、うしろの若い人がシュプレヒコール③を叫ぶと、そのたびにあなたは片手を差し上げて、拳固④を振り上げていた。海上

---

① 襷（たすき）：束衣袖的带子；选举时斜挂在肩上的布带。
② 経木（きょうぎ）：（刨削的）薄木片，木纸。
③ シュプレヒコール：在游行或集会等之中，全员一起喊着口号的示威行为。
④ 拳固（げんこ）：紧握的手，拳头。

デモの漁船が岸の方へぐっと回ってくると、大漁の旗と横断幕をつけたその船に向かって、あなたは数珠①をさげていて掌が叩けないので、漁船に向かっても拳固を振っておられた」

「あれは、南紀の沿岸各町村の統一行動で、各町ごとに一斉にデモをやったときでしたでよう。わしは連絡協の代表の一人ということで日高から出かけて行ったのですがな。そういうことであると、あなたも、和歌山は相当古いのですな」

「いえ、ただ……」

「ただ？」

「腹が立つ②のです」

「わかるですがよう。遠方の人まで、はるか向こうから、怒りを示してくれる人がおると思うと、心強いですな」

まっすぐお帰りかな、と訊く住職に、私は鈍行③で浦神へ行き、そこの知人に遭うと答えた。津久井君は、天気は良いし気分がいいから散歩がてら御坊駅で送って行く、と言ってくれた。

私は外に出ると、勢よく伸びきった蘇鉄の樹をしみじみと見直した。細い葉先が重なって荒い織り物のようになって、軒を下から突き上げていた。みごとであった。

石の門を出るとき、津久井君が「きょうは凪だから漁船はごっそり出るでしょう」といったのもろくすっぽ耳に入れないで、私は蘇鉄の樹を振り返って見直した。振り返った意味を、別れを惜しんで挨拶をしなおしたものと履き違えたらしい寺の一家の人たちは、もういちど頭をさげた。私も、もうい

---

① 数珠（じゅず）：念珠。
② 腹が立つ（はらがたつ）：抑制不住怒火，怒火中烧。
③ 鈍行（どんこう）：（与快车相对）各站均停靠列车、电车的俗称。普通列车，慢车。

第八章　竹本賢三：《苏铁的风景》

ちど頭をさげた。

植物人間①

竹本賢三

　守江町小瀬区の小瀬漁港の船大工②で、漁業協同組合の理事を長年つとめてきた刈屋源二郎爺さんは、息子の新吉といっしょに、闇夜に沖で密漁船をつかまえた。密漁船は、隣りの佐谷岬から侵入して来た新造の機船③だった。源爺さんは、不本意④にも、密漁船に乗っていた一人が投げつけてきた石を投げ返す、という暴力をやった。投げ返した石は相手の頭に当たり、相手は操舵室の傍で倒れ、動かなくなってしまった。それから数日たつと、早くも佐谷岬から守江町、ことに小瀬一帯に「源爺が若い漁師一人を、"植物人間"にしてしまった」という噂がひろがった。

　軽いエンジンの、それも三〇トンはありそうなのを密漁に使って、小瀬に侵入して来たのだった。密漁者は四人で、その中の一人が最初に源爺に石を投げつけた。石は源爺に当たらなかった。源爺はその同じ石を拾って投げ返した。石は偶然にも相手の若い漁師の頭に当たった。密漁船の操舵室の入口まで行って、そこで密漁者は倒れ、動かなくなってしまった。新吉らの一〇トン船のヘッドラインの光も手伝って、一時的にではあったが、倒れた相手の男は蒼ざめて死人のように見えた。既に死んでいる、といわれても、そうかと思うように動かず、眼も閉じていた。新吉の操る船と負傷者を乗せた密

---

① 竹本賢三：『原発小説集　蘇鉄のある風景』、東京：新日本出版社、2011 年版、第 181—215 頁。
② 船大工（ふなだいく）：造船工人。尤其是指造木船、日式船的人。船工，船匠。
③ 機船（きせん）：发动机船的略称。
④ 不本意（ふほんい）：非本意，不情愿，不是心甘情愿的。

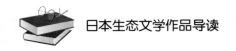

　漁船は右と左に別れて行った。相手の密漁者らが、原子力発電を小瀬に誘致しようとする側の者らだと想像できるだけに、佐谷岬まで出向いて行って確かめないことには、源爺親子は、"植物人間"うんぬんの噂を鵜呑み①には出来なかった。

　源爺は噂など立てられていないかのように、縁側に枕を出して午睡をした。横になるとすぐに——息子の嫁に言わせると「地震」のような——鼾を掻いて眠ってしまった。源爺は朝から正午近くまで「てんぐさ採り」をやったのだった。当年八十二歳の源爺は、五十年続けた船大工を廃棄したというよりも、昨今では機械船が合成樹脂を材料に使うようになって、竜骨②から何から何まで殆ど木だけで仕事をしてきた昔ふうの船大工には腕をふるう場がなくなってきたので、稀に古い木造船の修理を頼まれるほかは仕事が絶えてしまったのだった。釣りや網も息子に任せきりになった。潜りなら八十を越したいまでも出来る。一日に三時間から五時間程度、一回に三十五分から四十分くらい、七、八メートルの深さを海底の岩まで潜水服を着て潜って行く。岩に根を張る「てんぐさ」、寒天③の材料になる赤茶けた藻を両手一杯に抱きかかえて水面に顔を出す。笛を吹くような音を立てて息をする。あの年でよくやる、と人に言われると爺さまは些か得意である。"植物人間"の噂が立ち始めると、昨日まで「よくやる」といわれていたのに、俄然褒め言葉は消えてしまい、「いくら密漁者であっても、石を投げたりして怪我をさせるような手荒なことをせんでも」という非難に変ってしまったのだった。

　源爺と息子の新吉は、わるい噂を放置しておくつもりはなかった。はっ

---

① 鵜呑み（うのみ）：由"鸬鹚会整个儿吞食掉鱼"产生的引申义。对食物不加咀嚼直接吞咽；对他人的观点或提案不加以充分理解或批判直接接受。
② 竜骨（りゅうこつ）：贯穿船底中心部分的支撑材料。相当于人的脊梁骨，是构成船体的基础。
③ 寒天（かんてん）：从石花菜等红藻类中煮出黏液后冷冻、干燥而成的东西。琼脂，石花胶，洋粉，洋菜。

第八章　竹本贤三：《苏铁的风景》

きりさせなくては原発反対派としても困るのだ。新吉も、沖で鯛を釣りながら、どうすればよいかを考えていた。源爺が何くわぬ顔で「地震のような」鼾を掻いて昼寝できるのも、息子が居る、息子に任せておけばよい、という寄り掛かりがあるからであった。

　「今日のは震度が特別大きい」などと独り言をいっている新吉の嫁のせきのところへ、一軒置いた隣りの主婦が駆け込んできた。「セキちゃん大変だよ、あんたとこの下が推進派の者の子らに囲まれて、いじめに遭っとるとよ。竹藪のそとの所でよ。いま電話かけてくれた人居ったんよ」

　セキは隣りの主婦に礼を言って、眠っている爺さま一人をそのままにして家を出た。婆さまは守江町の診療所へ神経痛の薬をもらいに行っていたし、亭主の新吉は、飯櫃に一杯の飯を抱えて、一人で朝から沖へ出ていた。推進派の漁師を親に持つ子らによる「いじめ」は前にも何度かあった。先生が間に入って喧嘩を止めさせたこともあった。教組は県段階から末端に至るまで原子力発電反対なので、先生が争いを留めに入ると、「センコウは反対派だからよ、反対の子らの味方するのよ」というので、教員らは持て余し気味だった。セキは汗を掻いて竹藪の所まで行ったが誰も居なかった。道で男の子に会うたびに、うちの子見なんだか、とたずねた。母親は断崖の松の木の下に、わが子を見つけた。石地蔵の傍に松の木がある。枝が強い風に揺れていた。古い松の木は根方が大蛇のようにうねっていて、二人の子は地上に出ている根のうねりを枕に寝ていた。

　二人とも頬に涙を湛えていて半泣きのまま眠ってしまったようだった。学校の鞄は石地蔵の首に二つ重ねて掛けてあって、セキが鞄に手を触れると、模造品①の皮革は、焼けるように熱くなっていた。

　セキが時計を見ると、間もなく午後二時だった。その日の授業は午前きり

---

①　模造品（もぞうひん）：仿制品。

の筈である。上の子には鼻血を出した痕があったし、下の子の手にも摺り剥いた痕があった。格闘のあと、空腹よりも烈しい疲れで、ここに寝込んでしまったらしい。セキは二人の子を揺り起こそうと手を出しかけておきながら突然にその手を引っ込めた。セキのなかに、原発反対と推進の双方が複雑にからみ合っていたのだった。セキは、二十年も前から一貫して原発に反対している家に、それを承知で新吉の嫁に来た。そのころセキはW市の県庁内の小さな司法事務所に勤めていたし、セキの父親間壁伊久蔵は、新吉などとおなじ守江の漁師だった。今は反対・賛成で守江は二分されているが、その頃は今日ほど対立がはげしくなかった。いまでは伊久蔵は、町のボスの土建屋糸川孝之助のおかげで「原発推進、過疎の町に繁栄を取り戻す原発誘致」を掲げて、推進派として町議に当選すると同時に漁業をやめた。初め漁師の息子と漁師の娘とのふつうの結婚であったはずのものが、守江の町、ことに守江の小瀬区が真二つに割れるようになった今では、セキの父の町議は、頻りとセキに電話をかけて推進派への誘いの手を延ばした。刈屋の家と縁を切って里へ帰って来てしまえ、とも言った。ごく最近では「明るい原発をすすめる守江町女の会」というのを結成したので、そこにセキを引き入れようとした。セキは最近の町の二分された争いに些かうんざりしていた。「あの豆腐屋は最近反対の旗色を鮮明にし始めたから、油揚でも卯の花①でもあの店で買え」「あのふとん屋は推進派に寝返ったから、ふとんの綿の打ち直しは、あの店でなく他の店に出せ」

　こういう争いに、セキは堪えられなくなってきていた。こんな時に、里の伊久蔵から「刈屋の、おまえには目下②舅にあたる源二郎が四、五日まえに佐谷岬の漁船が小瀬で密漁しておったと言って捕え、若い者の頭に大きな石

---

① 卯の花（うのはな）：豆腐渣。
② 目下（もっか）：現在。如今。

第八章　竹本賢三：《苏铁的风景》

を投げつけて相手を、二度と使いものにならんようにしてしまったのやぞ。医者のいう"植物的状態"いうやつよ。唯生きておるというだけの木偶にしてしまうたんや。そういう恐ろしい者どもの集まりなのよ、反対派いうやつらは」

　町が二つに割れていること自体を嫌悪しているセキは、地震のような鼾を搔く無神経な爺さまに猶のこと不潔感を抱くようになった。町のなかの対立がバカらしく見え、「放射能は恐ろしい」とか「魚の宝庫と呼ばれている小瀬の海を奪われる」とかいうことは、どうなってもいいことに思えてきたのだった。一年ほど前に、舅の源爺は婆さまを連れて福井の若狭湾の、おなじ関西電力が経営している美浜①原発を観に行った。往復ともグリーン車の二泊三日の招待旅行で、五十幾人皆が帰りにズワイガニを土産に持たされた。「原発はきれいで安全なもの」という宣伝が目的の買収旅行と知りながら、源爺さんがそれに乗せられたふりをして出かけたのは、稼働し発電している原発の実物を一度観ておこうと思ったからだった。きれいだ、放射能のもれる心配なんぞない、チェルノブイリなんぞとはまるで違う、と帰ってから褒めそやす者が多かった。源爺さんは最新のニュースを人伝てに聞いている。同じ美浜原発で、極く最近、放射能を多量に含んでいる冷却水が、まる十日間ものあいだ、二〇〇〇リットルを越えるまで漏れ続けて水浸しになってしまったこと、水浸れを止めるには、強烈な放射能を出し続けている所に人のからだを持って行かなくてはならないので、死ぬ覚悟でないと中に入れない。それで、水漏れを停めるのに時間がかかった、というのであった。数年前にはこれも同じ美浜原発の下請け労働者の世帯持ち専用の寮で、脳みそのない赤児が生まれた。その赤児の父親である下請け労働者が放射能を毎日大量に浴びていたのが原因だった。セキは最近、こういう話を聞いても、うわ

---

①　美浜（みはま）：福井県西部，三方郡下面的町，面向若狭湾。

の空①であった。源爺さんが原子炉の冷却水の水漏れの話をしている時も、うわの空で、ほかのことを考えているふうだった。守江の小瀬区に原子力発電所が出来たとしても、出来たまでのことであって、自分や自分の子供や周辺の人びとの生活と無縁、無関係のこととしかうつっていないような態度であった。我が子への愛情には変りはない筈なのに、「いじめ」を仕掛けられても仕方ないと思い、我が子に怪我をさせた推進派の子らへの憎しみを殆ど抱いていないかのようであった。

　二人の子を連れて家に帰ってきたとき、午睡から覚めた源爺は、キセル②に紙巻煙草の折ったのを入れて喫っていた。婆さまも町から帰って来て、孫たちのことを心配していた。「おまえらから爺さまと婆さまに、遅うなったわけを話すんじゃ」

　下の一年生の子は喋りかけるとすぐ泪になってしまって、ものが言えなかった。兄が代わった。

　学校から帰った弟が竹林を抜けて行こうとすると、同級の一年生三人と六年生一人が、林の尽きた所で待っていた。四人とも原発推進派の子供たちだった。中学生然とした六年生は土建屋糸川孝之助の孫にあたる少年だった。土建屋はこの孫を溺愛する一方では、原発反対派にたいして、理由のない憎悪を抱かせるように教育していた。説明も何もなく、唯わる者として吹き込んでいた。他の三人の一年生は、いずれも漁師の子で、電力会社の小瀬の沖の漁場調査を、漁協の総会で認めさせようと奔走する推進派の幹部の子らだった。電力に漁場調査を許すということは、外掘を埋め③させることを意味している。

---

① うわの空（うわのそら）：心不在焉，漫不经心。
② キセル：抽烟丝的工具。烟管，烟袋。
③ 外掘を埋める（そとほりをうめる）：要攻打敌人的城池，首先要从外侧填埋沟渠开始。比喻为了达成某个目的，先从周边的问题着手。

第八章　竹本賢三：《苏铁的风景》

　　「おまえとこの爺さまは人殺しよ」
　　糸川土建屋の孫が口火を切った①。三人が糸川の孫に諂う②ように相槌をうった③。
　　「人殺しなどしておりはせん。相手の人は生きとる」
　　「それはな、息を吸ったり吐いたりはしておるさ。でも唯それきしのことよ。寝台の上で寝返りをうつことさえでけん。看護師にやって貰わねば水一杯飲むことさえでけん。食い物とて同じよ。人に匙で口の中に押し込んで貰わんと食えんいうこっちゃ。糞小便までいちいち人の厄介になるのよ」
　　「そういうのを"植物人間"いうのよ」
　　「ただ死んではおらんいうだけのことで、何も彼も一切解らん。考いうものがないんじゃ。死ぬるよりも殺されるよるも、なおのこと恐ろしい。始末わるい。だから人殺し言うたんよ。実際には人殺し以上よ。わかったか」
　　口でのやり取りは此処までであった。糸川の孫が目配せすると、三人の一年生は刈屋の下の孫を雑草の上に捻じ伏せた。殴ったり足で蹴ったりした。そこへ五年生の刈屋の兄が現れた。三人の一年生は逃げ出した。土建屋の孫だけが残り、小石を拾って刈屋の上の孫に投げつけた。小石は刈屋の孫の顔に当たって鼻血が出た。
　　「おまえとこの爺さまはこういうふうに石投げて、人一人を廃人にしてしまうたのだぞ」
　　言い捨てて逃げる六年生を、刈屋の孫は、鼻から溢れる血を掌でおさえながら追いかけた。バスが通る舗装道路に出た。バス道路を脇に折れ曲がった。刈屋の孫は糸川の六年生にそこで追いつき、工事中の湿った深い下水溝

---

① 口火を切る（くちびをきる）：最先挑起事端或制造事物的契机。
② 諂う（へつらう）：对比自己地位高的人说恭维话，使其满意。阿谀，奉承，巴结。
③ 相槌を打つ（あいづちをうつ）：随声附和；对别人说的话做出回应。

の中に六年生を突き落とした。刈屋の孫は、山と盛り上がっている、水を含んだ土を掴んで六年生の糸川に、上から投げつけた。何度も繰り返すと、糸川の孫は、土が眼に入って泣き出した。刈屋の孫は、背後に、糸川家の下男① 兼書生が立っているのに気が付かなかった。糸川孝之助が新たに別邸を建てていたので、表札は出ていなかったが、糸川の孫が突き落とされた溝は、糸川の新居の塀の真下であった。下男は刈屋の上の孫の襟首を掴んで、道路工事用の標識の代りに使っている小旗の付いている竹の棒で、少年の肩、手、足などを笞で打つように打ちまくった。下男が刈屋の上の孫を離すと、下の孫は兄に抱きついて泣いた。兄と弟は、空腹を感じなくなる程疲れてしまって、崖の松の根方に横たわると、そのまま眠ってしまったのだった。話を聴いたあと、源爺さんは無表情で一言も言わなかった。婆さまは、「まあよ、まあ、まあよ」と言った。

　セキの里の実父で刈屋家に親類筋に当たる間壁伊久蔵議員が、県立中央病院の脳外科医長の診断書を持って刈屋の家にやって来た。待っていたわけではないが、来るべきものが来た、という感じであった。近頃は、刈屋の爺さんは話がくどくなってきて、同じことを何度も繰り返して一つ所を堂々巡りをするようになってきた、ということを伊久蔵は刈屋家の嫁になっている娘のセキから聴いていた。爺さまは、それでいて特定の要件について話し合うときは、相手が単刀直入②に本論に入らないで前置きを喋ったりすると焦れて腹を立てる、とも伊久蔵は聴いていたので、すぐ用談に入った。先ず伊久蔵は、県立病院の脳外科の医長の署名と捺印のある「当院脳外科患者室伏太吉に関する所見について」という表題が付いている診断書をひろげて、「これをまんず読んでほしいんじゃ」と源爺さんの胸の所に押し付けるように出

---

① 下男（げなん、しもおとこ）：男佣人，勤杂工；听差。
② 単刀直入（たんとうちょくにゅう）：一刀斩入敌阵；省去开场白，直接切入正题。

第八章　竹本賢三：《苏铁的风景》

した。老眼鏡をかけて爺さんは、和文タイプのその書類を読んだ。「患者室伏太吉（昭和三十七年二月十四日出生）を診察した結果、当院脳外科は左記の結論に達した」とあり、次に「植物状態患者に共通する大脳皮質の障害の症状」とあり、一行あけて本文になっていた。「患者室伏太吉は偶発的事故によって頭部骸骨の右上部に衝撃を受けた結果、大脳皮質の生理的活動に支障を起こしたもので、脊髄に於いる血球の増減の変化、肝、消化管等の自律神経系統、心臓動脈、脈拍、血圧等は従前どおり尋常に機能しつつも、大脳の生理的活動は極小局所のみに限定され全体として著しく損傷を受けている。外部より単純に観察するときは脳死を疑わせるがごとき徴候の所見があり、しかも思考、判断等の一般能力はもちろん、栄養補給、排泄作用に於いても、五体の移動においても、これらの命令系統による活動は事実上停止されており、いわゆる植物的状態の典型的諸特徴を呈していると断ぜざるを得ないものである」とあった。

　源爺は、老眼鏡をかけていても、読み終わるのに時間が掛った。書類を間壁伊久蔵に返しながら「これがどうしたのかね」と言った。

　「これがどうしただと？あんたそれでも正気①かね。この診断書が新聞に出たとしたらどうする？どのような事から、いや誰がこのようなことを仕出かしたのかいうことも一緒に出ずにはすまんやて。あんた自身としてもおしまいだし、だいいち原発反対派が人一人をだめにしてしもうたとあっては、どえらい騒ぎになると思うよ。それをあんた、これがどうしたとは、よく言うよ。無神経②というものだ」

　夜だったので、新吉も湯からあがって、源爺といっしょに伊久蔵と向き合った。

---

① 正気（しょうき）：精神正常，神志清醒；意识；理智。
② 無神経（むしんけい）：完全没有对他人的体贴和照顾。没脑子，少根筋。

「そうか、それなら、よろしい。その県立中央病院とかいうのに出かけて行くから、本人が寝ておる所へ案内してくれんか。密漁船で初めて会うたのでない。佐谷岬の鳥右衛門の倅というは、前にどこぞで会っておる。本人に会いたい。会って確かめんことには、いくら県立病院いうても診断書一枚で信用できんいうのか」

「この診断書、信用できんいうのか」

「一万札を偽造する世の中じゃ。本人が植物何とかかどうか、この眼で見んことには」

「それは無理だ。これにも書いてあるが、人と話ができんのじゃ。誰かが眼の前に現れても、それが人間なのか、何かの物なのか判断できん状態なのよ」

「話のできん人間ということ確かめるだけでも、はっきりする」

「個室に入っておって面会謝絶になっとるのよ。わしらも会うことできん」

「それなら、どうしようもない。この紙きれ一枚で何をしようというのかな。まさかわしに脅しをかけに来たつもりでもあるまいに」

「脅すつもりはないが、そちらさんの出方次第では新聞にこれ発表してもいいんよ」

「好きなようにしたらよい。診断書は見せてもらった。もう用ない。県道に出るまでの道は暗い。もう帰りなさい」

「そう軽く言うて後で悔いんようにな。事は重大になって来たんやて」
伊久蔵は、爺さまが診断書を読んでも一向に驚かないのには、ほとほと弱った。肝腎の要件を切り出し難い雰囲気になってしまったのだ。この際どのように言えば効果があるのか。言葉に迷った挙げ句、当たって砕けろということがある、いきなり本当の狙いをぶつけてやれと思った。

第八章　竹本賢三：《蘇鉄的风景》

　「事は重大なのじゃ。皆心配しとる。植物人間の一件は最初からなかったことにしてもよい、つまり密漁さえなかったことにして一切を不問にする、こういう案もあるんじゃよ」
　「密漁はあったのだ。不問にはできん」
　「まあ聞きなさいよ。小瀬の防波堤の向うにある、赤い岩が水をかぶっておる、あんたの土地な。あの土地、反対派のあんたが関電に売るとなると反対派が黙ってはおらん。騒がしくなってくる。そこで、親類筋になるこの私に譲ってはくれんかいのう。良い値で売ってもらう。それを承知してくれるのじゃったら、こんどの"植物人間"の一件は最初からなかったことにしてもよろしい。これは私一人だけの考えではないんよ。皆の一致した考えを私が代表して言うとるんよ」
　「つまり、おまえさんが買い取って、それを時機を見て関電に売るというわけか」
　「ま、そんなところじゃな」
　「読めた」源爺は膝を叩いた。
　「絵に描いたようにはっきりして来おったぞ。これは、そもそもの初めから糸川土建屋らが仕組んだ謀略だったのだ。わかった。おまえらのやることは底が見えとる。何やらせても見え見えじゃ。欲の皮突っ張っとるから、頭隠して尻隠さず①ちゅうことになるんや。あの糸川、どこまで行っても処置なし②の阿呆やな」
　「満更赤の他人③でもない、親類と思えばこそ、こうして診断書のことも知らせに来てやっておるに、私らを悪しざまに言うとは恩を仇で返すというも

---

① 頭隠して尻隠さず（あたまかくしてしりかくさず）：顾头不顾尾，欲盖弥彰。
② 処置なし（しょちなし）：找不到好办法，不知如何是好。
③ 赤の他人（あかのたにん）：毫不相干的人。

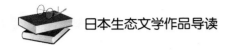

のよ」

「親類と思えばこそ腹の立つことも、じっと我慢しとる。もう用ない。帰ってくれ。糸川孝之助の使いの者、帰れ」

セキの父親間壁伊久蔵は、もはやこれまで、と立ち上がった。入り口の硝子戸をぴしっと締めて行ったが、また戻ってきて、半開きにして中を覗いた。半ば笑いながら憎々しげに言った。

「言うておくがな。一家をあげて原発反対に挺身しとると思うたら、とんでもない自惚れいうものやて。原発推進を口に出して言わんでも、内実は賛成にまわっておる者も一人や二人でない。おまえとこの家の中にも、そういう者が居らんいう保障はないからのう」

源爺さんと新吉は唖然としてうしろを振り返った。セキが流し場で茶碗を洗っていた。いまの伊久蔵の口惜しまぎれの捨てぜりふは、家の中を掻きまわすだけが目的の作りごととは思えないものがあった。源爺父子は、セキのなかに、何か煮え切らないものがあるのを益々感じ取ったのだった。

源爺も新吉も、セキにたいして、少しも責めないで早く寝床に入ってしまった。「セキ、これはいったいどういうことか」と説明を求められるものと覚悟していたセキは、何も言われなかったのが却って気味がわるかった。

セキは守江町の町なかで、推進派になっている昔の学校友たちなどに会うたびに、針で小突かれるように厭味[①]をいわれていた。

「セキちゃん、あんた、実家の父ちゃん一人で悩んどるんでないかと思うよ。反対派は理由もなしに反対反対で騒いどる。日本のは、チェルノブイリなぞとは根本から違っておって放射能漏れなんぞないんやわ。お宅のお舅さんは、人一人を駄目にしてしもうた、"植物人間"にしてしもうたいう乱暴者と聞いとる。セキちゃんは家の中でご亭主や爺さまにまるまる従うことな

---

① 厭味（いやみ）：让人不快的话；闲话。

第八章　竹本賢三：《苏铁的风景》

いんよ。推進派の"女の会"にも是非入って欲しいんよ」セキは「入る」と約束してしまった。それを聞いている間壁伊久蔵は、腹いせに刈屋の家の中をかき回してやれ、という気になったのであった。

　時化の日に「今日は漁に出られん」と新吉は言い、家人に行先をいわずに、紀勢線の特急でW市へ出かけていった。佐谷岬の鳥右衛門の息子が、あの診断書によると県立中央病院に入っている筈だった。新吉は、自分でもそう思っているが、万事にかけて源爺さんよりも緻密で慎重だった。診断書で源爺は動揺しなかった。あの診断書が事実だとしても、源爺は自分の身に不利なことがふりかかる①と知ったとしても、それでも、沖からよく見えるあの赤茶いろの岩肌が厚い断層をなしている、松の木のある二四二平方メートル（約八百坪）の岩盤の土地を誰にもて離さないだろう。息子は親の気性をよく知っていた。かりにもし、"植物人間うんぬん"が糸川らの謀略と露見したときには、親爺どのは、怒り心頭に発して、それこそ何をやりだすかわからない。"植物人間うんぬん"が本。だったとしても岩のあるあの地面は人手に渡さない。糸川のトリックと判れば唯ではおかない。どっちにしてもW市の中央病院へ行くこと、行ったことは、家人には話さない方がよいと新吉は判断したのだった。十六人の、あの赤茶けた断層を成す岩盤一帯の土地の所有権者はまだに結束を固め、価格の変動如何に拘らず手離さない約束である。安堵②と力強さを身一杯に感じながら、新吉は、終着駅が天王寺になっている特急列車に乗った。

　病棟の廊下や病室の掃除、患者の食事を入れたジュラルミン張りの箱車を押して行ったりするのが仕事の、うす青い作業服のユニフォームを着ている中年婦人が、患者ベッドの新しいシーツをかかえるようにして一人エレベ

---

① ふりかかる：降临。
② 安堵（あんど）：安心，心态沉稳。气定神闲。

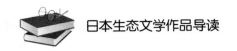

ーターに乗るのを見た新吉は、追いかけるように一緒に乗った。あなたの方の仕事も結構忙しくて大変ですね、などと世辞を言いながら、脳外科病棟七階であることを聞き出した。七階の廊下を、病室の名札を見てあるくうち、「どなたにご面会ですか」と看護師に訊かれた。「病棟を間違えました」と看護師をやり過ごした。そのとき新吉は突然に歌謡曲の一節を聴いた。浴室で、患者が朝から湯に入っていたのだった。「かえろかな」という歌詞に記憶があった。中の人が誰であるか判らないまま、新吉はいつの間にか浴室の外に立っていた。時間が長く感じられた。やがて若い男が、膝までの短い浴衣の姿で出てきた。タオルを頭に巻き、洗面器を片手に、新吉がそこに居るのを無視して、先刻の歌の続きを口ずさみながら、首を振って廊下を歩いて行った。この若者こそ明らかに、佐谷岬の室伏鳥右衛門の息子太吉であった。"植物人間"が歌を口ずさみながら廊下をスリッパの音も荒々しく行く。一人で浴室でからだを洗う。こんなことがあるはずがない。先ず安心が、つぎに怒りが、新吉の背筋を走った。

　「室伏クン、室伏太吉クン」

　男は一瞬ぎくっとして振り向いた。新吉には記憶が微かにあったが、太吉は暗い海で舵を取っていた新吉を殆ど見ていない。

　「はて、わしの名を知っとるとは？」

　「こっちは前に一度あんたに会っている」

　「？」

　「あんた、佐谷岬から小瀬の沖へ密漁に来たろうが。それ、もう、かれこれ半月くらい前になる」

　太吉は洗面具から滑り落ちそうになった石鹸箱のところで押さえた。

　「私の親爺が石を投げた。その石は、おまえさんが投げつけた石がうちの親爺に当たらずに下に落ちたのを、親爺が拾って投げ返したものだ。あんた

第八章　竹本贤三：《苏铁的风景》

の頭に石が当たった。あんた、石が当たったために、"植物人間"になってしもうたそうだね。医者の専門用語でいうと植物的状態というらしいが。自分で自分の指一つ動かせなくなるのだそうやないか。そういう植物的状態の人間がだ、朝っぱらから一人で風呂に入る。一人でからだを洗う。おまけに歌もうたう。珍しい"植物人間"もあるものだよね。初めて聞いたよ。それとも"植物人間"なんという病気は一週間ぐらいで治ってしまうものなのかね。十年も二十年も、時によっては一生涯治らないことがあると聞いておったのだが、私が間違っておったのかな」

佐谷岬の太吉は、洗面器を抱きかかえて、突然走り出した。個室の中に消えるとドアを閉めた。新吉はその個室へ、ゆっくりと歩いていった。

「何も話すことはない。帰ってくれ。看護師や警備の人を呼ぶぞ」

「話をしないというのなら、密漁の一件と、もう一つ、診断書の偽造も世間に流すが」

太吉は困り果てた様子で、「此処は看護師が出入りして拙いから廊下の隅へ行こう」と病棟の廊下の突き当りに置いてある手術用ベッドのような幅狭い長椅子を置いてある所に連れて行った。新吉は、このような芝居の筋書きを書いたのは誰かを言え、と先ず太吉に迫った。赤い岩のある土地の所有者の名義が変更になりさえすれば、新吉にも解かっていた。

太吉はすっかり観念して、謀略の経過を喋った。

「俺に指図したのは町議の間壁さんだった。診断書は土建屋の糸川さんが考え出したことだった。ここの病院長をよく知っておる糸川氏が先ず院長に電話した。院長がそれを受けて脳外科の医長を呼んで、特別なことを頼んだ。医長は初めは、そんなことは出来ん、と拒んだ。金で買収されたのか、何かのことで特別の便宜を計る、ということだったのか、結局医長が糸川さんに屈服して診断書の件を承知した。万事は土建屋の糸川氏を中心に、糸川

氏が独楽①の心棒みたようなことになっておって、全体がそれに従って回転しておる、といった具合のようだった。間壁さんは間壁さんで、全部片が付いたら、あとでたっぷり礼をすると約束した。俺は欲が出て、間壁さんの言う通りにして、入院しなくともいいものを、こうして個室に入っているのだ」

　太吉はこれだけ言うと、新吉に何度も頭を下げた。頭に石が当たった時は、本当に人事不省②になったのか、と新吉が訊くと、太吉は、佐谷岬に船が着いた時には起き上がっていた、と平然と答えるのだった。

　糸川孝之助、間壁伊久蔵などは、"植物人間"のトリックはまだ有効と思い込んでいた。新吉が家の者に黙っていたということのほかに、室伏の息子太吉も、新吉に発見され新吉に締め上げられたことが間壁らに知れると、太吉の失策ということになって、こんどは室伏太吉が間壁らから見離されて、間壁との約束の「礼金」もふいになってしまうと判断して、新吉にみつかった後も、誰にも会わず幽閉されているように病院の個室に寝ていたのであった。新吉は源爺さんに打ち明けたものかどうか、ちょっと躊躇った。真相を知った爺さんが、糸川や間壁らに、何か復讐めいたことしでかすのではないか、そういう心配があって矢張り爺さんには黙っていることにした。

　かみさんのセキにだけ、新吉は"植物人間"の罠を話した。セキを立ち直らせたい一心からだった。推進派のあくどさの切断面を見せることは百の説法に勝ると思ったのだ。果してその夜、セキは頻りに寝返りを打って眠れない様子だった。日曜日の反対派の一斉デモ行進のとき、セキは推進派の"女の会"の者たち前で、いつになくはっきりした態度を示した。デモ隊の先頭に横断幕の端を持って行進していた新吉は、珍しいセキの啖呵を聴いた。新吉はしかし、こういうセキの態度をまだ危なっかしく感じていた。

---

①　独楽（こま）：玩具的一种。陀螺。
②　人事不省（じんじふせい）：不省人事；形容陥入意识不明的昏睡状态。

第八章　竹本賢三：《苏铁的风景》

"植物人間"のトリックを話しただけで、原発にたいする態度が掌を返したようにころりと変る、ということは、次に何かあったときに又揺れ動く、ということなのだ。新吉はセキを、安心できない人、揺れうごく点では前と些かも変わりない人、というふうに見ていた。

　日曜日は新吉が県立中央病院へ出かけて行った時化の日からかぞえて四日五である。原発阻止の各町共催のデモ行進の参加者は、朝から守江町の小学校の校庭に集まっていた。関電が目を付けている原発建設の予定地が守江町小瀬港の沖の岩地にあるため、他の四ヵ町村の全逓、金属、教組、新日本婦人の会など各町ごとの共闘会議は、守江を応援するかたちで集まったのだった。その数は六百人。海は凪だったが、船を出すのを一日休んで行進に参加する漁師が多かった。

　新吉の二人の子は、他の漁師の子らといっしょに子供同士でかたまり、セキは隊列のしんがりに小さくなっていた。「セキちゃん、もっと前の方へ行きなよ。旦那さん先頭だぜ」そう言われても行かなかった。新吉は、自分がやったと同じことを父親がやるのだと察してそのままにしておいた。

　実行委員長の演説が済み、行進が始まると、見張りにきていた推進派の"女の会"のかみさんが、人垣①を縫って駆けていった。小学校の門を出て県道を横切ると、流れの早い小川に沿った道を行くことになる。小川の反対側は、いくらか小高くなっている笹の生え繁った土堤になっていて、この土堤に「原発推進・明るい町づくり守江町女の会」の会員たちが寄り固まっていた。見張り②役というのは、セキを「女の会」に入れと口説いた主婦だった。斥候の役をつとめるこの女は、「いま行進始まったよ。すぐにここを通

---

① 人垣（ひとがき）：人墙。
② 見張り（みはり）：看守，监视（的人）。

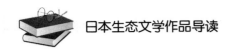

るよ」と注進①に及んだ。

「驚いたよ。小瀬のセキちゃんがデモ隊のしんがりに居たよ」女達は「まあよ、セキがデモに加わっておるとはよ」「女の会に入ると約束したくせしておいて、許せん」セキがデモ隊の最後尾に混じって小川に沿った道に入ってくるのを待った。子供らはプラカードを差し上げて「原発反対」を叫びながら通って行った。中学生の少年たちは、推進派の「女の会」の者とは知らずに土堤の笹を踏んで、謄写版刷りのビラを配った。女達は「セキが来た」と代わる代わるに叫んで、受け取ったビラを丸めて捨てた。推進派の「女の会」の者たちは、セキに聴えるように「セキは推進派になったいうのに、なぜ反対デモに加わっとるのか解せんがな、解せんでよう」と叫んだ。」「解せんでよう」という声は一斉に合唱しているかに聴える。「舅さんや旦那さんに脅されてのことなんやろうが、それにしても腑に落ちん。鳥でもけものでもない、コウモリいうんか」

一人の主婦が土堤の笹に足を絡まれながら駆け降りてきた。セキの左腕を力任せに引っ張った。

「セキさん、あんた、心の中では原発賛成のくせして、反対派のデモに加わるなんぞ、ひどいよ。約束違う。人を踏みつけにしておるでないか」

もう一人の女が土堤から降りてきて、セキにぶつかった。その女はセキの右手首を掴んで、運動会の網引き②ような格好でデモ隊の外へと引っ張った。セキは力一杯逆らったが、隊列の外へ引きずり出されてしまった。

「あんたらの指図は受けん。デモをやろうが何しようが、わたしの勝手だよ」

「それが本音か、セキちゃん。町で会うた時"女の会"に入る言うたは出

---

① 注進（ちゅうしん）：记录下事件并迅速报告。
② 網引き（あびき）：撒网捕鱼。

第八章　竹本贤三：《苏铁的风景》

任せやったんか」

　「兎に角今の私が本当の私です。余計な差出口①はせんで放っておいてほしい」

　「二た股掛けるのは、こういうのを言うのよ」

　「何でも好きに言いなさい」

　セキが二股かけていたことは、デモの参加者の前に明るみに出てしまった。デモ隊の外にセキが引きずり出された異様な光景は、デモ隊の男たち数人によって、いとも簡単に処理されてしまった。セキは元の隊列に戻った。セキは"植物人間"の一件が謀略であったこと、石が頭に当たったという佐谷岬の漁師は無事であることなどを、この場で暴露してやろうかと、ふと考えたが、気恥ずかしくて止めにした。土堤の上に居る推進派の女たちは、眼の前を通るセキを、憎悪をこめて睨んだ。デモ隊は元に戻って、何事もなかったかのように行進を続けたが、セキが実父に教唆②されて危うく推進派に行きかけていた、と見られるようなことが露見したいま、セキが推進派の女たちに抵抗してデモ隊に留まったにしても、「コウモリのよう」だった事実は色濃く残り、あれほど活気に満ちていた行進が、一時的に葬列のように沈黙の行列になった。セキは恥ずかしさで一杯であった。先頭で横断幕③を掴んで歩いていた新吉にも、いましがた推進派の女たちがセキを引きずってデモ隊から離れさせようとして、セキが女たちの手を振りもぎった気配が知れていた。推進派の女達にセキが抵抗を示したことで、新吉は救われた思いだった。けれど新吉のセキへの不安は拭いきれなかった。"植物人間"のトリックを知った瞬間から、セキの、推進派への不信は膨らんだ。間壁議員に急き

---

① 差出口（さしでぐち）：多嘴多舌，插嘴。
② 教唆（きょうさ）：一味地劝诱他人，使之产生侵犯之意。教唆，煽动，怂恿。
③ 横断幕（おうだんまく）：写着标语的横幅。

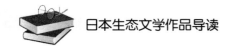

立てられていたにしても、普通の眼を持っていたならわからぬ筈はない。

　"植物人間"が謀略ではなく事実だったとしても、原発の危険を無視し、漁業を潰すことを承知の上で、卑劣で理不尽なあらゆる手を使って強引に迫って来る電力会社と、金欲しさだけの一部の住民、町財政の赤字解消だけに目が眩んだ町当局の愚かさ――源爺や新吉と一緒に暮らしていて、毎日何程かはセキの耳にはいる筈なのに――これがみえないのがおかしい。仕事に力を入れていいて女房を省みなかった自分からまず反省すべきなのだろうか。新吉はこの儘にしては置けない気がした。"植物人間"の謀略を知って、再び反対派に戻るというのでは、あまりにも単純で子供っぽい。

　或る夜セキのところへ、セキの女友たちから電話が掛って来た。新吉は、聴いていない振りを装って耳を峙てていた。電話の中に、△△日という日と××旅館という場所が出てきた。セキが聞き直したため解ったのだ。これは、原発促進の側の「女の会」の創立総会ではないか、と新吉は推察した。反対派の「女の会」に対抗して創ったという推進派の「女の会」も馬鹿にならない数になっているということを新吉は聞いていた。△△日と××旅館とを、新吉は記憶のなかに刻みつけた。もしこの日になってセキが出かければ、セキは表面は反対派でも本音は推進派である。出かけなかったとしたら、九分どおりは信用できる。新吉はこう考えて、その日を持った。セキはその日が来ても忘れてしまったように出かけなかった。

　「今夜は推進派の集まりがあるのでなかったかな」

　「電話で二、三日前に知らせて来おった。だが行かん。もう推進派とは縁切り①じゃ」

　「それを聞いて安心したよ」

　「わしが行くと思っとったんか、あほらし」

---

① 縁切り（えんきり）：与他人断绝关系，不相往来。

第八章　竹本賢三：《苏铁的风景》

「もうまよわんのか」

「まよわん」

「それなら、何も言うことないわ」

　デモ行進に加わらなかった源爺は新吉の想像どおり、紀勢線の特急でW市の県立中央病院へ出かけて行ったのだった。新吉が、その病院に出かけて行ってから四日の後であった。新吉が病院へ行ってきたこと、病院で起きたことどもなどを父親に話していたなら、このような無駄は省けた筈であった。佐谷岬の鳥右衛門の息子も源爺に殴られないで済んだのかもしれない。考えようによっては、源爺が、偽造診断書の一件、つまり"植物人間"うんぬんの謀略について、新吉から真相をきいた場合、源爺は猶のこと気が急いで、中央病院へ一日も早く押しかけて行ったかもしれないし、鳥右衛門の息子の殴られ方も、もっと烈しいものになったかもしれないともいえた。

　"植物人間"が本当のことだったとしても、源爺さんがそれによって妥協しないだろうことは、新吉の想像の通りであった。中央病院へ出かけるのは、妥協するなどいうこととは凡そ無関係だった。息子は親をよく知っていた。息子新吉の予想した通り、"植物人間"が本当だったとしても、原発建設用地として電力が白羽の矢を立て①ているあの岩地を絶対に手離さない、ということに変りはない筈だった。偽造された診断書であるのか否かを知って置いても損はない、本ものだとしても、それなりの対応が必要になる。だから一応病院の中を見て置く、ということで源爺は出かけたのだった。

　「それにしても」と源爺は、二十日ほど前に、密漁船の者たちを離してしまったのを悔いた。

　源爺が佐谷岬の漁師鳥右衛門の息子を密漁船の甲板で見た時、鳥右衛門の息子だとすぐに判ったのは、前にどこかで会ったことがあるからだった。ど

---

① 白羽の矢を立つ（しらはのやをたつ）：指定；选中。

こで会ったのか。源爺は、からだは「てんぐさ」を山ほど抱きかかえて海面に浮き出てくるほどの体力があるのに、近頃とみに忘れっぽくなっている。記憶を呼び戻すのが、なかなか困難なことになっているのだ。友人の名なども、その友人が眼の前に居るのに、すぐには出て来ないで「××さん」というところを「もしもし」などと肩を叩いたりする。思い出せないときは、そのまま放ったらかしておくよりない。源爺は、特急電車の自由席に乗り込んだ。日曜日のことで、意外に客が立て込んでいて、殆ど満席であった。列車が動き出すとすぐ、観光客らしいのがワン・カップの酒を飲み始めた。急行列車、満員の状況、ワン・カップの日本酒、これらの連想から源爺は、鳥右衛門の息子にいつ何処で出逢ったかを思い出した。関西電力の招待旅行で、琵琶湖の西岸を北上する湖西線のグリーン車に乗って、若狭の美浜原発を「見学」したとき、鳥右衛門の息子と一緒だったのだ。偶々鳥右衛門の息子は、源爺さんと婆さまが並んで居る一つ前の座席に居て、コップ酒を飲みながら、流行歌を一つうたい終わると直ぐまた別の歌という具合に、間断なくうたい続けていたのだった。「いいノドしとる」「コブシが利いとる」などとおだてられてすっかり得意になった鳥右衛門の息子は、途中で止まらなくなってしまって、知っている歌を全部うたってしまいたいふうだった。

　「そうだ、あの時のあの男だ。とんでもないバカ息子だ」

　源爺は記憶が甦ると、鳥右衛門の息子が「オシッコ、オシッコ」といいながら列車の手洗いに駆け込んで、便所の中でも歌を続け、皆が一斉に笑ったことまで思い出した。帰りの車中も同じようなことになろうとするのを、佐谷岬の年輩の漁師が止めさせた。「往きにあれだけうたったのやから、もう止めてもよかろうによ。若狭まではるばる太吉のうた聴きに来たわけでないのやからよ。することなかったら昼寝でもせいよ」

　言われて太吉は眼を閉じ、眠るふりをしたが、眼を閉じながら猶も流行歌

第八章　竹本賢三：《苏铁的风景》

を小声で口ずさんでいた。

　「あのバカ息子め。尤も親も親だ。組合長のくせして、電力に漁場調査をやらせるだけなら構わんのでないか、害があるわけでなし、と佐谷岬漁協の臨時総会で言ったという。親が阿呆やから、阿呆な子でけるんじゃ」

　記憶は記憶を呼んだ。早くも二十日前のことになる密漁船の一件が思い出されてきた。小瀬区の沖に闇の中から現れたあの船を発見したときのことが鮮明に甦ってきた。最近は小瀬の海に暗闇の中を魚を盗みに他町から侵入してくることが多くなった。それだけ全体に魚が減り、小瀬には、魚の宝庫といわれるだけあって、魚が集まるのだろうか。それから室伏太吉に会いにW市の病院へ行く。怒りを新たにしながら源爺は、二十日前の経緯[①]を思い出すのだった。やつらは新しい漁船できた。クロウトのくせして漁協間できめた縄張りを無視して入って来た。新調[②]の背広[③]を着て隣家に空き巣に入るようなものなのだ。一つの漁港で、漁船を次々と新調するのは、その漁港が栄えているしるしだといわれるくらいなのに、佐谷岬の新しい機船が、何の目的で他所の海に密漁に侵入して来たのだろうか。何かの借金の返済に困っている数人の者が密かに船を出したのか。月のない闇夜に今夜こそと思って密漁船を捕らえに沖に出た源爺の船にまんまと引っ掛けたのだった。源爺らはエビ網を掛けるだけなら一丁櫓の小舟でこと足りる。密漁船を追うとなると、こちらも機船でないと間に合わない。いざとなると電光で相手を照らしてどなるのである。イセエビは月光が海底に届くと、茶色に染めてある網がエビの方に見えて掛って来ない。闇夜にかける。密漁船も月の光を嫌うので、闇夜は両方を捕らえるのに都合が良いというわけである。エビ網をおろ

---

① 経緯（いきさつ）：事情的经过，来龙去脉。
② 新調（しんちょう）：新做的，新建造的。
③ 背広（せびろ）：普通西服。

してから、源爺と新吉は明りを全部消して、舳先に差し向いであぐらをかき、手探りで茶碗酒を飲んだ。新吉は女房セキのことを気にしていた。

　気をつけないと間壁に引き摺られて行ってしまうという心配が、新吉にはあった。源爺さんは暢気①に相槌を打っているだけだった。

　「まだ、引っ張られていもうたいうよりも、引っ張られかけとるいうところなのだとおもうよ。でもな、転ばぬ先に杖いうこともある。関電には絶対に土地は譲らんと頑張っとる刈屋の家の中から、原発誘致に片棒担ぐ者が出たということになったとしたら、それこそ世間の嗤いものじゃ。だによって」

　「でもな、まさか伊久蔵に引っ張られるようなことはあるまいと思うがに」

　「しかし向うは里の実の親だからの。安心してはおれん。小さな穴から水が漏れて石垣が崩れるいうこともないとは言えんでな。用心せんと」

　「そうかな。わしは大丈夫と思うが、心配かな」

　「ただ神経質になっとるのではない。元もと、反対で貫いてきたわけではない。なにせ伊久蔵の娘じゃけん、最初からあやふやな所はあったのでな」

　息子は父親がうるさがるので話題を変えた。電力会社は多くの人が嫌がるものを、なぜこれ程までにして原発に執念を燃やすのか。これは源爺さんの前々からの疑問だった。息子は、執念を燃やすほどに儲かるからだろうと言った。「儲かるか？そないに儲かるのか」息子は、東京電力、関西電力、中部電力三社の利益の合計が一兆円にもなると聞いておる、といった。それを言いかけたとき二人は軽いエンジンの音を聴いた。新吉は茶碗と一升②瓶を片付けて舵を取りに戻った。舵を握ってからあとで「シッ」といった。凪

---

① 　暢気（のんき）：性格悠闲，不屑一顾；无忧无虑，轻松的样子；沉得住气，冷静沉着。
② 　一升（いっしょう）：以升为单位的量。约1.8升。

第八章　竹本賢三：《苏铁的风景》

で波のうねりは殆どない。意外な程近い所に、同じように明りを消している三〇トンはありそうな漁船が、いつの間にか来ていたのだった。その船は一瞬明りをつけ、又すぐ消した。こういう態度一つで、既に相手が密漁に来た船だと二人は見破った。また鈍い明りがついた。甲板に、三、四人が動いていた。話のやり取りまでが聴えてきた。

「これを最後にして引揚げるとするか」「船動かすと機械の音でわかりやすい。ここで終わりにして帰りは思い切り速力出して帰ろう」「イケスのなか、もう一杯だによ」「それはわかっとる。だが滅多に来られん。そう度々来るいうわけにいかん。だからよ、とれるだけとりまくってよ」「欲張ると、あと、ろくなころないんじゃ。悔いることになるぞ」密漁者たちの会話であった。

新吉は集魚灯とヘッドライトを同時につけた。源爺の「突っ込め」の合図で新吉は速力を一杯にして相手の船めがけて突進して行った。一〇トンの木造船の舳先を、相手の船に、艫であるのか舷側であるのかわからないまま体当たりでぶつけた。相手の船は、揺れはしたが転覆はしなかった。乗り組みの四人のうちの一人は、リールが付いている竿を握ったまま海へ落ちた。源爺一人だけが相手の船に飛び移った。海へ落ちた一人が浮き輪を投げて貰って甲板に這い上がったが、全部で四人の密漁者は、これ以上驚きようがないというふうに驚いて、甲板に呆然と立っているばかりであった。

「貴様ら泥棒だな。小瀬の海と知っておって、サカナ盗みに来おったな」

源爺は、四人の密漁者の一人ひとりにちかづいて行って顔を確かめた。

「あれ、こいつ、佐谷岬の鳥右衛門の倅だ。ははあ読めた。こいつらは佐谷岬の者なんだ。佐谷岬の漁協の鳥右衛門は、原発推進に一と役買っとる男だ。だからその倅と、倅の仲間だから、こいつら皆原発賛成、誘致促進組の者らなのだ。わかったぞ」

源爺さんは年齢に似合わない敏捷さで下へ降りて行った。イケスを覗くと、真鯛、石鯛、スズキ、メバル、オニカサゴ、ハマチ、ブリなどが魚体をぶつけ合って泳いでいた。源爺は、柄の付いている大網で、これらの生きている魚を片端から掬って、自分たちの船に移した。三度も四度も運ばねばならなかった。魚を移して、もういちど密漁船に飛び移るさい、源爺は、密漁者のうちの一人、源爺が佐谷岬の烏右衛門の倅と呼んだ若者の足に躓いた①。「この泥棒めが」源爺が言い終わらないうちに大きな石、人の握り拳より一とまわり大きい石が飛んできた。石は源爺には当たらないで、傍のきちんと巻いてある縄の、輪になっている中に落ちた。源爺は輪の間から石を取り出しと、烏右衛門の息子めがけて投げつけた。源爺は左利きである。石は烏右衛門の息子の頭、右の耳の上に当たった。馬の尻に筈を当てたような音がした。源爺は「ざまみろ」と言った。原発誘致賛成者には利己主義が多い、万事にかけて自分の利益中心にうごく人が多い。こういうことを源爺は、体験から知るようになっていた。だからこいつらは、他所の漁区へ密漁にも来るのだ。源爺は「ざまみろ」を繰り返した。そのとき佐谷岬の烏右衛門の息子の肩を抱きかかえて頭に触ってみたり、手首をとって脈を見たりしていた。右の耳の上から血を出して眼を閉じている烏右衛門の息子は、死んでしまったのかと思えるようだった。船の青い光が、猶の事死人を想わせた。

　「いくら密漁者だからいうて、ひどいことをする。石など投げんでもよかったに。逃げも隠れにせんによ」

　「あほぬかせ。最初に石投げたはその男よ。おれは、やつが投げおったその石を拾って投げ返したまでよ。いうなれば返礼よ。正当防衛じゃ。密漁者のくせして、偉そうな口叩くでないぞ」

　「死ぬるかもしれん」

---

① 躓く（つまずく）：脚尖卡在东西上，身体摇晃；摔跟头，绊倒。

第八章　竹本贤三：《苏铁的风景》

「知ったことかよ。こちらに責任ない。盗まれたサカナの方を俺の方の船に移した。移しておる途中で石を投げて来おった。その石を投げ返した。それだけのことだにょ」

源爺は自分たちの船に戻ると「さ、行こか」と息子を促した。行こうというのは、半分逃げ腰になっていたからだった。普通なら密漁者を密漁船ごと自分らの小瀬港まで引っ張って行くところなのだが、もしかすると、本当に鳥右衛門の息子が打ちどころがわるくて死んでしまうのかもしれない、そうなったら面倒なことになる、口では強気に出ていても密漁船は放してやり、自分らも小瀬に帰って行く、ということにしたのであった。密漁船にしても小瀬港から車を呼んで病院に連れて行きたかったのだが、同時に船ごと捕らえられるという心配があって、佐谷岬へ戻って行ったのだった。数日後に"植物人間"の噂が立ち、更に息子の嫁セキの実父伊久蔵が県立中央病院の診断書を持って脅迫めいたことを言って来て、帰りしなに、セキが推進派に加わっていることを匂わせるような捨てぜりふを残して行ったのであった。

県立中央病院の受付と薬局の中間の壁面には、四日まえに新吉が来たときにはなかった紙が貼り出してあった。各病棟の位置を示す一覧表であった。源爺さんは、青い服の掃除係から聞き出すような面倒なしに、いきなりエレベーターで七階の病棟へ行った。病室の名札など見ないで、いきなり看護婦のたまり場に行って、室伏太吉の病室を聞いた。見舞客がくれたメロンを、数人の看護婦がはしゃぎながら食べていたが、いちばん年下らしい一人がメロンを片手に持ったままで、腕時計を見、「いまだったら喫煙室でテレビ見てる筈ですよ、室伏さんあでしょ？」と言った。

メロンの汁を口から垂らしている看護婦のこの一言は、源二郎のあたまにカッと血が昇るほど激怒させるに充分であった。看護婦として当然の義務であることを答えたまでのこの言葉は、源爺さんに、総てのことを解明させ

ると同時に、手が震えるほどの怒りを呼んだのだった。腕時計を見て「いまだったら」と看護婦が言ったのは、毎日同じ時刻に放映される、続きものの番組を、鳥右衛門の息子が見ている、ということであった。脳に異常な欠陥があるのだったら、「同じ時刻」を判断できない。自分の病室から喫煙室兼休憩室まで歩いて行くことさえもできない。"植物的状態"の診断書は偽造だったことがはっきりした。これで帰ってしまってもいい程にはっきりしていたのだが、源爺の膨れ上がった怒りは、源爺を「喫煙室」へと急がせた。ゲラゲラ笑いこける若い男の声がした。その男の掛けているソファの背後に源爺は立った。突然に笑い声が止まった。源爺の大きなからだが、テレビの画像に影を落としたせいか、とも想われた。喫煙室は患者らが自由に出入りする所だし、人影が画像を一瞬くもらせたとしても、折角笑いこけている者の笑いがふいに止まるというのはおかしい。室伏太吉の笑いが急にとまったのは、怯えからであった。四日まえに小瀬からわざわざ刈屋新吉が来ている。親の源二郎にも真相は当然知られてしまっている。しかも室伏太吉自身は刈屋の息子にすっかり喋ってしまったことを秘している。そのために間壁伊久蔵も糸川孝之助も"植物人間"うんぬん、未だ有効と見ていて、入院さえする必要がなかった太吉を未だに退院させないで中央病院の個室に閉じ籠めたままである。二十日間個室に幽閉されているのも辛かったが、四日前に刈屋の息子が病院に現れて以来、太吉は一種の恐怖症に取り憑かれていた。刈屋の源二郎親爺が、今日来るのか、明日来るのか、とおののいていた。恐怖を取り除こうとして殊更に滑稽なテレビ番組を見て紛らわそうとしていたのだった。背後を振り向いて見ないのに、太吉は喫煙室のドアのない出入り口に立った人の影を源爺ではないか、と想像した。想像は当たっていた。

「暫くだな」と大きな掌が肩に触れたとき、太吉は恐怖で火に焙じられるようだった。後頭部から細い首筋にかけての形が、湖西線のグリーン車の中

第八章　竹本賢三：《苏铁的风景》

で歌を歌ったときとそっくりだ、と思い出しながら、源爺さんは、「此処では人が来るから、ゆっくり話ができない。ちょいと廊下へ出てくれ」と太吉を促した。太吉は既に青ざめていたが、源爺の後に従った。年に取っているのに腕力は今も相当なものだし、海にも潜るし、生来荒っぽい人だと聴いている太吉は、観念するほかなかった。

　太吉は、四日まえに刈屋の新吉と言葉を交わした、廊下の突き当りの細長い、寄りかかりのない椅子に源爺を案内した。源爺はその椅子には掛けないで、突き当りの壁面と対角線になっている「非常用階段」としてある灰色の鉄扉を開いた。下へ降りるためのコンクリートの階段がみえた。源爺は太吉を手招きした。太吉が中に入ると源爺は、非常口の鉄扉を閉めた。「俺はな、おまえがどうして居るかと思って見に来たのよ。そしたらおまえ、"植物人間"が喫煙室でタバコ吹かしながらテレビ見てケタケタ笑っとるでないか」殴られるのを覚悟している太吉は、それでも一と通り懸命に弁解した。「"植物人間"というのは、わしが言いふらしたのではない。わしの知らん間に世間で噂になっておったのだ。わしはただ利用されたまでのことなのよ。要するに操り人形のように巧く動かされ踊らされておったのじゃよ。偽の診断書のことも、ずっと後になって知らされたのよ」短気な気質というものは、年齢が嵩むにつれて薄らいで行く、というのが一般的であるらしいのだが、源爺さんの場合は、年を一つずつ取るにつれて、なおのこと荒っぽく怒りっぽくなっていくようだった。時にはまわりの者がびっくりするほどの大きな声で怒りを爆発させることがある。拳骨がいまにも降りかかりそうな気配のなかで、太吉は背中に汗をかいて必死に弁解につとめた。

　「植物人間ではなかったいうことはよう、三、四日まえお宅の息子さんがこの病院に来たさいにすでにばれてしまっておる筈だ。だからよ、あんたには当然伝わっておると思っとったに、いま初めて知ったんかよ」源爺には、

新吉は此処に来たこと、従って"植物人間"は全くのこけ脅しで、土地を売らせるための芝居であったということを、なぜ自分に秘して打ち明けてくれなかったのか、真意がわからなかった。事柄がはっきりしたので、推進派の悪ものどもが、これ以上手の出しようがない、何と脅して来ても無効だ、と判断して放置しておいたのか、とも考えた。息子の新吉が、真相がはっきりしたら父は怒り出す、手が付けられないようなことになり兼ねない、それならいっそのこと黙っていよう、という慎重な配慮からであったことを、源爺さんは見ることができなかったのであった。息子がW市へ来た、ということを黙っていたのは、源爺さんの立腹を一層大きくしてしまった。

　思い鉄扉を閉め切ると、病棟には何も聴えない別世界になった。源爺は、太吉の腕を後ろに捩じ上げた。「この野郎。キサマも一と役も二た役も買っておるのだから同罪だ。こんどは、きょうは、キサマを本ものの植物人間にしてくれるわ」太吉はあやまった。「わしがわるかった。もう二度とこんなことはやらん。誓う。原発推進の親分らとも手をきる。だから、きょうは堪忍してくれんか」太吉既に半泣きだった。源爺は、太吉の腕を一層強く捩じ上げたまま、階段からしたへ突き落とした。コンクリートで固めた階段は、滅多に人が使わないので埃が積もっていた。階段を芋虫のように転げ落ちて行った太吉は、途中の踊り場に倒れたとき、浴衣が埃っぽく汚れた。源爺は太吉の倒れている上に馬乗りになって、頭、顔、肩、腕と、ところ構わず殴りつけた。殴ってからもう一度、踊り場から六階への鉄扉に通じる階段から突き落とした。二度目に階段を転落して行ったとき、太吉はコンクリートで頭を打ったのか、「グワ」というような異様な声と同時に、眼を閉じて動かなくなった。源二郎はこれ以上はやり過ぎになると思ったのか、六階の鉄扉をあけて、外科病棟からエレベーターで降り、何くわぬ顔で病院を出てきた。

第八章　竹本賢三：《苏铁的风景》

　　土建屋糸川孝之助は、原発推進町議の間壁伊久蔵に電話した。相談があるのだが電話で片付けようということになって、糸川は刈屋の源爺がW市の県立中央病院に現れた件について話した。"植物人間"の計略はバレてしまった。ばれたからこそ、刈屋の源爺が室伏の息子に暴力をはたらいたのだ。コンクリートに頭を打ち付ける程のケガをしている。もういちど"植物人間"というトリックは使えない。それが出来ないにしても、暴力行為とか傷害とかで源二郎を訴えることはできる。あの赤岩の土地を売らないのなら傷害で訴える、と威嚇してみたら、あの爺ひょっとするとその気になるのではないか。というのが糸川土建屋の考えであった。間壁伊久蔵は受話器を持ったまま思案していたが、それはちょっと無理ではないですか、と言った。殴った、といっても脳波の検査の結果は何ごともなかったような暴力である、室伏の息子には密漁という弱みがある、われわれとしては県立中央病院を丸めこんでの診断書の偽造という一件がある、こちらに、仮に診断書の一件などがなかったとしても、あの刈屋の爺は、傷害罪ぐらいのことで引っ込むような男ではない、眉一つ動かさずに勝手にせい、というだろう、"植物人間"がばれしてしまった直後のことだから、なおのことで、逆にこちら側のやっとることを新聞などに書かせるということも考えられる、いまは一歩退いて事態を静観するしか手がないのではないですか、と言った。糸川孝之助はメンツを潰された思いで電話を切るしかなかった。密漁船の一件では、源爺は石を投げつけただけで、"植物人間"の宣伝を大掛かりにやられたが、県立病院では同じ若者を袋叩き[①]にしたのに、暴力とか脳波の検査結果などということは、小さな噂さえも立たなかった。室伏太吉は糸川の謀略の役に立たなくなって、傷の手当を受けたあとで退院した。

---

① 袋叩き（ふくろだたき）：众人围打一人；你一拳我一脚地殴打，群殴。

時期は太吉が退院してから後であったが、源爺さんは、太吉を滅茶苦茶①に殴りつけた一件とは無関係に、人々の非難の対象になった。たとい相手が密漁者であったにせよ、先方から先に仕掛けて来たにせよ、暴力はよくない、という批判であった。相手が石を投げてきたからといって、その石を投げ返すなど、原発誘致に反対してたたかう町民の先頭に立つ者がすることではない、本当に"植物人間"にしてしまったとしたら、原発反対者はこういうことをやる、と騒がれ、反対運動そのものを不利にしてしまう。原子力発電所は日本に三十いくつもあるが、死者やガン患者を次々と出している。これは暴力的である。原発建設を強引に進めること自体暴力的である。電力のこのような暴力と対峙してたたかう者がヤクザのような暴力をふるうとはもっての外である。というが刈屋の爺さまへの批判であった。源爺は、息子の新吉の前で態度を改めることを誓った。
　セキが風呂を沸かしているとき、実父の間壁伊久蔵からセキに電話があった。間壁町議は、まず、部屋の中に誰か家の者が居るか否かをきいた。誰も居ないと答えると、議員は、実は前から考えておったことなのだが、おまえに折り入って頼みがあるのだ、と言った。
　「実は、刈屋の家の金庫の中に、関電が原発建設の候補地として頻りに欲しがっておった、小瀬港を出た所から陸づたいの海岸の、赤い岩盤の土地の"登記証書"が蔵ってある筈じゃ。つまり登記所の登記原簿の謄本じゃな、それが蔵ってある筈じゃ。その証書と、その証書を作ったさいの印鑑がほしいんじゃ。この二つを、誰も居らんときに、こっそり金庫から持ち出して来てほしいのじゃよ。おまえに頼むよりほかに手はない。是非とも引き受け受けてくれんか」
　セキは暫く二の句がつげなかった。

---

①　滅茶苦茶（めちゃくちゃ）：无理取闹，不讲道理；很严重的样子；非常混乱的状态。

第八章　竹本贤三：《苏铁的风景》

「それらを持ち出して何をするんやね」

「余計なことを訊かんで、唯黙って、わしが頼んだことを、おまえはやってくれればいいのだ」

「あの土地の売買契約をして、所有権が刈屋から他に変ったことにしたいのやな」

「余計な詮索①をせずに、黙ってやってくれや。町のためいうよりも、国のため、国家のためや」

「原発がなぜ国ためになるんかいな」

「余計なこと、くよくよ考えるな言うに」

　セキは人が来たから、といって電話を切った。翌日の同じころ、また間壁の父親が電話をかけてきた。

　セキは「血迷うてアタマがへんになってしもうたのではないかに」と言った。「土地の登記謄本と一口いっても、普通そこいらの田畑や宅地の登記書類とはわけが違うのでのう」

　ある赤い岩の土地は、売るか、拒否するかで、現在守江町はむろんのこと、小瀬区でも隣接の町村でも郡全体でも最大の焦点になっている注目の土地なのだ。普通一般の土地売買契約の場合でさえも、売り手と買い手との双方が顔をそろえて登記所に所有権の異動を申請するのが常識になっている。セキはこのように説明した。

「これは、わたしが県庁の登記所の代書屋②に勤めておったから知っておるのよ。こういう人らを毎日たくさんに見てきたよ」といってセキは先を続けた。いま一番に、問題の焦点になっている原子力発電所をつくるための用地の売買契約ということになれば、買い手本人と売り手本人の双方が登記所

---

① 詮索（せんさく）：追根究底；细枝末节。
② 代書屋（だいしょや）：代书，以代人写文书为职业的人。

に出向いて行って売買金額を明記した契約書を提出するということになるだろう。代理人を立てるのが有効か否かの以前に、これ程激しく売ることを拒否して抵抗してきたものを、売るとなれば登記所の役人は第一に先ず不審に思って調べる。代理人だったらなお疑われて登記が出来ないだろう。仮にもし、推進派の者らが登記所の役人に贈賄①して買収し、売り手にニセ者を仕立てたとしても、知らぬ間に証書が持ち出されていたことはすぐに露見する。大へんな騒ぎになる。公文書の盗み出しと、その行使詐欺の二重の犯罪になる。所有権が刈屋から電力会社に移るどころではない。それ以前に推進派の犯罪として世間で大騒ぎになる。少しく道理を弁えておったなら、こんな子供じみた考えは起こさんだろうに。セキは淳々と父親を説得した。

「阿呆らしうて人にも話せんわ。"植物人間"の芝居と同じこっちゃ。こんな阿呆なこと、誰が考えるんかいのう」

この夜セキは、夫の新吉に、推進派がこんなバカげたことをおおまじめで考えている、とすっかり打ち明けて話した。

「お中元」にしては十日も早い、七月の初旬に、大阪の有名百貨店から、刈屋の家に届け物があった。漁師の刈屋にしては、百貨店の包み紙の品を人から贈られるなどいうことは滅多にないことだった。表の紙には「関西電力KK・守江町小瀬区出張区」という贈り主の名があった。もう一人の小瀬漁協の理事の家に電話してみると、その家にも来ているということだった。家中が集まったとき開けてみた。紙箱の中から、大きな黒い缶が二つ出てきた。蓋を取ってみると、長方形に切ってある艶のいい焼き海苔がたくさんに入っていた。源爺さんは、すぐさま元通りに包み紙に包ませて、セキに、関電の出張所へ突き返してくるように言いつけた。「いや俺が返しに行って来る。二度とこういうまねをさせんように、釘をさしてくる」と新吉が包み紙をか

---

① 贈賄（ぞうわい）：行贿。

第八章　竹本贤三：《苏铁的风景》

かえて出て行った。翌日の新聞の地方版には「関電が反対派幹部にお中元」の大見出しで大きくこのことが出た。「贈賄の意味があるのでは」と追及された出張所長が、「お中元が近づけいて来たので少し早いと思ったが、ほんの気持ちだけの物を、原発反対とは推進とかを意識しないで、漁協の理事の皆さんに贈呈した。原発問題ということは全然考えていなかった」と答えた、と書いてあり、「その弁解もしどろもどろであった」と付け加えてあった。海苔を贈られた漁協の反対派幹部一人は一人残らずが、出張所へ品物を返しに行った、とも書いてあった。

第九章
川上弘美：《神灵2011》

【作者简介】

　　川上弘美（Kawakami Hiromi，1958—　　）为日本小说家。旧姓山田，出生于东京都。御茶水女子大学理学部生物系毕业。大学期间，加入科幻小说社团，并开始尝试写作，曾在SF杂志上投稿、编辑短篇作品。曾任高中生物科教员。1994年，凭借短篇《神灵》获得帕斯卡短篇文学新人奖。1996年，凭借《踩蛇》获得芥川奖。1999年，凭《神灵》获得双叟文学奖和紫式部文学奖。川上尤其擅长幻想世界与日常生活交织的描写。其作品所构成的世界观被称为"空气感"，这是受到内田百闲（Uchida Hyakken，1889—1971）影响的独特之处。其他主要作品有《溺水》（2000年，获第11届伊藤整文学奖、第39届女流文学奖）、《老师的包》（2001年，获谷崎润一郎奖）、《真鹤》（2007年，获艺术选奖文部科学大臣奖）等。此外，她还是俳句诗人，一直给小泽实（Minoru Ozawa，1956—　　）主办的《泽》投稿，还与长岛有（Nagashima Yu，1972—　　）等人一起在俳句杂志《恒信风》上开展俳句创作活动。

【作品导读】

　　《神灵2011》发表于2011年9月，是"3·11大地震"后出版的，率先反映

第九章　川上弘美：《神灵2011》

福岛核事故的短篇小说，为作家在其旧作——《神灵》基础上的改写。在这部作品中，作者保持了旧作中让人心旷神怡的故事，仅在旧作基础上导入了"核电站事故"这一新的时代背景，巧妙地描绘出了"那次事件"所带来的冲击。但是川上弘美却没有将注意力放在对原子能利用的危险性发出预警这样的层面上，而是将目光聚焦在了核事故带给人们日常生活的巨大变化之上。

节选部分主要从"我被熊邀请外出一起散步"开始，讲述了在核电事故发生之后，主人公和熊散步的亦真亦幻的日常。在这个故事中，读者随处可见核辐射这一无法回避的"现实"：防护服、被辐射剂量、累计被辐射剂量储蓄等等这些让我们惊恐的词，在"那次事件"之后，成了主人公们日常中稀松平常的高频词。与《神灵》相同，《神灵2011》中出场的熊仍是充满着绅士风度和善意，但是，这些品格却不得不体现在对核辐射的顾虑上。节选部分的最后，熊和主人公拥抱的场景本该是故事中十分温馨的画面，但是被辐射剂量的测量却将那份温馨破坏得荡然无存。所有这些似乎都在强调一个主题，即如果不采取措施，任"核"发展，也许我们的未来将无法摆脱与核辐射共生的日常。

【原文节选】①

神様2011

川上弘美

くまにさそわれて散歩に出る。川原②に行くのである。春先に、鴫③を見るために、防護服を付けて行ったことはあったが、熱い季節にこうしてふつう

---

① 川上弘美：『神様2011』、東京：講談社、2011年版、第23—36頁。
② 川原（かわら）：河滩。
③ 鴫（しぎ）：鹬。鸻形目鹬科及其相近科鸟类的总称。一般有长喙和腿，栖息在水边，食用小鱼、甲壳类、蟑螂类、昆虫等。长途迁徙的品种较多，在日本的春、秋季，常以旅鸟身份出现。

の服を着て肌をだし、弁当まで持っていくのは、「あのこと」以来、初めてである。散歩というよりハイキング①といったほうがいいかもしれない

　くまは、雄の成熟したくまで、だからとても大きい。三つ隣の305号室に、つい最近越してきた。ちかごろの引っ越しには珍しく、このマンションに残っている三世帯の住人全員に引っ越し蕎麦をふるまい、葉書を十枚ずつ渡してまわっていた。ずいぶん気の遣いようだと思ったが、くまであるから、やはりいろいろとまわりに対する配慮が必要なのだろう。

　ところでその蕎麦を受け取ったときの会話で、くまとわたしとは満更②赤の他人というわけでもないことがわかったのである。

　表札を見たくまが、

　「もしや某町の出身では」

　と訊ねる。確かに、と答えると、以前くまが「あのこと」の避難時にたいへん世話になった某君の叔父という人が町の役場助役③であったという。その助役の名字がわたしのものと同じであり、たどってみると、どうやら助役はわたしの父のまたいとこに当たるらしいのである。あるか無しかわからぬような繋がりであるが、くまはたいそう感慨深げに「縁」というような種類の言葉を駆使していろいろと述べた。どうも引っ越しの挨拶の仕方といい、この喋りかたといい、昔気質④のくまらしいのではあった。

　そのくまと、散歩のようなハイキングのようなことをしている。動物には詳しくないので、ツキノワグマなのか、ヒグマ⑤なのか、はたまたマレーグマなのかは、わからない。面と向かって訊ねるのも失礼である気がする。名

---

① ハイキング：郊游。
② 満更（まんざら）：并非，并不。（下接否定）未必。
③ 助役（じょやく）：副町长。
④ 気質（かたぎ）：气质，风格，脾气，性情，性格。
⑤ ヒグマ：棕熊。

第九章　川上弘美：《神灵2011》

前もわからない。なんと呼びかければいいのかと質問してみたのであるが、近隣にくまが一匹もいないことを確認してから、

「今のところ名はありませんし、僕しかくまがいないのなら今後も名をなのる必要がないわけですね。呼びかけの言葉としては、貴方、が好きですが、ええ、漢字の貴方です、口に出すときに、ひらがなではなく漢字を思い浮かべてくだされればいいんですが、まあ、どうぞご自由に何とでも呼びください」

との答えである。どうもやはり少々大時代①なくまである。大時代なうえに理屈を好むとみた。

川原までの道は元水田だった地帯に沿っている。土壌の除染のために、ほとんどの水田は掘り返され、つやつやとした土がもりあがっている。作業をしている人たちは、この暑いのに防護服に防塵マスク、腰まである長靴に身をかためている。「あのこと」の後は、いっさいの立ち入りができなくて、震災による地割れがいつまでも残っていた水田沿いの道だが、少し前に完全に舗装がほどこされた。「あのこと」のゼロ地点②にずいぶん近いこのあたりでも、車は存外走っている。どの車もわたしたちの手前でスピードを落とし、徐行しながら大きくよけていく。すれちがう人影はない。

「防護服を着てないから、よけていくのかな」

というと、くまはあいまいにうなずいた。

「でも、今年前半の被曝量はがんばっておさえたから累積被曝量貯金の残高はあるし、おまけに今日のSPEEDI予想ではこのあたりに風は来ないはずだし」

言い訳のように言うと、くまはまた、あいまいにうなずいた。

---

① 大時代（おおじだい）：夸大其词；古色古香，脱离现代。
② ゼロ地点（ゼロちてん）：地面零点，爆心投影点，地面爆炸点，是指爆炸中心投向地面的点。

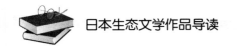

　くまの足がアスファルトを踏む、かすかなしゃりしゃりという音だけが規則正しく響く。

　暑くない？と訊ねると、くまは、

　「暑くないけれど長くアスファルトの道を歩くと少し疲れます」

　と答えた。

　「川原まではそう遠くないから大丈夫、ご心配くださってありがとう」

　続けて言う。さらには、

　「もしあなたが暑いのなら、もちろん僕は容積が人間に比べて大きいのですから、あなたよりも被曝容量の上限も高いと思いますし、このはだしの足でもって、飛散塵堆積①値の高い土の道を歩くこともできます。そうだ、やっぱり土の道の方が、アスファルト②の道よりも涼しいですよね。そっちに行きますか」

　などと、細かく気を配ってくれる。わたしは帽子をかぶっていたし暑さには強いほうなので断ったが、もしかするとくま自身が土の道を歩きたかったのかもしれない。しばらく無言で歩いた。

　遠くに聞こえはじめた水の音がやがて高くなり、わたしたちは川原に到着した。誰もいないかと思っていたが、二人の男が水辺にたたずんでいる。「あのこと」の前は、川辺ではいつもたくさんの人が泳いだり釣りをしたりしていたし、家族づれも多かった。今は、この地域には、子供は一人もいない。

　荷物を下ろし、タオルで汗をぬぐった。くまは舌を出して少しあえいでいる。そうやって立っていると、男二人が、そばに寄ってきた。どちらも防護服をつけている。片方はサングラスをかけ、もう片方は長手袋をつけて

---

① 堆積（たいせき）：堆积，累积。
② アスファルト：柏油，沥青。

第九章　川上弘美：《神灵2011》

いる。

「くまですね」

サングラスの男が言った。

「くまとは、うらやましい」

長手袋がつづける。

「くまは、ストロンチウム①にも、それからプルトニウム②にもつよいんだってな」

「なにしろ、くまだから」

「ああ、くまだから」

「うん、くまだから」

何回かこれが繰り返された。サングラスはわたしの表情をちらりとうかがったが、くまの顔を正面から見ようとはしない。長手袋の方はときおりくまの毛を引っ張ったり、お腹のあたりをなでまわしたりしている。最後に二人は、「まあ、くまだからな」と言ってわたしたちに背を向け、ぶらぶらと向こうの方へ歩いていった。

「いやはや」

しばらくしてからくまが言った。

「邪気はないんでしょうなあ」

わたしは無言でいた。

「そりゃあ、人間より少しは被曝許容量は多いですけれど、いくらなんでもストロンチウムやプルトニウムに強いわけはありませんよね。でも、無理もないのかもしれませんね」

そう言うと、わたしが答える前に急いで川のふちへ歩いていってし

---

① ストロンチウム：锶，人体必需的微量元素锶。
② プルトニウム：钚，人工放射性元素。

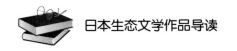

まった。

　小さな細かい魚がすいすい泳いでいる。水の冷気がほてった顔に心地よい。よく見ると魚は一定の幅の中で上流へ泳ぎまた下流へ泳ぐ。細長い四角の辺をたどっているように見える。その四角が魚の縄張りなのだろう。くまも、じっと水の中を見ている。何を見ているのか。くまの目にも水の中は人間と同じに見えているのであろうか。

　突然水しぶきがあがり、くまが水の中にざぶざぶ入っていった。川の中ほどで立ち止まると右掌をさっと水にくぐらせ、魚を掴み上げた。岸辺を泳ぐ細長い魚の三倍はありそうなものだ。

「驚いたでしょう」

戻ってきたくまが言った。

「つい足が先に出てしまいまして。大きいでしょう」

　くまは、魚をわたしの目の前にかざした。魚のひれ①が陽を受けてきらきら光る。さきほどの男二人がこちらを指さして何か話している。くまはかなり得意そうだ。

「いや、魚の餌になる川底の苔には、ことにセシウムがたまりやすいのですけれど」

　そう言いながらも、くまは担いできた袋の口を開けた。取り出した布の包みの中からは、小さなナイフとまな板が出てきた。くまは器用にナイフを使って魚を開くと、これもかねて用意してあったらしいペットボトルから水を注ぎ、魚の体表を清めた。それから粗塩をぱっぱと振りかけ、広げた葉の上に魚を置いた。

「何回か引っくり返せば、帰る頃にはちょうどいい干物になっています。その、食べないにしても、記念に形だけでもと思って」

---

① ひれ：鰭。

第九章　川上弘美：《神灵2011》

　何から何まで行き届いたくまである。
　わたしたちは、ベンチに敷物①をしいて座り、川を見ながら弁当を食べた。くまは、フランスパンのところどころに切れ目を入れてラディッシュ②をはさんだもの、わたしは梅干し入りのおむすび、食後には各自オレンジを一個ずつ。ゆっくりと食べおわると、くまは、
　「もしよろしければオレンジの皮をいただけますか」
　と言い、受け取ると、わたしに背を向けて、いそいで皮を食べた。
　少し離れたところに置いてある魚を引っくり返しに行き、ナイフとまな板とコップをペットボトルの水で丁寧に洗い、それを拭き終えると、くまは袋から大きいタオルを取り出し、わたしに手渡した。
　「昼寝をするときにお使いください。まだ出発してから二時間ですし、今日は線量が低いですけど、念のため。僕はそのへんをちょっと歩いてきます。もしよかったらその前に子守歌を歌ってさしあげましょうか」
　真面目に訊く。
　子守歌なしでも眠れそうだとわたしが答えると、くまはがっかりした表情になったが、すぐに上流の方へ歩み去った。
　目を覚ますと、木の影が長くなっており、横のベンチにくまが寝ていた。タオルはかけていない。小さくいびきをかいている。川原には、もうわたしたち以外誰も残っていない。男二人も、行ってしまったようだ。くまにタオルをかけてから、干し魚を引っくり返しに行くと、魚は三匹に増えていた。
　「いい散歩でした」
　くまは305号室の前で、袋からガイガーカウンターを取り出しながら言った。まずわたしの全身を、次に自分の全身を、計測する。ジ、ジ、という聞

---

①　敷物（しきもの）：铺的东西；地毯；草席；坐垫。
②　ラディッシュ：小萝卜，水萝卜。

き慣れた音がする。

「またこのような機会を持ちたいものですな」

わたしも頷いた。それから、干し魚やそのほかの礼を言うと、くまは大きく手を振って、

「とんでもない」

と答えるのだった。

「では」

と立ち去ろうとすると、くまが、

「あの」

と言う。次の言葉を待ってくまを見上げるが、もじもじして黙っている。ほんとうに大きなくまである。その大きなくまが、喉の奥で「ウルル」というような音をたてながら恥ずかしそうにしている。言葉を喋るときや笑うときは、やはりくま本来の発声なのである。

「抱擁を交わしていただけますか」

くまは言った。

「親しい人と別れるときの故郷の習慣なのです。もしお嫌ならもちろんいいのですが」

わたしは承知した。くまはあまり風呂に入らないはずだから、たぶん体表の放射線量はいくらか高いだろう。けれど、この地域に住みつづけることを選んだのだから、そんなことを気にするつもりなど最初からない。

くまは一歩前に出ると、両腕を大きく広げ、その腕をわたしの肩にまわし、頬をわたしの頬にこすりつけた。くまの匂いがする。反対の頬も同じようにこすりつけると、もう一度腕に力を入れてわたしの肩を抱いた。思ったよりもくまの体は冷たかった。

「今日はほんとうに楽しかったです。遠くへ旅行して帰ってきたような気

第九章　川上弘美：《神灵2011》

持ちです。熊の神様のお恵みがあなたの上にも降り注ぎますように。それから干し魚はあまりもちませんから、めしあがらないなら明日じゅうに捨てるほうがいいと思います」

　部屋に戻って干し魚をくつ入れの上に飾り、シャワーを浴びて丁寧に体と髪をすすぎ、眠る前に少し日記を書き、最後に、いつものように総被曝①線量を計算した。今日の推定外部被曝線量・30μSν、内部被曝線量・19μSν。年頭から今日までの推定累積外部被曝線量・2900μSν、推定累積内部被曝線量・1780μSν。熊の神とはどうのようなものか、想像してみたが、見当がつかなかった。悪くない一日だった。

---

① 　被曝（ひばく）：辐射，照射。

第十章
玄侑宗久:《光之山》

【作者简介】

玄侑宗久(Genyou Sokyu,1956—)为昭和后期至平成时代的小说家、僧人。原名桥本宗久,生于福岛县三春町。毕业于庆应大学中国文学系。曾从事广告撰稿人等职业,27岁时到京都天龙寺专门道场出家,同时期开始小说创作。2000年,在《新潮》上刊登《水之船头》,入围第124届芥川奖候补。2001年,在《文学界》上刊载《中阴之花》并摘得第125届芥川奖。之后又创作了《阿布拉克萨斯之祭》《化蝶散花》等作品,其作品大多与佛教和禅相关。2007年,与柳泽桂子一起创作的书卷《般若心经 与生命的对话》获得第68届文艺春秋读者奖。2008年,以《A Dale》入围第34届川端康成文学奖候补。2008年2月,玄侑宗久任福聚寺第35代住持。2014年3月,凭借短篇小说《光之山》荣获平成二十五年(第64届)艺术选奖文部科学大臣奖。

【作品导读】

出版于2013年的《光之山》是以东日本大地震为题材创作的短篇小说集。收录了《光之山》《小太郎的义愤》《拜虫》等6篇作品,哀伤而美丽的故事

第十章　玄侑宗久：《光之山》

鲜明地刻画出遭受核辐射的人们的凄惨命运，真实地再现了东日本大地震及福岛核泄漏事故对当地民众身心的巨大影响。正如作者所言，该书详细地描绘了"绝不会在电视上看到的原风景"。

《光之山》充满了严肃、幽默和不可思议的氛围。一位老人将受到核污染的树枝等堆积在自家空地上，得知此消息后，周围邻居也陆续将放射性污染物运来堆积于此。于是废弃物越堆积越高，日积月累就堆积成了一座"山"。"山"还会发出不可思议的光，而且还成为了"旅游胜地"，吸引了很多外地人到此参观。

【原文节选】

『光の山』①

玄侑宗久

今日はようこそお出でくださった。まだ日暮れ②には間があることだし、しばらく爺さんの昔話りにおつきあいくだされ。なぁに、余計なことは話さんですよ。皆さんがこうして見に来られた、この山のことじゃ。

むかし、今から三十年もまえのことじゃが、福島の片田舎、つまりこの辺りに偏屈③な爺さんが住んでいたんじゃ。いや、ワシ④じゃない。ワシもその頃は若かったし、何にも知らず東京に住んでおった。

ご承知じゃろうが、当時はまだ原子力発電所などいうものがあちこちにあって、ほら、覚えておいてじゃろう、「三・一一」と呼ばれた大震災で福

---

① 玄侑宗久：『光の山』、東京：新潮社、2013 年版、第 147—167 頁。
② 日暮れ（ひぐれ）：黄昏，傍晚，日暮。
③ 偏屈（へんくつ）：乖僻，顽固，别扭；孤僻。
④ 儂（わし）：我，俺。

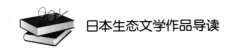

島の浜のほうにあった原発が壊れて、そりゃあ大変な混乱じゃった。

ちょうど政治も悪かったんじゃな。衆議院と参議院が大差①ないのにまだ二つもあった時代じゃから、「ねじれ」なんて言ってな、主な政党どうしが争いあって、大事なことがとんと進まんかった。

たしか震災から二人目の総理じゃったな、「福島の復興なくして日本の復興はない」なんて格好いいこと言ってなんじゃが、あちこち格好つける場所が多すぎて被災地の東北まではあまり気がまわらんかったんじゃなぁ。

そうこうするうちに東京大震災が起こり、続いて富士山が爆発したのはご承知のとおりじゃが、ワシがこれから話すのはその間の、たしか数年ほどのことじゃ。まだ東京には今と違って大勢の人が住んでおった。この辺りはどんどん若者がいなくなって、過疎②と高齢化が進んでいったんじゃ。はは、今の状態からは信じられんかもしれんなぁ。

さてその爺さんじゃが、当時は七十歳くらいかな。そりゃあ元気で、毎日自分のところの田畑③の仕事と、ほかにもシルバー④人材センターに属してあちこち頼まれた仕事をしておった。責任感が強くて、大工⑤仕事でも道路の補修⑥でも、何でもできたから皆も助かっていたんじゃ。

震災以後も特段変わりはなかった。信心も深くて、自分の家の菩提寺にもしょっちゅう⑦通っていたっけ。倒れたお地蔵さんを立て直したり、山の手入れなども自分で計画して出かけ行った。

ああ、むろん結婚はしてた。婆さんと言っちゃあ悪いが、少し年上の姉

---

① 大差（たいさ）：显著的不同，很大的差别。
② 過疎（かそ）：（人口）过稀，过少。
③ 田畑（たはた）：水田和旱田，田地。
④ シルバー：高齢者。
⑤ 大工（だいく）：木匠；木工（活儿）。
⑥ 補修（ほしゅう）：修补，维修；修复。
⑦ しょっちゅう：经常，总是，老是。

第十章　玄侑宗久：《光之山》

さん女房と、喧嘩しながら一緒に仕事に出ていたんじゃ。子どもは二人いたんじゃが、これが両方とも出来損ないでな、東京で所帯をもってこっちに戻ってくる気配は一向になかった。

　原発事故のあとは、尚更じゃなぁ。あの頃は、放射能の影響を過大に考えておったんしな。県内から出ていってしまった人は五万人以上と言われておる。政府も学者も信じられなくなって、みんな右往左往しておったんじゃ。

　ところで皆さんは、「除染」①という言葉を覚えておいでじゃろうか。そうそう、政府がお金を出して地元の人間が請け負ってやった、あの作業じゃ。この町でも、土建業者のほかに除染組合、なんてのができて、除染の仕事を請け負って張り切って②稼ごうと思っていた。仮設住宅に住む人も、当時仕事がなかった人も、除染のための講習会なんかに通って準備しておった。しかし始めてはみたものの効果もあがらんし、いつのまにかに有耶無耶③になってしまったがな……。

　正直なところ、ワシは東京にいて、故郷が恐ろしいことになってしまったと怯えておった。当時のワシだって、たとえばスーパーで買う袋入りの野菜などが、放射線で殺菌されているのも知ってはいた。だから、「汚染」という言葉は何となく馴染ま④んかった。CTスキャン⑤だって、一回で一気に六・九ミリシーベルト⑥の被爆だしな。それも汚染なのかと不審には思っていたが、とにかくあの頃は不安を煽る⑦ような学者が強気で、ワシのあたまの中は混乱しておった。除染作業といっても被爆のような気がしたし、東京で手

---

① 除染（じょせん）：清除被放射性物质污染的衣服、设备、设施等的作业。
② 張り切る（はりきる）：（1）拉紧，绷紧。（2）紧张，干劲十足，精神。
③ 有耶無耶（うやむや）：（不清楚有无）一直不明确，暧昧。
④ 馴染む（なじむ）：熟，适应。
⑤ スキャン：扫描。
⑥ ミリシーベルト：西韦特（希沃特）。
⑦ 煽る（あおる）：煽动，鼓动，激起。

をこまねいている①のが関の山②じゃった。

しかし爺さんはおそらくも迷いもなく、たぶん混乱もしなかった……。

じつはこの爺さん、除染で出た土や廃棄物の仮置き場の話が出るまえから行動を開始してたんじゃ。なぁに、行動って言ったって、それまでしていたことと大して違うわけじゃない。まぁ、だから目立たずに着々と進めることができたんじゃな。

頼まれて剪定した家の、枝はを持ち帰る。草むしりを頼まれると、その草も持ち帰る。毎回、軽トラックの荷台に積んで持ち帰ってくるんじゃが、そういうことは以前から時々していたんじゃ。

ご覧のとおりの広大な敷地じゃ。五千坪ほどある。あの山と裏側のもう一つの山まで爺さんの土地だし、山の手前にもこんなに広い畑があるから、少しくらい枝葉を持ってきても誰も気づかない。

むろん婆さんだけは気付いていた。あるとき「なんでそんなに余所の木や葉っぱ、持って帰んだべ」って訊いたんじゃな。すると爺さんは「大丈夫、大丈夫」と答えた。

そうこうするうちに仮置き場③がなかなか決まらないっちゅうことになってきた。そりゃそうだ。どこかに決めなきゃなんねぇのは皆承知だが、誰も自分の家の近くには置きたくない。太平洋戦争の後のこの国は、「人権」の国になったわけじゃから、嫌がる人に無理矢理命令できる人なんていやしない。総理だって県知事だって、町長だってそれはできなかったんじゃ。だから沖縄の基地問題も、福島の中間貯蔵施設も、すっきり決まらずぐずぐずになっておったんじゃな。

---

① 手をこまねく（てをこまねく）：袖手旁观。
② 関の山（せきのやま）：可能的限度。竭尽全力。最多。
③ 仮置き場（かりおきば）：临时场地。

第十章　玄侑宗久：《光之山》

　もっとも、仮置き場の候補地内①に住んでいる人が、反対する人に「なんでみんなのために考えられねぇんだ」って、恫喝する②方法はこのごろも有効だった。同じ地区の人にそう言われたら、エゴ③は引っ込める。まだそれくらいの良識がこの辺りには残っていたし、だから仮置き場は決まった地区もあったんじゃ。

　だからいずれにしてもこの地区ではなかなか仮置き場が決まらず、いつのまにか爺さんが、あちこちから放射能で「汚染」されたっちゅう土やら枝葉やら、時には砂利や木材まで運び込むようになった。

　むろんその頃には周りの家の人たちも気がついた。しかし土地がこれだけ広いから、それほど気にしない。いや、それどころか、周りの家からも草や枝葉を持ちこんでくるようになったんじゃ。

　「ホーシャノー、持ってきていいって、噂で聞いたんじゃが、本当かね」

　最初はむろんおっかなびっくり④聞いてみたそうだ。しかし爺さんは例によって「大丈夫、大丈夫」って答えるもんだから、どんどん噂も広まって、そのうち車で遠くから運んでくる人も出てきた。目の前に昔は広々とピーマン⑤畑が広がっていたんじゃが、収穫を終えたその場所にどんどん山のように積まれていったんじゃな。

　その当時、この町の放射線量は、土地によっても多少は違うものの、だいたい毎時0.5マイクロシーベルト未満。一年中ずっと表にいたとしても、年間被爆量は四．四ミリシーベルトっていうところじゃな。これを大変とみるか「大丈夫」と見るかは、当時でも意見が分かれていたんじゃが、この土

---

① 候補地内（こうほちない・じない）：候补区域内。
② 恫喝（どうかつ）：恫吓，吓唬，威吓。
③ エゴ：自我，自己。
④ おっかなびっくり：提心吊胆，心虚胆怯。
⑤ ピーマン：青椒。

地にはどんどん被爆した枝葉や材木や石なんかも運ばれてきたから、当然のことに線量は上がっていった。ちなみに、あの頃は原子力災害対策特別措置法っていう法律があったんじゃが、そこに定められたぎりぎりの基準値が毎時五マイクロシーベルトだった。しかしそんな値はお盆過ぎには遥かに超えていたな。

ご承知かどうか、この辺りでは庭の手入れは「お盆まえ」と決めっとる。亡くなったご先祖を迎えるために、家の身だしなみ①を整えるんじゃな。爺さんはむろん自分の家の庭木も剪定したが、余所②の家で剪定③した枝葉も次々に持ち込んだ。みんなどこに運んだらいいか困っていたから、なかに夜のうちにこの土地に勝手に置いていく者まで現れた。しかし爺さんはそれにも怒らんかった。さすがに婆さんは憤慨しとったが、爺さんはいつも「大丈夫、大丈夫」を繰り返して、婆さんを宥めていたんじゃ。

ところが二年目、三年目と、少しも持ち込み量は減らんし、だからここだけは放射線量が増えていく。三年目の夏だったと思うが、さすがにワシも心配になってみたんだ。

お察しのとおり④、ワシはその爺さんの息子じゃよ。婆さんが幾らなんでも恐ろしいって電話してきたもんだから、家族は置いて来てみた。お盆のあとの夕暮れ時だった。

そりゃあ、凄まじい景色じゃった。畑だけでも千坪はあったがちょうどその真ん中に、小さな山脈のような、高さ二十メートルほどの嶺ができてたんじゃ。山裾の長さも、四十メートルはあったじゃろうな。そして山腹⑤には、

---

① 身だしなみ（みだしなみ）：（１）注意仪容，讲求修饰，修边幅。（２）修养艺术。
② 余所（よそ）：別处，別的地方；他乡。
③ 剪定（せんてい）：修剪，剪枝，整枝。
④ お察しのとおり（おさっしのとおり）：像您所想象的；您揣测得对。
⑤ 山腹（さんぷく）：山腹，山腰。

第十章　玄侑宗久：《光之山》

踏み固めて作ったらしい細い道が、天辺のほうにくねくね①伸びていた。天辺は平らだったじゃが、それは夕闇の中にまるで巨大な軍艦のように見えたもんじゃ。

ちょうど爺さんは……いや、親父は、風呂にも入り、浴衣姿で縁側でビールを飲んでた。お袋はたぶん台所だったと思うだが、縁側には見あたらんかった。

「おう」

親父は庭先に立ったワシに、そう声をかけた。ワシは「ただいま」も言わず、すぐに文句を言ったんじゃ。

「なんだよ、あれ」

「おう、あれか。……新しい山、かな」

聞けば親父は、持ち込まれる枝葉②や石や木を積み重ね、その隙間に除染のため側溝や雨樋③などから取った土、枯葉などを混入させてみっちり固めたというんじゃ。しかも親父は終始にこにこしたまま、まるで大仕事をやり遂げつつあるような、充実感さえ滲ませて④説明するんだ。

「何のためにあんなもの作ってるんだよ」

もう一度ワシは突っかかって⑤、それから持参した線量計を鞄から出して測ってみた。山からはかなり離れているのに、それでも毎時十マイクロシーベルトを超えていた。

「うわっ、これじゃベラルーシとおんなじじゃねえか」

---

① くねくね：蜿蜒。
② 枝葉（えだは）：枝与叶；枝节，末节。
③ 雨樋（あまどい）：滴水槽，雨水檐。
④ 滲む（にじむ）：▪，沁，洇，润。
⑤ 突っかかる（つっかかる）：（1）顶嘴，顶撞；抬杠。（2）猛冲，猛撞，猛扑。（3）绊；撞上，碰上。

そう呟いたが、あまりの恐ろしさにワシは線量計を睨んだまま黙ってしまった。すると親父は、ビールを自分で注いで飲み、上機嫌な顔のままいったんじゃ。

　「ああ、よく知ってるじゃねぇか。そうだ、チェルノブイリ①の事故から二十八年経って、ようやくベラルーシはそこまで下がったわけだが、ずっと人は住みつづけてた。三年まえ、同じくらいの線量だった飯舘村は全村避難した」

　ワシは正直なところ、舌を巻いた。むかしから親父は気になることがあると夜中でも起きだして、紙にメモするような人だった。むろん学校も中学校しか出てないし、インターネットだってできなかったはずだ。しかし親父は、「百姓も勉強せなアカン」と、なぜかそこだけ関西弁で言うのがクセだった。にこにこしてビールを飲む親父には、相当の確信があるんだと思っても訊いてみたんだ。

　「なんでわざわざ、ホーシャノー──増やしてんの？」

　「みんな、捨て場がなくて、困ってる」

　「だからって、そんなもの引き受けてたら、……おやじは怖くねぇの？がんとか」

　「がんは、怖くはねぇ。……悪く、ねぇ」

　「どっか、具合、おかしくねぇの？」

　「おかしくねぇよ。すこぶる快調だ」

　「この山、……これからどうすんのよ？」

　「わからん」

　ずっと親父はにこにこしたまま、そんなふうに淀みなく②答えたんじゃ。

---

①　チェルノブイリ：切尔诺贝利。
②　淀みなく（よどみなく）：毫不犹豫。

第十章　玄侑宗久：《光之山》

　ワシが子どもの頃の親父はよく怒る人だったが、ワシが東京の大学に進学して、いや、証券会社に勤めてからかな、その頃から親父は、……一切怒らなくなった。表向きは「おまえも大人だから」なんていってたが、話してもわからん奴だと思われてたんじゃろうな。ワシの仕事を軽蔑①していたことは確かだ……。目尻までちゃんと下げて笑ったままの親父の顔は、おかめのお面でも被ってるようじゃった。

　「まぁ上がったらどうだ」

　鞄を持って突っ立ったままのワシに、親父はまた笑いかけた。しかしワシは、正直なところ放射能が恐ろしかった。しばらく浴衣と背広で向き合ったまま突っ立ってた。玄関でたしか犬吠えてたなぁ。ワシも兄貴も東京に出て行ってから飼った犬だから、べつに愛着は湧かなかった。

　「誰か来てんだべか」

　そう言ってお袋が、奥のほうから声を張り上げ②た。しかし親父は、おかめ③の顔のまま「誰も来てねぇよ」と答えた。「いつもみたいに、二人で楽しく食べようや」芝居がかった親父の声を聞いて、障子の向こうから久しぶりにお袋の笑い声が聞こえてきた。

　逃げるようにそこを立ち去って、待たせてあったタクシーに乗り込んだとき、ワシは自分でもわけのわからん涙を流した。親不孝だとも思ったし、五年も会っていなかったお袋に会えなかった悲しさだったのかもしれない。理由はわからんが、とにかく涙で霞んだ④視界の奥に、その山がキラキラ煌めいていたのはよく覚えてる。ワシはてっきり、涙のせいだとばかり思い込んでおったんじゃ。

---

① 軽蔑（けいべつ）：轻蔑，轻侮，侮蔑。
② 張り上げる（はりあげる）：大声喊叫，扯开嗓子（喊）。
③ おかめ：旁人（旁观）。
④ 霞む（かすむ）：朦胧，模糊。

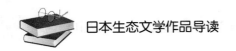

　次に親父会ったのは、お袋の葬式の時じゃった。親父はガンにならず、それから二十五年、九十五まで生きて、老衰で死んだ。お袋は、その三年前に死んでいたんじゃが、そのとき親父は、お袋の火葬が済んだあとで言ったんじゃ。

　「母ちゃんには苦労かけたが、大往生①だった。冗談じゃなくて、ワシのときはあの山で燃やしてくれんか」

　さすがにその頃の親父は耳が遠くなっていて、ワシは「莫迦②なことを」って言ったんじゃが、「わかってるよ」と聞き違えたらしい。それはずいぶんあとになって気づいたんじゃが、親父はそのとき、お袋の祭壇③の前でワシの手を把って、何度も何度も「ありがとう」って言った。……誤解とはいえ、親父に感謝されたのは、生まれて初めてのことじゃった。

　兄貴夫婦は斎場での儀式で焼香④だけして、もうそこにはいなかった。弱電メーカーの顧問だった兄貴は、会議があるからって言ってだが、間違いなく怯えて帰ったんじゃ。ワシも女房も、低線量被爆の影響をめぐって毎晩のように議論した。やがて一言も口をきかなくなり、お互いが「汚染」してるように見えてきて、すでに分かれていた。ワシはようやくその頃、どうもおかしいということに気づいてきたんじゃ。

　皆さんにはご理解いただけると思うが、だってそうじゃろう、じつにさまざまな学者たちが両極端なことを言っていて、自説⑤を譲らん。人によっては、自然放射線量の十万倍までは体にいい、宇宙飛行士だってみんな元気だって言っているのに、片方では何兆円もかけて微量でも削り取って除染

---

① 大往生（だいおうじょう）：寿终正寝。
② 莫迦（ばか）：愚蠢，笨，傻；混蛋，笨蛋，傻瓜，糊涂虫。
③ 祭壇（さいだん）：祭坛。
④ 焼香（しょうこう）：烧香，焚香。
⑤ 自説（じせつ）：己见，自己的意见。

第十章　玄侑宗久：《光之山》

しようって力んでる。たしか「ホルミシス①派」と「予防医学派」なんて呼ばれてたな。お互い冷静になって話し合ってほしいと思ったもんじゃが、ワシら夫婦と一緒でそれができたんかった　。ワシらはいわば代理戦争で離婚したのかもしれんな、はは。

　人間、いや、組織ともなれば尚のこと、面子というのは恐ろしいもんじゃな。国際放射線防護委員会、つまりICRPこそが話し合いの場を設けるべきだったんじゃが、そんな動きは見られんかった。世間のほうも、坊主憎けりゃ袈裟まで憎い、原発ダメなら放射能もダメ、という風潮じゃったなあ。要するに冷静じゃなかった。

　しかしご承知のように、あの原発事故のあと、被爆放射線量の許容値を、通常の二十倍から百倍に引き上げてはどうかと提案してきたのも当のICRPじゃ。ところがそれが拒否されるとあとは沈黙のまま、ワシら夫婦と一緒じゃ。何が正しいのかは今でもワシにはわからん。ただワシらは原発に関係なく、体の中の放射性カリウム②やら炭素からずいぶんたくさんの放射線を出してることも確かじゃ。体重が六十キロならまぁ五千ベクレル③は出とるじゃろう。いずれにしても、委員会は正式には低線量被爆についての見解をその後も変えなかった。ところが皆さんはこうしてホーシャノーツアーに参加し、親父の山も見に来てくださった。ラドン温泉の人気も戻ったし、福島県の人口もどんどん増えてるというわけじゃ。

　そうそう、余計なことばかり話してしもうたが、親父の遺言めいた言葉の話じゃった。

---

① ホルミシス：是指某物质被高浓度或大量使用时有害，但如果被低浓度或微量使用反而起到有益作用的现象。
② カリウム：钾。
③ ベクレル：贝克勒尔Bq，放射活度单位，1贝克勒尔＝放射性核素每秒衰变一次的放射能。

断わっておく①が親父もガンじゃなかった。「ガンも、悪くない」といってた親父だが、最後は秋風邪をこじらせてあっさり逝っちまった。

　従姉から知らせを受けて戻ると、親父はすでに座敷のその辺りに寝かされてた。そう、外人さんが座ってる、その辺りだ。はは。白い布を取ってみると、ワシは初めて親父の厳粛②な顔を見た。おかめの面をはずしたように、本当にそれは初めて見る顔だった。

　ワシは一晩考えた。お袋の葬式のあとの言葉を憶い出して、親父の火葬をどうしようかって、悩みかけたんじゃ。しかし答えはすぐに出た。お袋のお骨が、仏壇の前から消えてたんだ。

　八年前にお袋が死んでからは、ワシもちょくちょく③こっちに帰るようになってた。仕事も退職してたし、家族もいなくなった。親父の生活が心配というより、もしかするとこの山は、ミラクルマウンテン④なんじゃないかって、思い始めてたんじゃな。

　そしてその頃親父から聞いたのが、飼ってた犬は死んだので、あの山に埋めたという話じゃった。死んだ親父の枕元に座って仏壇を見ると、お袋の写真があるだけでお骨はなくなってた。ワシはすぐにピントきて外に出た。まだ初夏の頃だが、風のない蒸し暑い晩じゃった。

　地虫⑤の声が聞こえていたな、ワシは初めてあの山に登ってみた。登っていく途中で、山が以前よりずっと高くなっていることに気づいた。今よりもっと高かったわけじゃが、三十メートルほどあったじゃろうなぁ。くねくね登りながら、鞄に線量計を入れてきたことに気づいたが、測りはしなかった

---

① 断わっておく（ことわっておく）：事先说明，预先通知；拒绝。
② 厳粛（げんしゅく）：严肃，肃穆，严厉；严峻。
③ ちょくちょく：时常，往往。
④ ミラクルマウンテン：神奇的山。
⑤ 地虫（じむし）：蛴螬；地蚕。

第十章　玄侑宗久：《光之山》

　よ、少し足が顫えてるような気はしたが、もう恐ろしいわけじゃなかった。なにしろ親父が毎日やっていたことだし、その親父は安らかにお袋と同じ九十五まで生きたんじゃからな。

　ときおり、ふっと親父の気配を感じた。月明かり①だけの薄闇で地面を見つめながら登っていくと、上のほうで親父が、「大丈夫、大丈夫」って言いながら笑ってるような気がしたんじゃ。

　天辺②にはやっぱり自然石が二つ、一メートルほど離して置いてあった。いつのまにか親父に、犬の墓とお袋の墓を、あの山の上に作って祀ってたんじゃな。この山はだから古墳のようなもんじゃ。

　天辺に立って周囲を見渡すと、隣町のネオンが無数の星のように煌めいていた。むろん、空の星も無数にあって、綺麗じゃった。もしかすると親父は、この景色を知ってて山をつくったのかとも思った。お袋が死んだとき親父が言った「生きがい」という言葉が、ワケもなく憶いだされた。「誰来てんだべか」お袋の最後の声も、聞こえたような気がした。

　このときも、あとになって思い返すと、山がうっすら光っていたような気がするんじゃ。しかしワシには銀白い月明りと区別がつかんかった。

　ワシは翌日朝からお寺に出かけ、和尚さんに自宅でのお葬式を頼み込んだ。新聞にも死亡広告だけでなく、死亡記事を書いてもらった。この町だけでなく、県内あちこちのホーシャノーを一手に引き受けた親父の死は、広く知られるべきだと思ったんじゃな。ワシもちょっと興奮してたのかもしれん。

　お葬式は大変な騒ぎじゃった。

---

① 月明かり（つきあかり）：月光。
② 天辺（てっぺん）：物体的頂；頂峰。

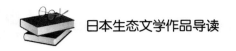
日本生态文学作品导读

　　花輪①が百以上並び、和尚さんが五人も来てくれたのは有り難かったが、弔問客はもう「群衆」とでも呼びたいくらいじゃった。県知事は来る、町村長も五、六人は来た。たしか二千人以上の弔問客だ。しかし本当の圧巻は、皆が帰ってしまったあとの「荼毘②」じゃった。

　　これはじつは和尚さんが積極的だったんじゃが、親父の遺言めいた言葉を報告すると、「やりましょう。あの山の上で荼毘に付しましょう」と言ってくれた。葬儀が終わると親父の遺体は隣組③の手で山の上まで運ばれ、昔ながらに薪を組み、板戸を敷いたその上に棺ごと載せられたんじゃ。一時は危険だと言われた稲藁④もその上に山盛り積んだ。すでに夕方じゃったが、それはそれは綺麗な火じゃった。その頃には「ホルミシス」という考え方もかなり普及しとったから、山の下でその様子を眺める人々も、百人くらいは残っておったかなぁ。しかし予測もしてなかったことは、その人々が帰ってしまってから起こった。ワシも驚いたんじゃが、家に和尚さんを招き入れて酒を飲んでいると、火が爆ぜる音がやたらに大きく聞こえてきたじゃ。表に出てみると親父の遺体の周りだけでなく、山全体から火が燻ってる⑤じゃないか。

　　「大丈夫ですよ」

　　それは親父ではなく、隣に立った和尚さんの声だった。

　　もともとこの山には無数の木の枝や草など、燃えてもおかしくないものばかり埋まっている。それは和尚さんの承知だが、ならばおそらく温度も五、六百度までしか上がらず、七百度を超えなければセシウム⑥は飛散しないと

---

① 花輪（はなわ）：花圈。
② 荼毘（だび）：火化，火葬。
③ 隣組（となりぐみ）：街坊四邻组成的居民小组。
④ 稲藁（いねわら）：稻杆。
⑤ 燻ぶる（ふすぶる）：冒烟燃烧。
⑥ セシウム：铯Cs。

第十章　玄侑宗久：《光之山》

いうのだった。
　「ほんとですか」
　「はい、大丈夫、大丈夫、灰にすべて残りますから」
　和尚さんは商売柄か、いや、昔ゴミ焼き場に勤めてたそうだから、そのせいじゃろうな、いかにも自信ありげだった。「大丈夫」という口癖がもともとどっちのものだったのかはワシも知らん。とにかくワシらはそれから皆で表にテーブルを作り、ビールケースを逆さにして椅子も作ると、今度は表で飲み始めたんじゃ。
　そのときワシらはようやく気づいた。暮れなずむ①あたりの空気がなんとなく透明に底光りしてる。ふと見るとあの山が薄紫の蛍光を発していたじゃ。ときどき炎が見え、煙も上がったが、その全体を包み込むような紫色のオーラが、いつまでも闇を圧し戻しながら光っとった。まるで阿弥陀さんが乗ってる雲が、目の前に降りたったみたいじゃった。
　火はそれから数日、山の中で燻って、山の容もだんだん縮んで引き締まっていった②。そして夜になると、この山ぜんたいが淡く光りだした。何のせいかはわからん。いろんな専門家がやってきて調べていったが、謎のままじゃ。四十九日の法要のあと、親父の骨をお袋の墓石の近くにまとめて埋めたんじゃが、それからは光が強くなったような気もする。はは、むろん錯覚かもしれん。
　ほうら、そろそろ薄暗くなって、見え始めましたな。じゃあそろそろ立ち上がって、皆で「光の山」に登りましょう。
　はいはい、慌てなくても大丈夫。五年前より少しは弱まってますが、それでも充分に放射能は浴びられます。

---

① 暮れなずむ（くれなずむ）：日暮迟迟。
② 引き締まる（ひきしまる）：绷紧，紧闭，紧凑。

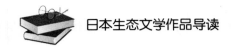

　ただささっきも申し上げましたが、あの山は古墳①でもありますから、誠に恐縮じゃがここでまず、合掌礼拝②していただきたいじゃ。

　はい、ありがとうございました。

　はいはい。靴はゆっくり履いて、表に出てくだされ。ほら、押さないで。一刻も早くたくさん浴びたい気持ちはわかるが、何事も譲り合ってな③。外人さんもこのところ増えてきたが、まだ英語の説明書がなくて申し訳ない。プリーズ・カム・アゲイン。はは。おお、ご覧なさい。この世のものとは思えん美しさじゃ。透明で、清らかで、気高くて、しかも毒々しい④。これが瑠璃色⑤というもんなら、阿弥陀さんじゃなくて薬師如来⑥のご来迎かもしれんな。おおお、土産物屋のネオン⑦まで空に映って、これはもう東方のお浄土じゃあ。

　はい。一列に並んでワシのあとに従いてきてくだされ。細かいことはスタッフの指示に従ってな。大丈夫、大丈夫。どなたも同じように浴びられます。一回り八十ミリシーベルトのコースじゃ。ほらほら、勝手に先に行って二周りするのは反則というもんじゃ。勘弁してくだされ。まだ白装束⑧に着換えてない人も慌てなくて大丈夫。はい、ではゆっくり出発しますぞ。六根清浄、お山は快晴、六根⑨清浄、お山が光る……。

---

① 古墳（こふん）：古墓，古坟。
② 礼拝（れいはい）：拜佛，礼拜。
③ 譲り合う（ゆずりあう）：互让，相互让步。
④ 毒毒しい（どくどくしい）：（1）似乎有毒，好像有毒。（2）恶毒，凶恶，恶辣，恶狠狠。（3）刺眼。
⑤ 瑠璃色（るりいろ）：深蓝色。
⑥ 薬師如来（やくしにょらい）：药师如来，药师琉璃光佛。
⑦ ネオン：氖；霓虹。
⑧ 装束（しょうぞく）：装束。
⑨ 六根（ろっこん）：佛教用语，六根（眼、耳、鼻、舌、身、意）。

第十一章

风见梢太郎：《森林污染》

【作者简介】

风见梢太郎（Kazami Syotaro，1948—　），日本作家。出生于福井县敦贺市东洋町。幼时入基督教幼儿园、市立南小学、同气比中学。后因父亲工作调动移居关西，从甲阳学院高中毕业后考入京都大学。1971年4月，入职当时的电气通信研究所。1983年，加入日本民主主义文学同盟会，发表以研究所为舞台的小说。2008年1月至6月，以甲阳学院高中为原型的长篇小说《海风吹来的日子里》在报纸《红旗》上连载，同年10月，该作由新日本出版社出版发行。其他主要著作有《海岸隧道》（民主文学自选丛书）、《破晓的对岸》（新日本出版社）、《海蚀台地》（凯恩·媒体）、《神给予的时间》（凯恩·媒体）等。2014年7月出版《风见梢太郎　原发小说集》（民主主义文学会发行，光阳出版社发售）。2015年5月，描写核电站问题的长篇《再次的早晨（明天）》由新日本出版社出版。

【作品导读】

《风见梢太郎　原发小说集》是一部描写福岛核泄漏事故给普通民众生活

带来影响的作品集,收录了发表于《民主文学》2012年1月号至2014年4月号之间的7篇短篇小说和2篇新作,本章节选了《森林污染》的部分内容与读者分享。

《森林污染》的主人公翔一因颈肩腕综合症辞去公司的工作,但迫于生计又到喜三郎的山林帮工。两人配合默契,关系融洽。在生活日趋稳定之时,翔一的生病却给两人带来了不安,所幸医生的诊断不是核辐射病,只是普通的喉咙炎症。但林场处在核辐射污染范围,身体健康出问题也是迟早的事情,为了翔一的健康,喜三郎决定卖掉山林。但翔一不忍拖累喜三郎,于是悄悄离开了山林。

凤见梢太郎作品中的出场人物多是某领域技术人员,专业知识丰富,这与作者自身工作经历有一定关系。小说通篇语言朴实,在平和的叙述中,讲述了人与"核"的故事。

【原文节选】

森林污染[①]

風見梢太郎

一

午後の作業は、急な斜面のヒノキ[②]林で間伐[③]だった。斧[④]が幹を砕く音は

---

① 風見梢太郎:『風見梢太郎　原発小説集』、東京:光陽出版社、2014年版、第114—142頁。
② ヒノキ:扁柏,柏科的常绿针叶高木。日本特产树种。广泛分布于福岛至屋久岛一带。树皮呈红褐色,叶呈鳞片状,密集。雌雄同株。四月开花,之后长出直径约一厘米的球果。木材精致芳香,常用于建筑、家具、船舶、雕刻等。
③ 間伐(かんばつ):间伐。森林间伐目的在于给树木创造良好的生长环境,促进其生长发育。合理的间伐,既是一种森林经营措施,又是获得经济效益的重要手段。
④ 斧(おの):斧头。

第十一章　风见梢太郎：《森林污染》

　林の木々に反射して響き、少し遅れて向かいの山からこだま①となって返ってきた。ほかには何も聞こえてなかった。私が斧を打ち込むたびに、ごわごわした②茶色の樹皮とその下にある白い幹が一緒に木っ端となって飛び散った。あたりにヒノキの強い香りが漂った。私は木の根元に斜め上から斧を入れ、その下に水平に斧を打ち込んで楔形の「受け口」を作った。この方向に木が倒れてくるのだ。チェーンソーに混合燃料を注いでいた喜三郎が立ち上がって近寄ってきた。私の作った「受け口」を見て、喜三郎が苦笑いした。私はヒノキの小枝が散らばるやわらかな斜面を上り木の裏に回った。「受け口」の高さの三分の二くらいのところを反対側から真っ直ぐ横に切っていくのだ。勢いをつけて斧を水平に打ち込んだつもりだったが、斧は斜め上から木にめりこんだ。

　「「受け口」を二つ作るつもりか、あぶねえぞ、どっちに倒れるかわからねえ」

　喜三郎が笑いながら言った。

　「水平に打ち込んだつもりだったんだけど」

　私が言い訳すると、喜三郎は「山は傾いてるからな」と言った。

　「腰をうんと落としてやるだ」

　喜三郎の言葉にしたがって私は膝をまげ、斧を打ち下ろした。さっきよりは角度がついていなかったが、やはり水平にはならなかった。

　「もっとだ、このくらい」

　喜三郎は私の腰を両手で抑えた。老人に似合わぬ強い力だった。太ももとふくらはぎが強張る苦しい姿勢だ。その状態で斧を後ろに引こうとすると斧が斜面にぶつかった。

---

① こだま：反响，回声；树木里的精灵。
② ごわごわ：硬撅撅，硬梆梆。

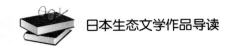

「後ろに引かずにそんまま振ってみろ」

刃が斜面に横たわった状態から前に斧を振ると、弱々しいながらも斧は水平に幹に当たった。

「どうだ、難しいだべ、受け口が低すぎるだ。間伐材は細くてどうせ金にならねえから、もっと上で切ってもええだ。この受け口では山側から斧で切るのは無理だ」

喜三郎はそう言ってチェーンソーの置いてあるところに引き返し、ノコギリを取ってきた。

「おめ、やってみるか」

私が頷くと喜三郎は柄を私の方に向けてノコギリを差し出した。ノコギリは苦手だったが、ゆっくり挽けば大丈夫かもしれない。

私がノコギリを挽き始めると、喜三郎は反対側に回り、皮の手袋をはめた手でノコギリの先端をつかんだ。私が挽く時は喜三郎が押し、私が押す時は喜三郎が引っ張った。リズムが出てきた。薄い鉄の板を通して喜三郎と自分が繋がっているような気がした。だんだんノコギリが動きにくくなった。木の重みがかかるのだ。喜三郎が空いている方の手で幹を「受け口」の方に押すとノコギリが急に軽くなった。

「ストップ、ストップ」

喜三郎が叫んだので、私はノコギリを挽く手を止めた。「受け口」まであと二センチくらいのところまで切り進んでいた。「受け口」に達する手前で止め、「ツル」と呼ばれる部分を残すのがコツである。「受け口」まで達してしまうと、幹が一気に根本から外れて勢いがつき、思わぬ方向に飛びながら倒れるからである。

「楔、入れてみるべ」

喜三郎は胸のポケットを探り、木の楔を取り出して私に手渡した。私は

第十一章　风见梢太郎：《森林污染》

　ノコギリを引き抜き、かわりに楔の先端を差し込んだ。斧の背中で楔を軽く小刻みに打ち込むとと、メリメリっと音がして幹が谷側に斜めに傾き停止した。楔をさらに打ちこもうとした時、バシッと音がして「ツル」が切れ、木が勢いよく倒れた。ヒノキの細かな葉が地面にぶつかってザザッと音をたて、幹がバウンドした。

　「よーし」

　そう言って喜三郎が頷いた。ヒノキを切ったところは頭の上にぽっかりと穴が空き、そこから大量に光が差し込んできた。林が喜んでいるような気がした。喜三郎はよーし、よーしと言いながら斜面を横に歩き、チェーンソーを拾い上げて斜面を登って行った。時々喜三郎はチョックでヒノキの幹に番号を書き付け、足元に線を引いた。私が伐採する木の順番と倒す方向であった。森林の間引きである間伐は倒す順番や方向が悪いと、切り倒しても立っている他の木に引っかかって地面に倒れない。「掛かり木」と呼ばれる危険な状態になるのだ。

　喜三郎の姿が見えなくなった。間もなく、スタートロープを引いてチェーンソーを始動させる音が聞こえてきた。チェーンソーがヒノキの幹を切り裂く甲高い音が林に響き渡った。作業は一人でやるのだが、いつもチェーンソーの音が聞こえるので孤独感はなかった。喜三郎がすぐ傍についてくれるのだ。私は次の木に取りかかった。「受け口」は斧で作り、後はさっきのように反対側からノコギリで切っていこうと思った。「受け口」を高いところに作れば、斧だけで木を切れるだろうが、やはり切り残した部分がもったいないような気がした。間伐材は運ぶ手間費が出るぐらいで、もうけにはならなかったが、それでもせっかく喜三郎が育てた木だ。少しでも役に立つ方が嬉しかった。それに、さっきノコギリを挽いても腕や肩が痛まなかった。自分がどのくらいやれるものか試してみたい気がした。

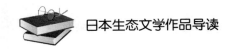

　二十本近く切り倒したところ、手元が暗くなった。枝葉の間から地面に落ちていた日の光が消え、幹の高いところだけがまだらに赤く輝いていた。日没が近かった。チェーンソーの音は止んでいた。私は道具を置いたところに戻り、帰り支度をした。草が揺れて、喜三郎の姿が現われた。

　「さあ、かえるべ」

　チェーンソーを手に、斜面を滑るように下りてきた喜三郎が声をかけてきた。

　林を出て緩やかな道を下る私の心と体心地よく疲れていた。尾根道に両側から覆いかぶさる雑木の枝には、様々な色合いの新芽が風に揺れていた。空は夕焼けの名残をとどめ赤紫色に澄んでいた。毎日のようにこんな心地よい夕方を迎えることができるのは、全く喜三郎のおかげだ。私は喜三郎の背中を追いながらこの半年余りの出来事を思い出していた。

　私が喜三郎の手伝いをするようになったのは去年の秋からだった。私は元々小さなソフトウエア会社で働いていたが、キーボードの打ち過ぎで頚肩腕症候群を発症した。二十一の時だった。チームを組んで作るプログラムは私の担当する部分が遅れ、納期に間に合わなくなった。それで会社をやめざるを得なくなってアルバイトのような形で食いつないだ。最初は全国チェーンの弁当屋兼惣菜屋だった。前の職場のように納期に追われるという心配がなかったが、長くやっても知識や技術が積みあがっていくという仕事ではなかった。焦りはあったが、今日食べていくことには替えられなかった。変化の激しいソフトウエアの仕事にはもう戻れないと思った。弁当屋で仕事を続けているうちに食品をピンセットのように挟むトングという道具がうまく使えなくなった。トングをしっかり握っているつもりだったが、トング先から食べ物が抜け落ちるようになった。何度も店長から文句を言われるのに耐えられず、そこはやめてコンビニを渡り歩いた。コンビニでは「品だし」とい

第十一章　风见梢太郎：《森林污染》

う作業がつらかった。店の奥にある倉庫から段ボールで商品を運び棚に並べる仕事だった。腕を目の高さより高く上げると肩と二の腕に嫌な痛みが貼り付いて離れなかった。無理に続けていると電気に触れたような痛みが走った。一日おきか二日おきししかシフトに入ることができなくなり、手取りが十万円を切るようになった。給料日の一週間前には全く金がなくなり、店で賞味期限切れになって廃棄した調理パンをくすねて家に持ち帰った。すぐに家賃が滞って、私は住むところを失った。困って友人の家に転がり込んだが、いつまでもそこにいるわけにはいかなかった。神戸に母がいたが、再婚していて私が帰っても居場所がなかった。

　私はインターネットで見つけた山仕事の無料研修会に参加することにした。東京から二時間で行けるところだった。研修はボランティア団体が主催する者で、森林の仕事に従事する人を増やす目的があるようだった。山の中の廃校で合宿しながらのトレーニングというところが有難かった。とにかく私は寝起きするところを確保しなければならなかったのだ。そこには様々な年齢の人が参加していた。私と同じ二十台後半くらいの若者が多かったが、精神的な癒しを自然の中で作業に求める中年の人もいた。定年退職した初老の男も何人かいた。私はトレーニングの中で自分が山の仕事にも向いていないことを思い知らされた。斧や鉈は何とかなったが、ノコギリは駄目だった。数回挽くと肩と腕が耐えられないほど痛んだ。チェーンソーはもっと駄目だった。振動が手と腕に伝わるとたちまち感覚がなくなりチェーンソーを取り落としそうになった。指導員たちは顔を見合わせた。トレーニングが終っても、この団体の斡旋で私が山の仕事に就くことはできそうになかった。私は絶望的な気分の中で、残りの研修を誤魔化しながら消化した。

　トレーニングの最終日近くに喜三郎が特別講師としてやってきた。寡黙な老人で、言葉で教えるより実際にやって見せるのが得意だった。時折見せ

る笑顔が人の良さを感じさせた。私は喜三郎に親しみを覚えた。喜三郎は枝打ちの名人といわれていたが、普段は独り山奥で仕事をしているということだった。合宿所の夕食会でたまたま喜三郎が私の隣に座った。私は問われるままに、自分の境遇を語り、仕事も家もないので、住み込みで働けるようなところを探している、私を使ってくれないか、と懸命に訴えた。喜三郎は少し戸惑った様子だったが「うんと山奥だが、それでいいのか」と言って、はにかんだような笑顔を見せた。私は飛び上がる程嬉しかった。頚肩腕症候群に罹っていることを私は喜三郎に告げなかった。何とかなるだろう、と思った。いや何とかなる、というよりは、喜三郎がそれに気がつくまでに少し時間がかかり、少なくともその時までは住と食に事欠かないだろう、という卑しい気持ちだったと言えばいいだろう。私は、指導員たちが私の腕と肩の不具合やトレーニングの様子を喜三郎に話すのを恐れた。それで、喜三郎に「山で働くことは秘密にしてもらえないか」と小声で頼んだ。喜三郎は怪訝な顔をしたが、「ええじゃろ」と言って頷いた。

　トレーニングが終った次の日から、私は見習いのような形で喜三郎を手伝うようになった。喜三郎は町に親から引き継いだ家を持っていたが、山仕事に便利なので専用の山小屋に泊まることが多かった。喜三郎は私のことを気にいったようだ。週に一度喜三郎は私を連れて町の家に戻った。そこで洗濯をし、風呂に入り、ふだんより少しましな食事をしてビールを飲んだ。

　喜三郎の家は代々山番として山持ちに仕えていた。喜三郎は三男であったが、長男が病弱であり次男が戦死したので山番を継ぐことになった。喜三郎は山番としての管理の仕事よりも実際の山の作業が好きな男だった。喜三郎の山仕事の腕は一流だった。特に枝打ちではこのあたりで並ぶもののないほどの技術を持っていた。喜三郎が枝を払ったヒノキは、角材にすると表面に全く節が見えなかった。それが評判になりあちこちから仕事を頼まれ小金

第十一章　风见梢太郎：《森林污染》

　も貯まった。その金で山持ちから山を分けてもらって今では山林の所有者となっていた。喜三郎は自分の山を深く愛していた。喜三郎は二度結婚したが子どもがなかった。最初の夫人とは死別だった。二度目の夫人は、山仕事で喜三郎が何日も家を空けている間に、カラオケで知り合った金貸しと懇意になって家を出て行った。女房に逃げられた男ということで、喜三郎は周囲から軽んじられたそうだ。喜三郎のように思いやりのある立派な男を捨てて家を出て行く女性の気持ちが私にはわからなかったが、男女の仲は外からうかがい知れないものがあるのかもしれない。喜三郎は、犬を飼って一人暮らしの寂しさを紛らわせていたが、二年前に最後に飼っていた犬が死んでからは全く一人になった。自分がいつ死ぬかわからないので、もう犬は飼わないのだそうだ。

　喜三郎は、私に病気があり、ノコギリやチェーンソーを使うことができないことを知った時にも、私を責めなかった。喜三郎は「焦るこたない、そのうちにやるべ」と言って、斧だけを使う伝統的な伐採方法を教えてくれた。私は自分の不誠実さを強く恥じた。「若えのがこんな山奥に来てくれるだけでもありがてえ、オラ元気が出た」と喜三郎は言った。

　喜三郎には指圧の心得があった。山仕事の合間に仲間同士で指圧をやりあったのだろうだ。喜三郎は私の腕や肩を根気よく押したりもんだりしてくれた。私の頚肩腕症候群はしだいによくなっていた。高額ではなかったが、喜三郎はきちんと給料をくれた。生活に金がかからなかったので珍しく貯金ができた。滞納していた健康保険料や携帯電話料金を払うこともできた。

二

　遠くからバイクの音が聞こえてきた。森林組合の会合のため一人で町に出かけていた喜三郎が帰ってきたのだ。私は、鍋がかけてあるヒーターのス

イッチを切り、上っ張りをひっかけて小屋の出口に急いだ。ドアを開けると、バイクの音が急に大きくなった。強い風が吹きつけてきた。私は小屋の前の草原を突っ切り、急な崖につけられたジグザグの小道を走るように下がった。

　私は崖下の空地に着くと、バイクから降りた喜三郎が荷台にくくりつけた荷物のロープを解いているところだった。バイク用ヘルメットを脱いだばかりの喜三郎の頭髪が跳ね上がっていた。

　「おかえりなさい」

　私が言うと、喜三郎は笑顔を見せて頷いた。喜三郎は二つの大きな紙袋を私に手渡すと、先に立って歩き出した。背負った大きなリュックがパンパンに膨らんでいる。町に出たついでに食料や日用品を買い込んできたのだ。喜三郎は元気がないように見えた。何かあったのだろう。朝出かける時は上機嫌だったのだ。

　「どうでした、町は」

　私は急な道を上る喜三郎の背中に話しかけた。

　「ああ、ちょっとやっかいなことになった」

　「何かあったの」

　「うん、後でゆっくりな」

　喜三郎はそう言って、足早に坂道を上って行った。私はついていくことができなかった。

　私が少し遅れて小屋に着くと、喜三郎はリュックの中から紙包みを取り出し、小型の冷蔵庫に入れるものを選んでいた。私は部屋の隅にある台所に戻り、筍の煮物を温めるためヒーターのスイッチをひねった。日が傾いたせいでソーラーパネルの出力が弱くなり、鍋が温かくなるのに少し時間がかかった。この小屋には電気がきていないので、頼みは屋根や庭に並べたソー

第十一章　风见梢太郎：《森林污染》

ラーパネルと小屋の周りに積み上げた薪だった。太陽光の降り注ぐ昼間には炊飯器やポットっやヒーターが使えたが、夜は、昼間余分な電力を蓄えたバッテリーに頼っていたので、電気を食うものは使えなかった。曇りや雨の日は煮炊きは薪でおこなった。冷蔵庫は、天気のよい昼間たくさん氷を作っておいて、夜はその冷気で食べ物を冷やすという使い方になった。テレビも昼間しか見られなかった。夜テレビが見られないなんて、とても耐えられないと思ったが、いざそうなってみれば時に支障なかった。喜三郎は、テレビが出始めたころには時間を決めてその家で見せてもらったものだ、と言った。電池式の携帯ラジオはいつでも使えた。ラジオは案外面白かった。携帯電話は小屋から通じず、数十メートル離れた見通しのよい嶺に行かなければならなかったので緊急時以外は使わなかった。

　私が、干物の魚と筍の煮物をテーブルに運ぶと、喜三郎が困ったような顔をした。

　「これ食べたか、翔一君」

　喜三郎は筍を盛った皿に向けて顎をしゃくった。

　「いえ、一緒にいただこうと思って」

　「そうか」

　喜三郎は皿を手元に引き寄せた。

　「おめ、食べねえほうがいい」

　「どうしたんですか」

　「うん、森林組合で聞いたけど、このあたりの筍も山菜も基準値超えるホーシャノが出た」

　「そうですか」

　私も、そのことは気にかかっていた。福島に隣接している地域では山菜[①]

---

① 山菜（さんさい）：山上自生的野菜，山菜。

は気をつけなければならない、と警告されていた。しかし、ここは事故を起こした原子力発電所から二百キロ近く離れていた。それに事故から一年以上たっている。

「どうしようか、干物だけじゃさみしいですね」

私は炊飯器から飯をよそいながら言った」

「うん、オレはせっかくだから食べる。もう老い先短い。ホーシャノも恐くねえ。若いほどホーシャノに弱いんだそうだ。翔一君は缶詰の豆食べろ、まだあったはずだ」

そう言って喜三郎は立ち上がり、台所の棚から缶詰を取り出してきた。喜三郎は上着の袖で缶の埃を拭い私に手渡した。

「危ないものわざわざ食べることないよ、一緒に煮豆食べよう」

私はそう言ってプルタブを引いて缶を開け、それをテーブルの真ん中に置いた。喜三郎は迷いながら頷いた。

食事を終えると、喜三郎はリュックを探り、小さな箱を取り出してきた。

「森林組合から借りてきたんだ」

喜三郎は箱を開け、中からスマートフォンを太らせたような形をしたものを取り出した。

「線量計だ。オラ、わからねえ、翔一君やってくれ」

そう言って、喜三郎は説明書と線量計を私の方に押しやった。線量計はボタンが二つついただけのシンプルなものだった。一つは「POWER」と書かれ、もう一つは「BUZZER」と書かれていた。とりあえず、「POWER」ボタンを押すとピッと音がして35という数字が液晶の表示にあらわれた。その数字は一つずつ減っていった。説明書を繰ると35秒間の測定準備時間があるので、と書かれていた。数字が1まで減ると、その次には0.144と表示された。これが線量らしい、表示枠の下にμSv/hと単位が示されていた。一時間当たり

第十一章　风见梢太郎：《森林污染》

0.144マイクロシーベルトということなのだろう。「BUZZER」ボタンを押してみた。ピッピッピッと途切れることなく音が聞こえてくる。私は線量計を喜三郎の前に置いた。

「ほう、音が出たな」

「放射線が検出されるたびに音が出るみたい」

「そうか、こんなに出てるのか。これがオラたちの体を通過してるのか」

「そのようですね」

「おっかねえ」

喜三郎はそう言って汚いものでも触るように線量計をつかみ素早く私の方に向けた。

「あした、これで山のホーシャノはかってみるべ」

「ええ、そうしましょう」

電池がもったいないので、私は「POWER」ボタンを押した。音が止み、表示が消えた。

喜三郎は疲れたのか、洗面を済ませると、部屋の隅に布団を広げて寝てしまった。普段は、夕食の片付けが終ると山道具の手入れの仕方を教えてもらいながら喜三郎の昔話を聞いた。私はそれを楽しみにしていた。私は、天井から吊り下げられた電灯のスイッチをひねって消し、カーテンで仕切られた自分のコーナーに移動した。敷きっ放しになっている布団に入ったが、眠りはなかなかやってこなかった。喜三郎の静かな寝息が耳いついた。窓から白い月の光が差し込んでいた。

　　　　　　　　　　　三

翌日、朝食を済ませて、私たちは連れ立って間伐の仕事に出かけた。喜三郎も私も地下足袋に脚絆を着け、頭には作業用ヘルメットを被っていた。日

焼けした喜三郎の顔にはヘルメットがよく似合った。喜三郎はチェーンソーとノコギリを担ぎ、軽い足取りで細い道を歩いていった。私は、大きな斧を担ぎ、手に小道具と昼食の入った籐の籠を持って喜三郎に従って。緩やかな尾根伝いに二キロほど歩いたところに今日間伐をするヒノキの林があった。比較的平らなところだ。林の中は薄暗くひんやりとしていた。

「翔一君、測ってみろ」

喜三郎がそう言うので、私はポケットから線量計を取り出してスイッチを入れた。昨日と同じように35からカウントダウンがはじまり01までくるといきなり0.331の値が表示された。高い数値である。ブザーのスイッチを押すと、昨日とはまるで違う緊迫した音の重なりが静かな林に響いた。

「高いのか」

「小屋の中の三倍くらい。テレビで見たけど、除染の対象になるくらいの放射線量です」

「そうか、まあ、とにかく早いとこやっつけるべ」

そう言って喜三郎はいつものように私のためにチョークで木の幹に番号つけ、倒す方向を地面に記した。喜三郎はその動作を繰り返しながら林の奥へ進んでいった。

その日の私は全く調子が出なかった。平坦な林なので斧だけで木を切っていったが、変な方向に木が倒れた。一本は危うく「掛かり木」になるところだった。五本切ったところで私は休憩することにした。水を飲んだ後、私はポケットから線量計を取り出した。さっきの数値が何かの間違いではないだろうか、私はそう思ってスイッチを押した。しかしカウントダウンの後に現われた数字は、さっきより高く、0.486だった。切り倒した木の影響だろうか。強い放射線が私の体を貫き、細胞のあちこちが壊れているに違いない。壊れたところは大部分修復されるか、遺伝子にかかわる部分が壊れれば、タ

第十一章　风见梢太郎：《森林污染》

イミングや部位によっては修復しそこねることもあると聞いた。居ても立ってもいられないような焦燥感が私を襲ってきた。

　笹を掻きわける音がして喜三郎が姿を現した。首筋に血がにじんでいた。

　「喜三郎さん、どうしたの、首から血が出てるよ」

　「何、大したことねえ、ちょっと木っ端①が跳ねただ」

　喜三郎はそう言ってチェーンソーを地面に置いた。喜三郎は籐の籠に手をつっこみ小さな丸い容器を取り出した。喜三郎の愛用する万能膏だ。喜三郎は軟膏を傷口に塗りこみながら、私の切り倒した間伐材を見渡した。

　「今日は翔一君も調子でねえてえだな」

　「ええ、そうなんです。放射能のこと気になって」

　「こういう時は、仕事やめるべ、事故起こすといけねえからな」

　喜三郎は丸い小さな容器を籠に投げ入れ「早いが昼にするべ」と言った。

　林から数分のところにある見晴らしの良い嶺で昼食をとることになったが、私は気分がよくなった。

　喜三郎は籠の中からタッパを取り出し、蓋をとって私にすすめた。私は海苔を巻いた握り飯を一つ取り出した。食欲がなかったが、私は気力を奮い起こして握り飯にむしゃぶりつき、水筒の水でそれを喉に流し込んだ。

　「この方向が福島だ、とても見えねえがよ、遠くて」

　喜三郎が顎をしゃくり目を細めた。見渡す限り山が脈々と連なっていた。近くは緑色の嶺が重なり、遠くなるほど薄紫色にかすんでいた。濃淡はあるにしても、ここから福島までの全ての山が放射能で汚染されているのだろう。そう思うと、原発事故の恐ろしさが今さらながら身にしみた。

　「ホーシャノってのは、根っこから木の中にはいりこむものか」

　握り飯を咀嚼しながら聞き取りにくい声で喜三郎が尋ねた。

---

① 木っ端（こっぱ）：木屑，碎木片。

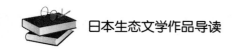

「さあ、どうなんでしょう。水の中に放射性物質が含まれていれば、水と一緒に木の中に入ると思うけど」

「そうすると、あれか、その木を床柱なんかに使うと、客間にいるもんにホーシャノ浴びせるのか」

「そうなるのかもしれません」

「今は、切り出した木の皮に放射能がついてるんで、皮だけ剥がして出荷してる。剥がした樹皮の処理に困ってるみてえだが。これから木の中にもホーシャノがしみこんで来たら処置無しだな。えれえこった」

そう言って喜三郎は大きなため息をついた。

四

その日から、喜三郎と私は、外で作業する時間を短くした。しかし二週間もすると慣れてしまって、放射能のことは私の頭から消えかかっていた。そのころ、私の喉の調子がおかしくなった。

「おめ、声がおかしくねえか」

朝食の後、喜三郎が心配そうに言った。

「ちょっと喉が痛いんだけど、きっと風邪だと思いますよ」

「見せてみろ」

私が口をあけると、喜三郎は目を見開いて覗き込んだ。

「よくみえねえな、窓の方に行くべ」

そう言って喜三郎は私の腕をつかんで窓際に引っ張っていった。

「もっと大きく口開けろ」

喜三郎はそう言って、私の顎に手をかけた。顔を左右に振って私の口を覗いていた喜三郎が「あっ」と声をあげた。

「なんかあるぞ」

第十一章　风见梢太郎：《森林污染》

　喜三郎は、私の口に指を突っ込み舌を押さえた。
　「変なもんがある、鏡で見てみろ」
　喜三郎は怒ったように言って、私の唾液で濡れた手をズボンの尻で拭いた。壁に掛けてある鏡を見ると、舌の付け根のあたりに、確かにビラビラしたものがある。まさか癌ではあるまいが不気味だ。
　「今日は仕事はなしだ、病院に連れていく」
　そう言って喜三郎は町へ行く支度をはじめた。
　町へ出るには、喜三郎の運転するバイクの後ろに乗って半時間、車の通れる道までくると、そこに停めてある軽トラックに乗り換えて一時間半、計二時間かかる。喜三郎はいつになくバイクを飛ばし、車を飛ばした。片方が谷になった道を猛スピードで飛ばすので、私は生きた心地がしなかった。喜三郎の家がある町を通り過ぎても喜三郎は車を止めなかった。大きな病院のある隣町に行くのだそうだ。
　喜三郎が車を乗り付けた①のは三階建ての立派な病院であった。受付で、喜三郎はわめくような声で私の症状を訴えた。私が保険証を提示して診察券を作ってもらう間も、喜三郎は大声を出し続けた。若い女性は怯えた声で二階の口腔外科を勧めた。
　口腔外科の待合室には人が少なく、程なくピーカーから私を呼ぶ声が流れてきた。喜三郎は「ほれ」と私を促し、自分も一緒に診察室に入った。
　白衣を着た痩せた初老の医師は、掌を広げて私と喜三郎に椅子をすすめ、穏やかな声で「どうしましたか」と訊いた。胸のネームプレートには佐久間と書かれていた。
　「喉に、癌のようなものが見えるだ」
　私が答える前に喜三郎が勢いこんで言った。

---

①　乗り付ける（のりつける）：坐车（等）直到……跟前；赶到。

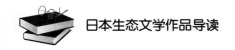

「そうですか、癌ですか」

佐久間医師は驚いた様子もなく、机の上から真ん中に穴のある鏡がついた冠のようなものを取り上げ頭に被った。佐久間は私に口を開けるように言った。私が口を開けるとヘラのようなもので舌を押さえ、鏡の穴から喉を覗き込んだ。

「先生、舌の付け根に見えるでしょう、ビラビラした癌が」

喜三郎は立ち上がり、佐久間の頭を避けて私の喉を覗き込もうとした。

「アトラス持ってきて」

佐久間が甲高い澄んだ声で奥に呼びかけた。

女性の看護師が大判の医学書を持って現れた。佐久間は医学書を受け取ってそれを繰り、ここだここだ、と言って本を私の方に向けた。舌や喉を詳細に描いた図だった。

「舌の付け根ってこうなってるんですよ、あなたの場合、普通の人よりここが少し大きいだけです」

佐久間は、舌の付け根の部分を人差し指で軽く叩いた。ヤッデの葉のようなものが描かれその横に「葉状乳頭」と書かれていた。

「だけんど、声がおかしんだ」

喜三郎が不満そうに言った。

「風邪です」

佐久間は笑って言った。

「ホーシャノ高かった、なあ翔一君」

喜三郎は私に顔を向けた同意を求めた。

「作業する林の中ではかってみたんですが、0.49マイクロシーベルトありました」

「ほう」

第十一章　风见梢太郎：《森林污染》

　　佐久間は真顔になった。そして机の上に置かれた電卓のキーを叩いた。
　　「それだと、単純に計算して一年にやく四．三ミリシーベルト弱、許容量の四倍以上になりますな」
　　「やっぱり、危ねってことでしょうが」
　　喜三郎は勢いづいた。
　　「どんな作業をなさってますか、林の中で」
　　「枝を刈り込んだり、下草を刈ったり、木を切り倒して運んだりですね。主にヒノキです」
　　私がそう言うと、佐久間の額に縦皺があらわれた。
　　「針葉樹は今でも葉っぱに大量の放射性セシウムが蓄えています。内部被爆に気をつけた方がいいですね。すぐに癌になりませんが、何年か後にはわかりませんよ。マスクをした方がいいと思います。特に若い人は、肺に取り込むと、放射性物質はなかなか体の外出出ていきませんからね」
　　佐久間は、白く細い指でパソコンのキーボードをせわしなく叩いた。
　　「風邪の薬出しときます。風邪が治ったころにまた来てください、ご心配のようだから検査します」
　　そう言って佐久間医師は薬の処方箋を私に手渡した。

五

　　病院の近くの薬局で薬を受け取り、スーパーで買物をして喜三郎の町の家に戻った時にはもう昼過ぎだった。喜三郎が、今日は山に戻らずにここに泊まろうと言った。喜三郎は口数が少なかった。何かを考え込んでいるようだった。
　　「さあ、まず食べるべ」
　　そう言って喜三郎はスーパーで買った寿司のパックをテーブルに並べた。

私は冷蔵庫からビール瓶を取り出し、二つのコップに注いで一つを喜三郎に手渡した。

「乾杯だ。とにかくよかった。オラもうてっきり癌だと思って、魂消た」

「いや、癌でなくてよかったです」

私たちはコップを打ちあてビールを飲み干した。

「ずい分ホーシャノ浴びさせて申し訳なかったな、知らなかったんだ。しかしどうスベえかな」

寿司に箸を付けながら喜三郎が言った。

「山仕事のことですか」

「ああ、オラもう先がねえからこのまま続けるしかねえ。しかしおめはまだ若いからこれ以上ホーシャノ浴びさせるわけにいかぬ。この先、おめがいつ癌になるかと思うとオラも気が気でねえ」

「ご心配かけてすみません」

「だがよ、オラ、もう少し翔一君と一緒に仕事してえな」

「ありがとう。そうですか、嬉しいです。僕もそう思ってましたから」

「おう、そうか、そうか」

喜三郎の顔がほころんだ。喜三郎は自分でビールをコップに注ぎ、立て続けに飲んだ。喜三郎にしては珍しい飲み方だ。

「今の山売っ払って、別の山買うべ」

突然、喜三郎が叫ぶように言った。

「ホーシャノないところに行こ。もう少し西に行けば、何とかなるべ」

何とかなるべ、と繰り返しながら、喜三郎は目を閉じた。頭がぐらりと下がった。疲れて眠くなったのだろう。私は喜三郎の言葉を胸の内で反芻していた。山の買い替えがそんなに簡単にできるだろうか。第一、放射能で汚染された山など誰が買うだろう。酔った勢いで発した言葉なのだろう。しかし

第十一章　风见梢太郎：《森林污染》

　喜三郎にはこうと思い込んだら強引にやってのけるところもある。喜三郎に無理をさせてはいけないと私は思った。喜三郎が私の被爆を心配するなら、やはり私は山を下りることになるだろう。私自身の健康のためにもそうせざるを得ないような気がした。ようやくつかみかけた宝物のような日々が、するりと指の間から抜け落ちていくような思いだった。口惜しさが胸いっぱいに拡がった。

　別れの予感がした。ありがとう、喜三郎さん。短い間だったけど本当に助かった。私は心の中でそう言って喜三郎の寝顔を見つめた。